PATRICIA FONSECA

CORAÇÃO DE ATLETA

||||| GAROA LIVROS

© Garoa Livros, 2023
© Patricia Fonseca, 2023

Todos os direitos reservados. Nenhuma parte deste livro pode ser utilizada ou reproduzida sem a expressa autorização da editora.

EDIÇÃO DE TEXTO
Thiago Macedo

PROJETO GRÁFICO
Casa Rex

PRODUÇÃO
Cleber Gomes
Simei Junior
Tatiane Moraes

REVISÃO
Liana Aguiar

EDIÇÃO FINAL
Celso de Campos Jr.

IMPRESSÃO
Maistype

www.garoalivros.com.br

Dados Internacionais de Catalogação na Publicação (CIP)
Angélica Ilacqua CRB-8/7057

Fonseca, Patricia
　　Coração de atleta : Renascendo na mesma vida: uma jornada de ousadia, superação e conquistas / Patricia Fonseca. — São Paulo : Garoa Livros, 2023.
　　376 p.

　　ISBN 978-85-66683-15-8

　　1. 1. Coração — Transplante — Pacientes — Biografia 2. Atletas — Biografia 3. Fonseca, Patricia — Biografia I. Título

23-1188　　　　　　　　　　　　　　　　CDD 926.17412

Índices para catálogo sistemático:
1. Coração — Transplante — Pacientes — Biografia

Parte dos royalties desta obra será destinada ao Instituto Sou Doador, que trabalha para promover a conscientização sobre doação de órgãos e tecidos no Brasil.

06   prefácio

16   **PARTE I**
a vida é como um jogo de cartas

82   **PARTE II**
ampulheta

122   **PARTE III**
é tempo de guerra

192   **PARTE IV**
meu presente de aniversário

242   **PARTE V**
eu, (tri) atleta

296   **PARTE VI**
doe

344   **PARTE VII**
passarinhos não carregam malas

355   agradecimentos
361   fotos

transplante de emoção

por PEDRO BIAL

Existem coisas difíceis de transplantar. São concretas, vivas, feitas de fibras, vasos e tecidos. São vida que só se doa com a morte. Se a morte é, como diz Manuel Bandeira, "o fim de todos os milagres", o transplante de um órgão é duas vezes milagre, ou um anti-milagre. Mas, e por isso mesmo, as coisas são difíceis de transplantar.

Já substantivos abstratos, ideias, não necessariamente. Compartilhar sentimentos requer apenas os próprios sentimentos. Mas isso tampouco é fácil. Sentimentos demandam alguém que os sinta - mas os sinta tanto, com tal intensidade, verdade e paixão, que os transplante como que por transbordamento.

É o que faz Patricia Fonseca com seus sentimentos, suas vastas emoções. Sua compaixão, sua empatia, seu entusiasmo e espírito de solidariedade, sua alegria de viver não cabem em seu coração de triatleta. Então, o que faz? Ela os transplanta para nós outros.

E tudo que parece tão difícil, torna-se por graça possível. Com texto limpo e envolvente, é o que Pati faz em seu livro "Coração de Atleta": abre o caminho para que necessidades e generosidades se encontrem. Inspira, mostra que todos saímos melhores e maiores ao abraçar a cultura da doação.

Patricia Fonseca opera o milagre de fazer visíveis e palpáveis os fios que unem e fazem humanos os humanos, a teia chamada amor.

FORAM TRINTA ANOS.

NEM UM DIA A MAIS.

NEM UM DIA A MENOS.

Málaga queimava a 37 graus Celsius naquela manhã. O verão de 2017 tinha chegado com força à região da Andaluzia, às margens do mar Mediterrâneo, sul da Espanha. Nosso hotel ficava à beira de uma estrada, em frente a um grande Carrefour. Não sei dizer se era o asfalto quente pelos quais os carros passavam ou o ar seco que dava a impressão de estar ainda mais calor.

Quando o alarme do celular tocou anunciando a hora de levantar, eu apertei para adiá-lo e aproveitei os últimos segundos na cama, enquanto me espreguiçava. Gosto de curtir o silêncio que meu coração faz quando o resto do ambiente cala, de apenas conseguir ouvir a minha respiração.

Estava animada pelo dia que começava. E, antes mesmo do café da manhã, tomei minha primeira dose de imunossupressores. Cinco comprimidos brancos que eram parte da rotina que tinha me ajudado a viver nos últimos dois anos: três miligramas de tacrolimus e 720 miligramas de micofenolato de sódio. Na verdade, eles são parte da rotina que, para sempre, me ajudará a viver.

A mochila já havia sido preparada na noite anterior com tudo que iria precisar: um maiô verde e preto imitando folhagem, óculos verde-bandeira, uma touca azul-marinho e minhas havaianas douradas. Era a primeira vez que eu competia internacionalmente em nome do Brasil, queria mostrar para todo mundo que era brasileira.

Desci para o café e depois caminhamos em grupo em direção à piscina. Quando cheguei lá observei que os outros atletas já estavam se aquecendo.

A piscina olímpica do Inacua Aquatic Centre me parecia gigante, com a água cristalina cortada pelas raias azuis e brancas. Avistei uma bandeira do Brasil na plateia e me despedi do Du. Eu seguiria com os demais atletas e ele iria encontrar a torcida na arquibancada.

Confesso que estava um pouco ansiosa para a prova de 400 metros livre, com medo de que os meus óculos saíssem do rosto quando eu caísse na água. A natação fechava o circuito do triatlo nas Olimpíadas dos Transplantados. Eu já havia corrido 5 quilômetros dois dias antes e pedalado 32 quilômetros no dia anterior. Faltava pouco.

Tentei relaxar, conversando com as meninas na fila de entrada para a prova. No corredor que leva à piscina, conheci duas australianas muito simpáticas e uma canadense, mas as inglesas não quiseram muito papo. Até que o microfone anunciou meu nome e me chamaram para a raia 3. "Ao menos não caí nas raias do canto", pensei. Era a hora.

Caminhei para o bloco e, por instantes, tudo me pareceu em câmera lenta. Vislumbrei a enorme plateia com todas as cores do mundo, gritando por seus atletas, o manto azul da piscina ainda remexido da última bateria. Cada passo ecoava dentro de mim o som de um bumbo. Meu coração ali batia acelerado – e olha que normalmente ele já bate mais rápido que o de todo mundo! Pensei: "tranquilo, Patricia! Você pode fazer isso, você treinou para isso. É só nadar".

Assim que todas as atletas se posicionaram em seus blocos, a juíza avisou no microfone: *"On your marks"*[1]. Subi no bloco, ajeitei o pé direito na frente, baixei o tronco e a cabeça com as mãos esticadas para baixo. "É só escutar o apito, Patricia. Escuta o apito e se joga". O apito soou.

Quando me dei conta, eu já estava dentro d'água, e os óculos continuavam no meu rosto. Meu corpo vibrava com a energia de estar ali e, a cada braçada, eu me admirava de tudo aquilo ter se tornado real. Tentava nadar o mais rápido que conseguisse e, virada após virada, me lembrava de tantas pessoas que tinham me ajudado chegar até ali e das palavras delas. Eu não estava sozinha naquela piscina.

Meus óculos já estavam cheios de água, mas não era da piscina, eram lágrimas de alegria. Nadava sabendo que faltavam poucos metros. Bati a mão na borda da piscina com tudo e imediatamente dei um grito e levantei a mão direita, comemorando. Eu tinha conseguido! Eu tinha conseguido! Eu era oficialmente uma triatleta! A plateia emocionada se levantou e bateu palmas.

Não vou mentir: eu fui a última a chegar, bem depois de todas as outras. Mas eu comemorei tanto, mas tanto, que acho que o público deve ter

---

1 "Nas suas marcas", em inglês. É o momento de subir no bloco para a largada.

se perguntado se eu sabia as regras: afinal quem ganha é o primeiro, e não o último. Mas eu estava tão feliz, que todos se levantaram e bateram palmas assim mesmo.

Saí da piscina chorando e rindo ao mesmo tempo, como se o filme da minha vida passasse bem na minha frente. As atletas que competiram comigo vinham me abraçar uma após a outra, sentindo a dimensão que aquilo tinha para mim. E eu explodia como uma supernova em expansão. A piscina ficou pequena. Málaga ficou pequena. O universo ficou pequeno. Para mim e para o meu coração.

Naquele dia, eu me tornei a primeira transplantada de coração triatleta do Brasil.

fio da navalha

No salão silencioso com paredes de madeira e cadeiras de couro azul-marinho, meus pais e eu aguardávamos o chamado do médico. Eu não sabia exatamente o que esperar da consulta que estava para acontecer. Era começo de tarde e a presença do meu pai só poderia significar que a coisa era séria.

Entramos no pequeno consultório onde um médico muito conceituado iria avaliar meu coração e meus exames. Não gosto do silêncio dessas consultas, me lembra velório. Tem um ar de coisa triste, como se a gravidade apertasse a gente mais forte em direção ao chão. Ele me conduziu até a maca, auscultou meu coração, meu pulmão e mediu a pressão. Minha mãe sempre se levantava nessas horas para acompanhar. Meu pai seguiu sentado. Terminada a aferição, o médico simplesmente saiu, andou até sua cadeira e se sentou. Era a deixa para fazermos o mesmo.

Ele abriu os exames e, após longos minutos, olhando diretamente nos meus olhos e sem alterar o tom de voz, disse a frase de que nunca vou me esquecer:

– Você está no fio da navalha, menina. Não te dou nem seis meses de vida.

Eu não tive reação. Não sei dizer o que senti ou pensei naquele momento. Foi como se tivesse congelado. Seis meses. As palavras dele me atravessaram como um raio. A partir dali, eu não escutei mais nada da consulta. Meus pais faziam perguntas, mas eu estava longe.

– Eu não sei nem explicar esses exames. Com essa fração de ejeção, essa menina não deveria conseguir andar nem falar. Estaria presa numa cama – pude ouvir em algum momento, naquele mesmo tom impassível.

O médico seguiu dando números. Ele parecia adorar falar de números. E assim, a consulta acabou. Nos despedimos e entramos no carro para voltar para casa. Eu, muda. Lembro de ficar observando na rua as pessoas ficarem para trás enquanto o carro passava. Minha mãe dizia algo como "não liga para o que esse médico falou" e meu pai completava "nós vamos em outros médicos". Mas eu continuava muda, acompanhando os corpos que desapareciam da janela.

O que vou fazer com seis meses de vida? Quando entrei em casa disse para minha mãe que iria tomar banho, mas era mentira. Queria apenas me isolar de tudo e de todos e, na minha casa, o único cômodo que tínhamos o costume de trancar era o banheiro.

Fechei a porta e liguei o chuveiro apenas para fazer barulho. Aquelas frases se repetiam como um mantra involuntário na minha cabeça. "Não te dou nem seis meses de vida." "Você está no fio da navalha, menina." "Navalha." "Seis meses." "Fio da navalha, menina."

Ali no banheiro, me olhei no espelho. Um rosto jovem se desenhava à minha frente. Eu tinha só 18 anos, estava começando a faculdade. Me perguntava se aquela imagem iria desaparecer em poucos meses.

Fui tirando aos poucos a roupa bem devagar, enquanto ainda olhava para o espelho. E então me permiti chorar. Minhas mãos cobriram meu rosto e eu apoiei minhas costas nuas na parede fria de azulejos, deixando o desconforto gelado me abraçar ao me lembrar que ainda estava viva e fui escorregando até sentar no chão do banheiro. A água caía no chuveiro e minhas lágrimas lavavam a minha esperança. Chorava pela vida que queria ter. Pelos sonhos que não iria realizar. Pelos amores que não iria viver. Pelos filhos que não iria ter.

O que eu vou fazer com seis meses de vida?

PARTE I

a vida
é como
um jogo
de cartas

a origem de tudo

No quarto mês de gestação de todo bebê, acontece um evento de extrema importância para toda sua vida futura: a compactação do miocárdio, que é o músculo que reveste o coração. Não sei para você, mas para mim, hoje, soa como um evento de magnífica importância. Em algum momento do mês de fevereiro de 1985, uma pequenina e única célula produziu uma mutação genética, selando todo um destino. Mas isso só seria descoberto muito tempo depois.

Era noite de domingo. No compacto apartamento da rua Samambaia, no bairro da Saúde na cidade de São Paulo, meus pais estavam aflitos, sem saber ao certo o que fazer. Porque, por mais que existisse a inexperiência e a insegurança natural de pais de primeira viagem, algo parecia estar realmente errado. Chegaram a ir à pediatra na semana anterior, alegando que a bebê tinha muita dificuldade para mamar, não conseguia sugar e ficava com a boca roxa, cianótica.

Naquela noite, eles desistiram de esperar. Minha mãe saiu ainda de camisola, me carregando no colo. Meu pai pegou as chaves do carro e foram correndo para o pronto-socorro mais próximo. A pediatra havia tido a impressão de escutar um sopro no coração durante a consulta e meus pais decidiram seguir a pista. Eu já estava roxa nos braços da minha mãe. Quando minha avó Dalcy chegou, logo em seguida, presenciou os médicos tentando me reanimar com massagem cardíaca.

Aos 20 dias de idade, eu fui internada com urgência e encaminhada diretamente para a UTI do Instituto do Coração, em São Paulo. Ainda nos corredores levemente amarelados do hospital, o médico se aproximou dos meus pais como quem se via obrigado a apresentar a realidade:

– Ela não deve passar de um ano de idade. Sinto muito. O coração dela é muito fraco.

Minha mãe começou a chorar e, ali mesmo, meu pai decidiu parar de fumar como uma promessa para que eu sobrevivesse.

Eu nasci com o que costumo chamar de "pacotão": buraquinhos no coração[2], insuficiência das válvulas, cardiomegalia[3] e o famoso miocárdio não compactado. Na prática, minhas células deveriam estar de férias porque perderam boa parte da etapa "coração" na gestação.

Durante meses, todos os dias, meus pais iam me visitar na UTI pediátrica do Instituto do Coração. Eu sou cliente desde cedo. As equipes por fim conseguiram estabilizar minha condição apenas com medicamentos – naquela época, não era comum operar bebês. E a despeito de todos os prognósticos, eu passei de um ano de idade.

Cresci frequentando hospitais, médicos e fazendo exames. Caminhando naqueles mesmos corredores amarelados de mãos dadas com minha mãe, aguardando longamente na fila ser chamada para consulta a partir do número que mostrava o painel. Numa dessas ocasiões, um cardiologista lamentou que a expectativa era que eu não passasse dos três anos de idade, pois o coração muito fraco não iria se desenvolver à medida que eu crescesse. Meu pai seguia sem fumar.

E assim, de tempos em tempos, lá estávamos nós de novo. Escuta o coração, escuta o pulmão, meleca o peito para fazer o exame do ecocardiograma, posiciona para fazer o raio-x, fica parada para fazer o eletrocardiograma. Não é assim com toda criança?

Só comecei a notar que não, não é assim com toda criança, quando a fase da escola se iniciou. Minha escolinha maternal chamava-se Picolino, uma casa pequena toda azul royal com palhacinhos coloridos no portão. Convenientemente, minha mãe escolheu uma escola onde pudesse me acudir rapidamente: era só atravessar a rua de casa.

Me lembro de uma sala grande, piso de madeira com mesas e cadeiras. Na hora do recreio e do lanche, enquanto todos se levantavam, a professora estendia um colchonete no canto para mim e me dizia para "descansar" e tomar minha mamadeira. Eu sempre me senti muito especial por ser a única

---

2 CIA (Comunicação interatrial) e CIV (Comunicação interventricular).

3 Coração aumentado.

que podia deitar no colchonete. Nos passeios da escolinha, a professora me pegava no colo e me levava de mãos dadas com ela. Fico hoje imaginando o que minha mãe deve ter dito para as "tias" naquela época. Seja o que for, nem ela nem as tias nunca falaram para mim.

Quando chegou a fase do colégio, aí sim a diferença ficou mais evidente. Um pátio enorme com piso de caquinhos vermelhos e pé direito digno de igreja recebia todas as crianças para o intervalo. O sonho de consumo das crianças que correm e gritam. Nunca entendi porque elas faziam aquilo – nem como.

Ali a brincadeira começava. Duas crianças escolhiam um a um quem iria participar do seus times: "Você no meu time"; "Mariana no meu time"; "Renato no meu time". Lembro da ansiedade que sentia ao ver cada um dos meus amigos sendo chamados e eu ficando no meio da quadra. Sempre fui a última a ser escolhida. Ninguém gosta de perder. No pega-pega, eu era pega; no polícia e ladrão, eu perdia, e quando tentava rebater uma bola com o taco, por incrível que pareça, mesmo acertando a bola, ela parava perto de mim. Eu até tentava, mas era tão fraca que em geral meu esforço não fazia muita diferença.

Às vezes, era bastante frustrante, confesso. De tudo, o pior era ver a cara de decepção quando alguém me tirava como par numa brincadeira. E a glória era quando eu era a penúltima a ser chamada para brincadeira! Uau! Pelo menos não era a última. Me sentia tão especial! Eu sempre amei ser a penúltima.

Se brincar cansava, com o tempo fui descobrindo algo tão prazeroso quanto e que não demandava desgaste físico: a leitura. Ainda cedo, devorei todos os livros do meu pai em casa. De Osho a livros de História. Mal eu sabia que esse era meu melhor investimento social. Com o tempo, ninguém me excluía no colégio porque todo mundo queria se sentar perto de mim na hora das provas. Ou queria ajuda para fazer as lições de casa. Ou queria copiar minha lição. Ou queria fazer os trabalhos da escola comigo. E por aí vai... Além disso, era bom ser querida por alguém e os professores, no caso, me amavam. Já cheguei a presenciar duas meninas se empurrando para disputar quem iria sentar na minha frente na prova. Juro. A hora da prova era o ápice da popularidade. E, sim, eu passava cola para todo mundo.

Certa manhã, meu pai, que passava apressado pelo corredor acarpetado de casa, inesperadamente parou na soleira do meu quarto:

– Patricia, nunca se esqueça do que vou te dizer agora: a vida é como um jogo de cartas, nós não escolhemos as cartas que vêm na nossa mão. E vencedor não é quem ganha o jogo, mas aquele que faz o melhor que pode com as cartas que tem.

Eu entendi o que ele quis dizer. E assim vivi a minha vida: tentando fazer o melhor que podia com as cartas que tinha. Essa é a minha história.

reclamações não constroem castelos

Deitada na minha cama, debaixo das cobertas, eu podia ouvir diariamente o assobio do meu pai ecoar pela casa. O som me contava que eram cinco da manhã e que ele estava amarrando os cadarços para ir trabalhar. E então seus passos iam ficando distantes até eu ouvir o barulho da porta de casa se fechando. Sempre admirei o fato de todos os dias ele assobiar e ir trabalhar feliz.

Julinho, como todos o conheciam, sempre foi um homem rígido, que valorizava o conhecimento e incentivava meu irmão e eu a estudarmos. Era a única coisa que ele realmente podia nos dar, segundo ele. "Nessa casa só não se economiza com educação e alimentação", de resto economizávamos em tudo. Por isso, a regra era clara: uma nota abaixo da média e sairíamos do colégio privado.

A família do meu pai teve muito dinheiro e perdeu tudo quando ele tinha 12 anos de idade. Um enorme incêndio, supostamente criminoso, destruiu a fábrica de travesseiros do meu avô e o sustento da família, trazendo consigo dívidas e mais dívidas. Eles contam que na hora em que souberam do fogo, olharam pela janela da casa localizada no bairro vizinho, e de lá puderam ver o rastro das labaredas no céu. Empresa, imóveis, carros, tudo se foi. Ficou apenas a casa, depenada, em que a família morava.

Em toda minha vida, eu nunca vi meu pai reclamar ou mencionar algo sobre como a história dele poderia ter sido diferente. Reclamações não constroem castelos, apenas cavam buracos. Ele começou a trabalhar ainda cedo e sempre dizia que a vida manda os problemas para que a gente aprenda a resolvê-los.

Talvez por isso ele tenha se tornado um grande amante do pôquer. Pelo prazer de dar a volta por cima mesmo quando as chances parecem estar contra você. O jogo de pôquer tem uma combinação de sorte e inteligência fascinante. Você pode ter sorte e mesmo assim perder. E pode, com inteligência e estratégia, mesmo sem sorte ganhar. Sem contar a adrenalina de apostar e virar o jogo.

Apostas eram muito comuns em casa. Ele as usava para nos testar e nos tentar. Elas giravam em torno de uma pergunta, algo que ele duvidasse que nós soubéssemos e sempre valiam dinheiro. Nas mais ousadas, ele oferecia "5 para 1": "se você errar, você me dá cinco reais, se você acertar te pago 25". Ele observava nossas feições e, quanto mais inseguros, mais ele aumentava a aposta.

Ali a gente aprendia a não deixar a tentação de ganhar muito nos fazer perder nossas parcas reservas se não tivéssemos absoluta certeza do que estávamos fazendo. Doía muito perder nossos únicos cinco reais. A diversão dele era praticamente uma aula de educação financeira e autocontrole emocional para nós – análises de probabilidades que eu levaria para vida pessoal e profissional mais tarde, como economista.

E, claro, não havia colher de chá. Aposta feita era aposta paga, porque nossa palavra tinha de ter valor. Ele adorava dizer para gente que "não existe ninguém meio honesto, ou é ou não é; nem ninguém com meio caráter, ou tem ou não tem". Desse modo, também não podíamos ter meia palavra.

Mentira, então, era algo absolutamente abominável em casa. Lembro-me daquele maldito Carnaval de quando tinha 12 anos. A mãe de uma amiga nos levou durante a tarde até uma praça para ver a folia, onde as pessoas pulavam, bebiam e a música tocava. Eu avisei em algum momento que precisava muito fazer xixi e ela apontou um banheiro, que me pareceu deveras distante, e completou: "Vai lá que a gente vai ficar aqui".

Mas elas não ficaram ali. Enquanto eu estava no banheiro, uma tempestade digna de dissipar o show da Ivete Sangalo começou e elas não voltaram para me buscar nem me esperaram. Anoiteceu e eu tive medo de voltar sozinha para casa porque havia acabado a luz na cidade e as ruas estavam desertas e escuras. Só os bêbados continuavam reunidos e achei mais seguro ficar onde tinha gente até a luz voltar. Quando elas voltaram para o prédio, meu pai notou minha ausência e questionou onde eu estava. A mãe que estava responsável por mim, talvez tentando se safar, respondeu calmamente: "A Patricia não quis voltar".

Fico imaginando que tipo de pessoa responsável por uma menina de 12 anos que não é sua filha responde isso com a consciência limpa. A partir daí, nada que eu explicasse para o meu pai fazia sentido, para ele não passava de mentiras. A chuva, o banheiro, a mulher me abandonar, a luz acabar, a rua escura. E eu fiquei seis meses de castigo por uma mentira que nunca contei. Seis meses inteiros, sem direito a redução de pena por bom comportamento ou liberdade condicional.

Nunca fui tratada como coitada na minha família, sempre fui cobrada igual ao meu irmão em tudo. Aliás, meu irmão nunca recebeu uma punição tão severa. Meu pai dizia que nos criava para o mundo e não para ele. Que o mundo não seria bonzinho com a gente e, por isso, ele também não poderia ser. Ele queria nos fazer fortes.

Mal sabia ele o quanto eu iria precisar.

ruptura

Enquanto as ondinhas do mar vinham em minha direção, iluminadas pelos fogos de artifício do novo ano que começava, eu mentalizava meu único pedido com toda minha força. Eu sabia que tinha direito a sete pedidos, mas achei que era uma excelente ideia concentrar as sete ondinhas naquilo que eu tanto queria.

Meu desejo era digno de uma menina de 14 anos. Só queria uma vez na vida ser boa em algo. Gastei minhas sete ondinhas do Ano Novo de 2000 pedindo para ser a melhor na aula de dança. Não sei se teve algo a ver com a previsão frustrada de Nostradamus de que o mundo acabaria naquela noite ou se fui eu que pulei as ondas errado. Mas saiu tudo pelo avesso.

A dança foi meu primeiro amor. Tinha iniciado as aulas havia poucos meses. As outras meninas eram notavelmente superiores, ao passo que eu ficava tentando respirar, perdia o fôlego, cansava rápido. Parava toda hora para beber água, como uma desculpa de quem não estava dando conta. Mas eu amava aquilo mesmo assim.

A noite do espetáculo anual da escola de dança tinha sido semanas antes, no começo de dezembro. Me colocaram no fundo e no canto, as melhores ficaram na frente e no meio. Durante a dança, eu esqueci a coreografia três vezes por causa do cansaço e tentei retomar e improvisar de algum modo.

Lembro-me da sensação de estar no palco. De fazer algo que gostava, ainda que mal. Lembro-me de como aqueles minutos duraram. Da fantasia rosa e branca e do adereço de cabelo que me fazia parecer um *Teletubbie*. Lembro a pose final em que ficava com as mãos levantadas para cima formando um "V", até que a música acabou.

Enquanto a plateia batia palmas, eu mirava a luz do refletor e respirava como quem não tinha mais fôlego nenhum, com a boca bem aberta, quase pedindo socorro. Parecia que eu tinha escalado o Himalaia e estava colocando os dois pulmões para fora. Parecia que eu tentava respirar todo o ar do mundo e ao mesmo tempo ele não entrava. Enquanto isso, as outras meninas, lindas e belas, como se não tivessem feito esforço algum, sorriam para o público.

Meu peito subia e descia a olhos vistos e eu me mantinha ali paralisada na pose final até que a luz do holofote escureceu a cena. De alguma forma, naquele momento, eu senti que algo a mais também se apagava em minha vida.

Em plenas férias escolares, eu passava os dias jogada no sofá. A falta de ar começou a invadir minhas noites e a fome, que eu já não tinha muita, abandonava meu corpo. Deitar se tornava cada vez mais desconfortável, pois dificultava a respiração. Até uma noite em que simplesmente não consegui dormir. Era desesperador ter muito sono e ao mesmo tempo não conseguir encostar, a despeito da quantidade de travesseiros. Fomos ao pronto-socorro tentar descobrir o que estava acontecendo. E assim começou a saga.

Cada madrugada passávamos em um hospital diferente. Me receitaram tomar água de azeitona, achando que era pressão baixa. Fizeram inalação para ajudar o pulmão. Me deram soro, julgando que estava fraca. Nada resolvia, e assim na madrugada seguinte lá estávamos, minha mãe e eu, num novo hospital na esperança de ajuda.

Na quinta noite, uma médica de cabelos curtos e fala pragmática me avaliou e ainda olhando para o monitor do ecocardiograma anunciou, com uma mistura de prazer, carinho e frieza quase inconciliáveis:

– Você não sai mais daqui, mocinha. Vou arranjar um quarto para você.

Enquanto esperávamos o tal quarto na sala de fora, eu observava os quadrados do chão, dos quais não me esqueço até hoje. Eu não chorei. Não me permiti ter a vontade. Olhava aquela sala branca de hospital como quem não pertence ao ambiente. Ao meu redor, pessoas doentes, aparentemente fracas, com a mesma expressão de paciência.

A internação durou várias semanas de um janeiro cinzento e nublado. Passava o dia fazendo exames, tomando medicamentos, colhendo sangue. Enquanto as equipes tentavam solucionar o problema inicial diagnosticado – água no pericárdio[4] –, novas descobertas eram feitas. As válvulas cardíacas também pareciam estar comprometidas, tudo porque aparentemente eu tinha pegado um vírus chamado Coxsackie B. A chance, segundo os médicos, de eu ter tido malformação congênita no coração e pegar esse vírus na adolescência era a mesma de ganhar na loteria duas vezes.

Mas eles não estavam me contando tudo isso à toa. Três médicos estavam ao pé da cama, meu pai estava presente e minha mãe, sentando-se ao meu lado, disse com todo cuidado:

– Meu amor, os médicos acham que o melhor agora é operar seu coração.

Comecei a chorar e a dizer que não iria operar. O ar ficou pesado; o quarto, pequeno; o hospital, um cercadinho de onde eu queria escapar. Meus pais ficaram preocupados, tentaram me acalmar. Eu soluçava e pedia: "Não deixa, mãe, por favor, não deixa, mãe". Como menor de 18 anos, não era eu que decidia sobre a integridade do meu próprio corpo. Eram eles. Minha mãe me abraçava junto à cama, juntando forças de todos os cantos do Universo para não se desesperar mais do que eu. Me pedia calma e me embalava. "Meu amor, vai dar tudo certo", sussurrava para mim.

Meu medo não era de operar. Meu desespero era me mandarem depois da operação de volta para a UTI pediátrica, que àquela altura da vida eu já tinha carinhosamente apelidado de "antessala do inferno". Poderia descrever minha última estadia lá como um concerto de dor: gritos, choros e gemidos de crianças, regidos por enfermeiras azedas e sem paciência. Um espetáculo que havia durado sete horas e, em cada segundo, eu temi que minha mãe não aparecesse para me resgatar dali.

O médico, compreendendo minha angústia, me prometeu que eu ficaria apenas um dia na UTI depois da operação. Isso me pareceu sofrido demais, mas tampouco me deram outra opção. Era quarta à tarde e a operação já estava marcada para às sete horas da manhã seguinte. Maldito Nostradamus. O mundo não acabou, mas o meu parecia desmoronar.

Meu corpo já estava nu. Apenas um lençol me cobria e meu cabelo havia sido colocado dentro de uma touca. Uma enfermeira irrompeu o quarto:

---

4 O pericárdio é uma membrana que reveste o coração. Meu corpo havia acumulado água entre essa membrana e o coração, o que aumenta a pressão do órgão, podendo causar um tamponamento cardíaco.

– Pronta?
– Sim – respondi hesitante.

Uma. Duas. Três. Acompanhava as luzes do teto passando enquanto a maca era levada pelos corredores até o centro cirúrgico. Minha mãe acompanhou a maca até onde pôde. Vi nos seus olhos o desespero quando disseram que ela só poderia seguir "até ali". A ela só restava esperar.

Os enfermeiros me posicionaram na cama cirúrgica e se despediram. Nenhum médico. Ninguém mais estava naquela sala gelada. Fiquei sozinha por um tempo que me pareceu infinito, olhando o ambiente ao meu redor. Eu estava tensa. A equipe chegou e começou a manipular os instrumentos cirúrgicos e se preparar para o procedimento. Estavam todos concentrados. Alguém puxou meu braço e, com uma tesoura, sem pedir ou avisar, cortou minha pulseira do Senhor do Bonfim – aquela que não podemos tirar antes que caia. Eu havia feito três pedidos.

– Não pode tirar! Tem que cair sozinha! – reclamei.
– Não pode ficar. É procedimento padrão – respondeu apática a enfermeira.

Não achei aquilo um bom sinal. Fiquei ainda mais tensa.

Em seguida, pediram para eu respirar através de um inalador para iniciarem a sedação. Eu respirei e, na hora que meus olhos estavam se fechando, eu fiz força e os abri com tudo.

– Patricia, respire o ar – ordenou o anestesista.

Eu respirava. Meus olhos pesavam e, quando ameaçavam se fechar novamente, eu fazia força de novo e os abria com tudo.

– Patricia, é para você respirar o ar – repetiu impaciente.

Os médicos deviam achar que eu estava de sacanagem, mas eu tinha medo de que eles começassem a cirurgia comigo acordada ainda. Eu tinha bolado essa brilhante estratégia de que deveria manter os olhos abertos o máximo que conseguisse para mostrar que ainda estava ali. Eles chegaram até a checar se estava saindo ar do inalador.

Imagine uma paciente na maca que fica ressuscitando da anestesia? Ninguém merece. No fundo, eu não queria me entregar. Estava apavorada.

Havia muita luz. Tudo doía e eu me sentia presa. A sala era grande, mas não parecia mais o centro cirúrgico. Minha visão ainda estava voltando. Tentei me mexer, mas notei que meus braços e pés estavam amarrados. Senti um desespero, tentei chamar alguém, mas logo me dei conta que havia um cano saindo da minha boca que me impedia de falar. Comecei a forçar para falar e a chorar. Uma enfermeira se aproximou e disse para alguém "ela já está acordando" e se voltou para mim:

– Querida, não tente falar, senão vai machucar suas cordas vocais. Vamos desentubar você, fique calma.

Ser desentubada acordada foi uma experiência próxima à daqueles performistas que enfiam e tiram uma espada de dentro da garganta. O tubo que era puxado simplesmente não acabava. Quando terminaram tentei falar e nada saiu. Estava sem voz. Pensei: "Calma, Patricia, vão ser apenas 24 horas".

Gastei minhas primeiras horas examinando a situação ao meu redor. Contei que do meu corpo saíam exatamente oito tubos, que me ligavam àquela cama e me impediam de fazer como num daqueles filmes em que o paciente arranca tudo e vai embora. Ainda estava com o tubo no nariz; três drenos saíam do meu abdômen; sonda para fazer xixi; acessos nos dois braços e o oitavo fio, eu nunca descobri para que era. Qualquer movimento que tentasse fazer puxava um dos fios, gerando um incômodo. Estava pregada na cama.

À minha esquerda, notei que estava um bebê. Ele tinha nascido prematuro e toda vez que a médica vinha avaliá-lo o chamava de "bifinho", porque ele não tinha nem meio quilo. "É menor que um bife", dizia ela. Sempre achei que a família não iria curtir saber que a médica chamava o filho deles de bife.

Quando a médica não estava, era a família que estava. Eles entravam apenas para chorar. Se postavam ao lado do bebezinho e deitavam lágrimas o tempo todo da visita. Se revezavam inclusive: saía um, entrava outro familiar, para continuar pranteando. Aquela tristeza me rasgava.

Já na minha frente estava um garoto de cinco anos, QUE NUNCA TINHA SAÍDO DO HOSPITAL. Lembro que fiquei chocada quando soube que era possível não sair mais de um hospital. Desde que ele nasceu, dependia das máquinas para viver. Quando me falaram aquilo, eu arregalei os olhos e passei a contar as horas, os minutos, os segundos para sair dali.

Mas, dessa vez, ninguém me resgatou. As primeiras torturantes 24 horas venceram e, segundo as equipes, eu precisaria ficar mais um dia, pois as coisas não saíram exatamente como o previsto. Em toda visita, eu implorava à minha mãe chorando para ela me tirar dali, e ela com toda calma e carinho respondia:

– Você já vai sair, meu amor, aguenta só mais um pouquinho. Eu vou pedir para o médico te tirar, ok? – ela dizia, mesmo sabendo que o médico não poderia me tirar dali.

As segundas 24 horas também venceram e, a partir de então, eu não acreditei em mais uma palavra que diziam. "Talvez eu nunca mais saia daqui, talvez eu fique presa como o menino de cinco anos." Cada dia era mais uma sentença e ninguém aparecia para proclamar minha absolvição.

Passava as horas assistindo ao branco do teto. Os tetos das UTIs deveriam ter afrescos. Pinturas. Símbolos escondidos. Enigmas. Coisas que prendessem a imaginação. O branco. Tão branco. Pálido como a minha vida naquele momento. Tedioso. Quieto. Não me dizia nada. O relógio parecia andar para trás.

Às vezes, literalmente sonhava com um frango inteiro girando dentro de um microondas. De tanta fome que passava em função daquela comida insossa. E a sede... Nossa! Eles contavam na seringa a água que eu podia tomar. Era tão cruel.

Numa certa madrugada, a UTI estava silenciosa e à meia luz. Só havia uma profissional velando o sono dos menores de 18 anos que insistiam em não dormir para sempre. Ela então se aproximou de mim e, depois de dar uma conferida rápida se realmente só estava ela no ambiente, me estendeu um copo de água gelada cheio até a borda:

– Bebe, filha, eu sei que você quer – e me ajudou a sentar na cama. – Mas não conta para ninguém, tá?

Eu olhei para ela como quem vê Jesus descer lá de cima numa nuvem de luz dourada. Que ser humano é esse? Que pessoa maravilhosa! Bebi até a última gota que a seringa me negou e devolvi o copo vazio. Ela piscou para mim. E voltei para debaixo dos lençóis sentindo uma migalha de prazer.

Já estava ali havia uma semana. Minha maca encontrava-se do lado de uma grande janela de esquadrilhas pretas e, do alto do hospital, pude ver a rua cheia de pessoas. Era dia 25 de janeiro de 2000 e a cidade de São Paulo comemorava seu aniversário. Enquanto homens e mulheres ziguezagueavam na multidão, eu acompanhava seus passos como quem assistia a um reality show. Do lado de cá da janela, cheia de tubos saindo do meu corpo e me prendendo àquela cama, havia me tornado apenas uma espectadora da vida. Sentia que não fazia mais parte de tudo aquilo.

Tive um pouco de pena de mim mesma e confesso que me torturei ao relembrar cada chance perdida. Que desperdício tinha sido cada singelo beijo não dado. Por que não me permiti? Algo que perdi a ocasião de dizer. Uma loucura ou besteira que deixei de arriscar. Por que não arrisquei? Uma única vez que tivesse deixado de entrar no mar porque estava gelado. Eu deveria ter entrado. Diante daquela janela, eu me dei conta de quanta vida deixamos escapar e de quantas oportunidades de viver desperdiçamos por não entender quão precioso é cada momento. Postergamos a vida pela ilusão do infinito.

Senti como se um clarão acordasse cada célula do meu corpo. Queria poder descer e contar para aquelas pessoas que passeavam felizes que instantes não vividos são como areia na ampulheta que o tempo leva embora e não volta mais. Nenhuma chance perdida vale a pena.

    Daquele dia em diante, eu passei a me declarar sem o medo do ridículo. Topei todas as aventuras que cruzaram meu caminho. E virei uma amante de mares e águas geladas porque elas me lembram que eu ainda estou viva. Quando muitos dizem não, eu digo sim e abraço aquela água gelada que novamente acorda cada célula do meu corpo.

descompressão

Uma das primeiras coisas que fiz quando retornei para casa foi pegar minha cachorrinha cinza de pelúcia e um canivete. Ela tinha o tamanho da minha mão, um laço rosa em cada orelha e era minha favorita. Cortei com o canivete seu peito, exatamente como o meu. Em seguida, busquei uma pedrinha de cristal que tinha guardada em algum lugar. Coloquei a pedra dentro dela e costurei de novo. Nunca contei isso para ninguém.

    O ritual servia para me lembrar que, quando me abriram, eu saí carregando algo valioso. Algo do qual eu não queria me esquecer, pois tinha aprendido a duras penas em todo aquele processo no hospital. Quando segurava a pelúcia em minhas mãos ou simplesmente a olhava e me recordava daquele segredo, era como se um portal se formasse e, de uma forma concreta e palpável, eu me reconectava ao que enxerguei através daquela janela. Objetos servem de ponte para nossa memória. Tenho ela até hoje.

    As aulas recomeçaram em fevereiro sem mim. Enquanto todo mundo estava na escola, eu estava em casa me recuperando da plastia na válvula mitral. Minha mãe cuidava da minha alimentação e tentava replicar tudo que havia sido feito no hospital. Adicionalmente, todos os dias ela buscava a matéria da escola na casa da minha melhor amiga Celina. Levava até uma papelaria, copiava e devolvia para ela. E assim, eu podia estudar em casa e tentar não perder o ano. Era o primeiro ano do colegial, com matérias que nunca tinha tido antes, como Física, Química e Biologia, o que acabava dificultando bastante.

    Passados dois meses, fui liberada para retomar as aulas. Já estávamos em abril e eu voltaria exatamente na data da prova de Física para não perder o exame. Eu estava ansiosa por esse dia. Na hora de me arrumar, me dei conta que não conseguia usar o sutiã por causa da sensibilidade da cicatriz e me bateu um desespero, pois a camiseta do meu colégio era branca! Mas logo minha mãe deu a ideia de usar uma regata por baixo. Aquela regata branca, honestamente, tinha ficado estranha. E minha cara estava parecendo uma bola por causa dos corticoides. Mas, de verdade? Eu estava muito feliz por voltar!

    Por lá, tudo estava diferente. Novos alunos tinham chegado e já estavam enturmados. Muitos tiveram curiosidade e vieram falar comigo. Alguns pediram inclusive para ver a cicatriz. Nem liguei. Descobri que minha sala de aula ficava a partir deste ano no terceiro andar do colégio, o que gerou um grande inconveniente. Eu não tinha fôlego para subir escadas.

    O estudo da Física já havia me ensinado que a velocidade de um corpo é dada pela relação entre o deslocamento e o intervalo de tempo. O que significaria que, para percorrer a mesma distância que meus amigos do pátio até a sala de aula com a minha velocidade reduzida, eu precisaria de mais tempo. Então, todos os dias eu perdia metade dos meus preciosos 30 minutos de intervalo por isso. Quando se completavam 15 minutos de recreio, eu me despedia das pessoas com quem conversava e me dirigia às escadas. Aqueles três andares de escada inteiros eram para mim a visualização do próprio Everest. Imponente. Desafiador. E eu não tinha a opção de não o escalar.

    Começava a subir degrau por degrau, enquanto meus amigos ainda estavam no pátio. Subia um degrau. Parava. Respirava. Subia mais um degrau. Parava. Respirava. O alarme soava em geral quando estava na metade das escadas. Os alunos começavam a subir e a me ultrapassar. Alguns acenavam e eu dava "oi" de volta. Eu seguia, um degrau por vez. Ia na minha toada. Ao chegar no terceiro pavimento, muitas vezes a aula já tinha se iniciado. Caminhava até a carteira e sentava ainda um pouco ofegante.

    A aula de Educação Física não era muito diferente. Enquanto todos meus amigos iam direto para a quadra escutar da professora quais seriam as atividades do dia, eu subia sozinha a arquibancada e me sentava. Ficava assistindo a eles se exercitarem, correrem, rirem. Gostava mais da época em que eu era apenas ruim. Era meio triste ficar assistindo.

    Mas pior que isso foi quando uma aluna foi até a diretoria alegando que não era justo ela *ser obrigada* a fazer a aula de Educação Física e eu não. A partir de então minhas aulas passaram a ser na biblioteca, supervisionadas por uma freira, fazendo trabalho escrito sobre atividade física. Essa foi a punição que recebi pelo castigo de não poder fazer exercício. Em toda minha vida, eu nunca sofri maior ato de desumanidade do que o que essa menina fez comigo.

O aguardado dia da entrega das notas de Física enfim chegou. A professora, que àquela altura eu já estava sabendo que era o terror do colégio, chegou na sala soltando fogo pelas ventas. Estava completamente possuída. Dizia que havia sido um vendaval de notas vermelhas, enquanto chacoalhava as provas corrigidas. "Se eles foram mal, imagina eu", pensei. Em seguida, começou a fazer um escândalo na sala, gritando que ela não deveria servir para nada, porque a nota mais alta foi de alguém que não assistiu a uma aula sequer.

Não tenho como descrever o que senti quando ouvi aquilo. A minha felicidade era do mesmo tamanho daquelas escadas que eu tinha que subir todo dia. Enquanto ela xingava e esbravejava, alguns alunos me olhavam e eu tentava esconder meu sorriso. Eu fui a maior nota da sala! Mal podia acreditar! E assim, num relâmpago, fui promovida de "menina operada" para "menina inteligente". O que, vamos combinar, é muito mais digno. Ao chegar em casa, eu e minha mãe vibramos juntas com a notícia. Todo o esforço tinha valido a pena.

A vida então estava seguindo em frente, após dolorida ruptura. Aprendi a viver com as novas limitações e a me adaptar. Muitas vezes, durante os intervalos entre as aulas, eu escutava minhas amigas contarem da balada da noite anterior. Aquela a que eu não tinha ido. Era um pouco frustrante ter as roupas bonitas no armário e não poder sair de casa. Mas o mundo é tão rico, tão cheio de possibilidades. Se eu não podia fazer a coisa que mais gostava, que era dançar, eu ainda podia fazer a segunda coisa que mais gostava, que era ler. E novos sonhos também viriam a nascer.

Um ano após a operação eu disse para minha mãe que queria ser modelo – como toda menina de 15 anos leitora da *Capricho* – e pedi que ela me levasse numa agência. Nesse dia, coloquei um salto tão alto, mas tão alto, que andava na calçada como se caminhasse na Lua.

Depois de um longo chá de cadeira, digno de um pronto-socorro, me chamaram e pediram para eu colocar um biquíni. Um homem sentado numa poltrona de veludo, com certo desprezo, disse apático assim que me viu:

– Você nunca vai poder ser modelo com essa cicatriz no seu peito, querida.

Durou o tempo dessa conversa nossa visita. Na saída, minha mãe, carinhosa como sempre, tentou diminuir aquele momento:

– A vida de modelo é muito difícil, Patricia. Ainda bem que não deu certo. Eu não quis te falar e te trouxe aqui porque você queria muito. Agora você já matou a sua vontade. Além disso você sabe que sempre vai ser a minha modelo, não sabe? – e logo me abraçou, tirando um sorriso de mim.

Ela, sempre parceira e sempre presente.

o amor cura, o amor salva

Quando o sino da igreja matriz anuncia a hora cheia, o som parece ecoar por cada esquina da pacata cidade de Machado, se misturando ao barulho das folhas ao vento e dos passarinhos. Um refúgio com pouco mais de 40 mil habitantes, localizado no sul de Minas Gerais. A cidade, que foi curiosa ou carinhosamente apelidada de "cidade das meninas de pernas grossas", é marcada pelo sobe e desce dos morros íngremes. Minha mãe não fugiu a essa regra.

    Fazia uma tarde quente em pleno feriado de Carnaval e o município mineiro recebia turistas. Minha mãe desfilava como baliza, desenhando o ar com um bastão à frente da fanfarra; meu pai estava no alto de um trio, fantasiado de ET verde. Deve ter sido uma paixão de outro mundo. Ela, tão tímida e receosa, largaria a cidade e a família para encarar a selva de pedra paulista. Tudo por amor.

    Consuelo, ou Lelinho como era chamada, era a ternura em pessoa e sempre tinha um sorriso no rosto. Foi ela que lutou por mim quando eu não podia lutar. Foi ela que, depois de nove meses de gestação e 12 horas de trabalho de parto excruciantes, escutou dos médicos que eu não iria sobreviver. Mas amor de mãe move montanhas.

    Ela me dava os remédios e se desdobrava em receitas para descobrir algo que me abrisse o apetite. Consultas, exames, éramos sempre nós duas.

A leveza dela fazia tudo parecer normal. Crianças não entendem muito bem o que está acontecendo. Lidamos com a doença da forma como os nossos pais lidam com a doença. Se os pais têm fé que um dia a medicina vai inventar uma saída, nós temos fé que vamos melhorar. Aliás, em casa ninguém nem usava a palavra "doença", era "problema de coração".

Todas as noites, ela entrava no quarto em que eu e meu irmão dormíamos, fechava a veneziana escurecendo o ambiente e perguntava cheia de carinho:

– Que historinha vocês vão querer ouvir hoje?

A escolha em si já era uma farra. E então ela se sentava na cama do eleitor, com o livro em mãos e lia para nós sobre heróis, espadas, princesas, porquinhos e dragões. Por causa disso, peguei gosto pela leitura. Algo que me salvaria muitos anos depois. A leitura expande nossa cabeça e com isso nosso problema fica pequeno perto de tanta coisa que existe no mundo.

Não bastando os meses de UTI logo que nasci e o prognóstico do meu coração, aos oito meses de idade eu rolei de uma escada caracol na casa da minha avó. Como a primeira batida foi de cara, ou melhor de boca, meus dentes da frente nunca nasceram, devido ao impacto. Fui banguela até os sete anos de idade.

Minha mãe, que morria de medo de dirigir em São Paulo, teria que pegar o carro para me levar ao dentista especialista, na região metropolitana, na cidade de Santo André. Lembro dos carros buzinando freneticamente atrás de nós toda vez. E ela dizendo calmamente: "Podem buzinar à vontade. Eu vou na minha toada". Íamos na velocidade do jabuti e ficávamos presas em todos os faróis.

Ela me ensinava que é normal ter medo e que o medo só não pode nos paralisar. Medo que não paralisa é também coragem. E quanta coragem foi preciso para enfrentar tudo que viria pela frente. E quanto medo tivemos que abraçar e seguir adiante. Juntas passamos tantos apuros.

Numa madrugada, fomos até um pronto-socorro na esperança de que me ajudassem a respirar e a dormir. Depois dela contar meus sintomas, uma médica residente atacou:

– Você deve ter problema na cabeça para trazer uma menina de 14 anos num pronto-socorro cardíaco no meio da madrugada! Eu tenho mais o que fazer aqui! – desdenhou, como se fôssemos duas hipocondríacas que têm prazer em acordar na madrugada e tomar chá de cadeira à espera de socorro.

– Mas eu não posso estar com o coração tão grande que está apertando meu pulmão e por isso eu não estou conseguindo respirar? – perguntei, inocente.

– Querida, o seu coração teria que ser uma panela para estar apertando o pulmão. E, se você pensa isso, você também tem problema na cabeça igual sua mãe!

Aquela profissional nos mandou embora como quem espanta cachorros. Saímos dali portando os exames daquela noite, que iríamos descobrir mais tarde que estavam claramente alterados. Meu coração no raio-x estava mesmo do tamanho de uma panela. Ela não percebeu, mas não porque ela tivesse problema na cabeça; essa sim tinha problema no coração.

Por essas e outras, minha mãe dizia que hospital era um lugar onde tínhamos que nos defender. E ela me ensinava que para sobreviver não podemos ficar parados, esperando, aceitando tudo. Temos de nos mexer, pedir, reclamar, fazer valer a nossa vez. Ela cobrava o remédio que não tinha vindo, o exame que estava atrasado, onde estava o médico e o parecer do dia. Cobrava todo mundo. E depois saía distribuindo bombons pelo hospital, adoçando a vida daqueles que tanto nos ajudavam. Ela era minha estrutura nas horas difíceis.

Quando eu tinha 16 anos, uma cardiologista nos surpreendeu na consulta com um tema não abordado até então:

– Patricia, é preciso que você saiba que você nunca poderá ser mãe. Seu coração é fraco – disse, incisiva.

Saí chorando do consultório, levando comigo a resposta de uma pergunta que nunca havia feito e que não estava preparada para receber. Ainda dentro do carro, minha mãe olhou para mim:

– Eu quero que você esqueça tudo que essa médica falou. Nunca mais vamos voltar aqui. Fique tranquila – e, em seguida, clipou o cinto de segurança e saiu de cabeça erguida como quem leva sua cria para longe do perigo. Nunca mais voltamos lá.

Minha mãe era força e delicadeza. Estava presente nos detalhes. No aroma do travesseiro, cujo perfume ela borrifava e nos envolvia ao deitar. Na mesa bem posta, digna de uma mineira. Na casa cuidadosamente ajeitada. No carinho com que pensava e preparava as refeições. Ela cuidava de todos e fazia todos se sentirem especiais.

Um dia estávamos passeando juntas pela rua. Uma cartomante lia a sorte das pessoas. Empolgadas, paramos para ouvir sobre o que aguardava nosso destino. Depois de ler a mão da minha mãe, ela pegou a minha. E então seu semblante se fechou:

– Nunca vi isso... – seus olhos se apertavam como quem tentava ver algo, enquanto seus dedos examinavam minha palma. – Você tem duas linhas da vida, menina!

– Como assim? – perguntei.

– Tem um entroncamento. Uma primeira linha curta e uma segunda linha que vem de outra direção, cruza a primeira antes dela acabar e vai até o fim da sua mão.

- O que isso significa?
- Eu não sei - disse ela, lamentando.
  Sempre torci para aquela cartomante ter lido errado minha mão. Mas, a verdade é que eu ainda não sabia que minha primeira vida estava perto do fim.

choque universitário

Em fila indiana, cantando a música tema do desenho Smurfs, com o rosto pintado de diversas cores, me vi rodeada pelos encantadores prédios de tijolos aparentes do Mackenzie e por suas árvores frondosas. Enquanto caminhava em direção ao semáforo, visando mendigar dinheiro para os outros beberem, eu curtia inebriada o poético ritual do trote. Entrei na faculdade de Economia com 17 anos, logo em seguida ao terceiro colegial.

Meu pai havia me convencido a não fazer uma universidade pública, alegando que ela roubaria 960 horas da minha vida por ano, o que seria o mesmo que jogar no lixo anualmente 40 dias de vida. A conta torta dele levava em consideração as duas horas que eu teria de gastar todo dia para ir e voltar de ônibus até um campus público. Tempo que, segundo ele, era precioso.

Consegui um estágio no Núcleo de Pesquisas em Qualidade de Vida (NPQV), que ficava ali mesmo dentro da Universidade Mackenzie. Eu me orgulhava tanto dele! Passava a manhã estudando e a tarde no estágio. A popularidade que não tive na escola, eu encontrei na faculdade. Fundei e era presidente de um Centro Acadêmico com direito à manifestação e apitaço. O Centro Acadêmico Celso Furtado; para os íntimos, CAEC. A vida estava ótima. Quase ótima.

Estava me sentindo mais cansada que o meu normal. Mais fatigada para andar e subir escadas. Certo dia, voltava do estágio para casa e um calor desgraçado tinha se apossado da cidade de São Paulo naquele fim de tarde e meu ônibus, lotado e concorrido, passava pela região da Sé. Tudo tão abafado. Em pé, segurando na barra superior, eu sentia como se o sangue do meu rosto estivesse sendo esvaziado, até que minha visão apagou. Nervosa, sem conseguir enxergar nada, comecei a gritar:

– Para o ônibus! Não estou enxergando! Para o ônibus, por favor!

O ônibus freou e as pessoas me ajudaram a descer. Eu só não tinha pensado o que faria quando descesse. Árvores de copas altas, coqueiros enfileirados, postes de luz antigos se confundiam na minha visão enevoada. O cheiro de xixi era potencializado pelo calor e ao meu redor muita gente passava com pressa.

Achando que era hipoglicemia, fui até o bar mais próximo e pedi um quibe. Pensei que comer me faria bem. Em seguida, caminhei até as escadarias da igreja e sentei para tentar me recuperar. Foi então que vi quatro quatro estranhos vindo em minha direção. Fraca, com a visão indo e voltando, não tive dúvidas: levantei e peguei o primeiro táxi que apareceu, mesmo sabendo que não tinha dinheiro para pagar.

O taxista, que em tese era minha salvação, estava cheio de papo e ficava me chamando de "polaquinha linda" enquanto me olhava de uma forma estranha pelo retrovisor. E eu só pensava que se ele entrasse num caminho desconhecido ou suspeito, eu ia me jogar do carro mesmo com ele em movimento.

Chegando na porta de casa, saltei do carro e disse: "moço, eu juro que vou te pagar, espera cinco minutos". Subi, peguei o dinheiro com meus pais e paguei o homem. Só se não tivesse amor à vida para avisá-lo antes que não tinha dinheiro. Foi um dia muito tenso.

Esses episódios começaram a ficar mais frequentes. Tentei evitar pegar condução e às vezes gastava boa parte do meu irrisório soldo de estagiária voltando de táxi para casa. Cheguei a comentar com uma amiga que achava que meu coração estava meio estranho nos últimos dias. Mas a semana nem precisou chegar ao fim.

Na tarde de domingo, meu pai freou o carro com tudo na porta do pronto-socorro. Eu estava pálida e abatida. Minha mãe saiu gritando do carro e na mesma hora trouxeram uma cadeira de rodas. Enquanto o plantonista tentava medir a pressão, eu quase escorregava da cadeira.

– Tem alguém aqui? – o enfermeiro perguntou.

Acenei com a cabeça, mas a pressão não estava me detectando. Em seguida foi auscultar o coração.

– Menina, isso aqui está o samba do crioulo doido! – anunciou, imediatamente disparando um código de urgência.

Me levaram às pressas para um quarto reservado. Não deu tempo nem de me despedir dos meus pais. Me deitaram na cama e saíram tirando minha roupa. Eletrodos iam sendo colados por oito mãos em cima de mim. Os olhos tensos dos profissionais acompanhavam a resposta do monitoramento cardíaco. Eu estava em fibrilação atrial[5]. Prepararam minha veia e injetaram um medicamento à base de iodo para tentar reverter a arritmia.

De repente, comecei a sentir uma comichão dentro de mim. Perdi o controle das minhas pernas e mãos e comecei a me debater. Era como se o corpo não fosse mais meu. Parecia que ia explodir. Implorei chorando para as enfermeiras:

– Faz parar, pelo amor de Deus, faz parar!

A tensão nos olhares deu lugar ao desespero: eu entrei em choque anafilático. Uma reação alérgica grave que surge em segundos e pode levar a óbito. Estava um alvoroço dentro do quarto. As enfermeiras puxavam minhas mãos e minhas pernas tentando amarrar com panos nas laterais da maca.

– Por que estão me amarrando? Por que estão me amarrando? – eu perguntava, assustada, enquanto tentava puxar meus braços de volta com força.

Buscava rostos ao redor, mas ninguém me respondia. Um homem chegou pela minha esquerda com o desfibrilador nas mãos. Não deu tempo de falar nada.

À direita, a enfermeira disse: "Apaga ela".

A primeira forma de reverter uma fibrilação atrial é por via medicamentosa. A segunda é por choque. Aprendi isso da pior forma. Nunca soube precisar quantos dias passei na UTI depois desse episódio. Acho que estava sempre grogue. Ainda me recuperava do susto quando meu médico se aproximou e me explicou a situação:

– Conseguimos reverter a arritmia e estabilizar seu quadro, Patricia. Você sabia que era alérgica a iodo? – perguntou, enquanto anotava algo.

---

5 A fibrilação atrial é um subtipo de arritmia cardíaca caracterizada pelo ritmo de batimentos rápido e irregular dos átrios do coração. A principal consequência da FA é o risco de derrame ou AVC.

– Não, mas agora a gente descobriu, doutor... – sorri, fazendo piada. – Juro: não quero tomar nada com iodo nunca mais na minha vida – disse, ainda sonolenta.

– Precisamos conversar sobre um outro assunto – retomou o médico, sério. – Seu coração está muito fraco, você precisará escolher entre estudar e trabalhar. Tudo, você não vai mais aguentar.

A graça da minha piada foi embora na velocidade de um espirro e eu fiquei arrasada com aquela notícia. Eu amava meu estágio no Núcleo de Pesquisas e algumas semanas antes haviam me feito a proposta de renovar o contrato. Lembro de ter chegado em casa toda feliz para contar para minha mãe.

Foi com coração partido que informei a eles que precisava me desligar. Mas era melhor estar viva sem estágio, do que morrer e ficar igualmente sem estágio. Menos de um mês depois, eu parecia só piorar a olhos vistos e logo o médico me pediu para pausar os estudos também. Fiquei irritada que ele havia me mandado escolher para depois me tirar tudo.

Subitamente ele começou a falar sobre transplante conosco, como uma possível saída para o meu caso. Eu não sabia muito bem o que era isso, mas a única pessoa que tinha ouvido falar que tinha transplantado o coração era um ator famoso e ele já tinha morrido. "Sobrevida de poucos anos." Não me parecia um bom plano. Além do mais, também escutei que se isso fosse feito eu não poderia ser mãe, algo que desejava muito. O médico sugeriu que passássemos num especialista e pediu novos exames.

Minha maca novamente se movia pelos corredores do hospital até que adentramos na sala gelada para o exame que parecia mais uma cirurgia. Começaram os preparativos, cortaram minha virilha e introduziram um cano que por ali iria até o coração. Tudo isso comigo acordada. Eu senti cada centímetro do cano sendo introduzido em mim. Parecia que tinha uma minhoca dentro do meu corpo, se movimentando e me comendo por dentro. Era horrível.

– Eu estou sentindo o cano movendo. É para sentir? – perguntei, assustada.

– Estamos fazendo o exame, Patricia – falou o médico, sem desviar o olhar do monitor.

Era uma sensação muito ruim. Comecei a ficar nervosa e a chorar em silêncio.

– Se você não se acalmar, o cateterismo vai dar errado e os números serão piores do que são – ameaçou o médico.

Eu não queria que o exame desse errado, eu queria que ele desse bom.

O cano atingiu o coração e eu sentia a minhoca por completo dentro de mim, da virilha ao coração, cada centímetro, se movimentando e era uma sensação impossível de descrever, uma mistura de enjoo com algo te rasgando e queimando por dentro. Eu queria que ele arrancasse aquele fio de dentro de mim.

Procurei desesperadamente em minha mente algo que me transportasse dali e me ajudasse. Pedi a ajuda de Jesus com força e foi então que vi duas crianças. Um menino e uma menina. Eram meus filhos e então imaginei que, para eles existirem, eu precisava aguentar o exame. Ajoelhei, os abracei e disse que a mamãe já lutava por eles antes mesmo deles nascerem. Peguei na mão deles e começamos a brincar. Estávamos nós quatro: eu, Jesus e as duas crianças dançando ciranda e ali a única coisa que eu ouvia eram nossas doces canções. Uma calma e uma paz me tomaram. A minhoca se movia dentro de mim, mas eu já não sentia e não chorava mais. Fiquei brincando com eles o resto do exame.

Eu sempre achei que tinha aguentado o exame para salvar os filhos que um dia iria ter. Mal sabia eu que os filhos que eu ainda não tive é que me ajudaram naquele dia.

ela, a navalha

Nua. Molhada pelas lágrimas e encolhida no chão do banheiro, eu não conseguia parar de pensar nas palavras do médico que havia avaliado meus exames horas antes. *"Você está no fio da navalha, menina."* Apesar de sobreviver ao exame, os resultados não pareciam indicar que eu iria muito longe.

Aquela consulta junto dos meus pais... Ouvir aquelas frases... Foi como se, em segundos, aquele médico tivesse sugado com um canudinho o pouco de expectativa de vida que achei que tivesse. Sobrou só um chorinho. Seis meses. O que eu ia fazer com isso? Chorei tudo que tinha para chorar ali, como um luto antecipado de mim mesma.

Como não consegui encontrar resposta alguma, decidi no dia seguinte procurar a Sônia, que era a mulher mais sábia que eu tinha conhecido em minha vida e dirigia o Centro Espírita Estrela do Oriente que eu frequentava havia alguns anos. Mais morena que grisalha, de cabelos curtos batidos e estatura baixa. E de uma força interior e de uma energia que nos faziam esquecer que estávamos em frente a uma senhora. Seu olhar era mais jovem que o de muita gente, reflexo de sua espiritualidade.

Contei para ela tudo que estava acontecendo e suas palavras foram como uma faísca de luz na escuridão:

– Ninguém pode definir o quanto você vai viver, Patricia. Médico nenhum tem esse poder! Só quem te deu a vida pode dizer. Só Deus! Conheço pessoas que são verdadeiros *highlanders*, que toda hora a gente acha que "agora vai" e a pessoa resiste. E enquanto isso alguém cheio de saúde atravessa a rua e morre. Só Deus sabe o quanto você vai viver. Ignora e esquece tudo o que te disseram.

Guardei aquelas palavras como joias preciosas dentro de mim.

Nós visitamos outros cinco médicos. Por sinal, detesto médico que analisa seus exames e depois te olha com aquela cara de velório, do tipo: "tadinha, tão jovem". Boa parte deles pedia licença para ficar a sós com meus pais e eu saía da sala. Meus pais me explicaram que quatro deles queriam me transplantar, mas que um deles, o Dr. Bustamante, indicado por um médico amigo da família de Machado, propôs me tratar primeiro apenas com medicamentos e que iríamos optar, claro, por essa estratégia não invasiva.

Era tudo mentira. Eu havia sido negada por todos os médicos para o transplante, por isso aquela cara de enterro deles. Não havia nada a fazer por mim. Eu tinha uma hipertensão pulmonar tão alta, que não era elegível para um transplante cardíaco. Um novo coração não aguentaria a força com que meu pulmão, acostumado a trabalhar em equipe com um coração fraco desde cedo, retornava o sangue e entraria em falência. Mas meus pais não queriam que eu soubesse que não tinha saída, então me contaram outra história, uma em que a esperança poderia viver. E esperança, assim como transplante, também salva.

um limão, uma limonada

Aos 18 anos de idade, veio a vida e assoprou as cartas do meu baralho. Vi tudo que eu tinha se perder. Parei o estágio, parei a faculdade e o centro acadêmico que tinha ajudado a fundar, com tanta vontade de fazer a diferença, também tive de deixar. Eu era então oficialmente nada. Pronta para embarcar numa temporada deitada na minha cama sem data para acabar. Meu único objetivo era descansar, descansar e tentar melhorar.

Dr. Bustamante, meu novo cardiologista, transmitia uma tranquilidade mineira em cada gesto. Foi ele que diagnosticou pela primeira vez o meu miocárdio não compactado e me explicou que precisaríamos criar uma nova "memória" para o meu coração. Ele trabalhava cansado havia muitos anos. Precisávamos ajudá-lo a descansar e a trabalhar mais tranquilo. Para isso, ele entrou com um novo arsenal de medicamentos: diuréticos para fazer xixi, betabloqueadores para isolar as emoções, remédios para hipertensão pulmonar e hipertensão arterial. Um menor volume de líquido no corpo e uma menor pressão poupariam o coração que poderia bombear menos e usando menos força. Além disso, me informou que a partir dali minha comida deveria ser completamente sem sal e teria de seguir uma restrição hídrica: só poderia beber um litro de líquidos por dia, contando aqueles contidos em alimentos e frutas. Eu passei sede, muita sede no começo. Um litro por dia não dá para nada.

Comecei a tomar água em copinho de pinga, pois aprendi que copos grandes desperdiçavam gotas que ficavam pelo caminho enquanto iam do fundo até a boca. Era um *shot* de água, dois goles pequenos apenas e aquilo tinha que matar minha sede. Às vezes, eu ia ao banheiro e bochechava água só para senti-la na minha boca e depois cuspia. Era uma estratégia para driblar a sede do Saara que eu sentia. Meu sonho era virar um copão de água ou beber um suco inteiro.

Também teríamos que ficar atentos a quadros infecciosos. Uma dor de garganta, ou qualquer mínimo sinal de qualquer coisa que fosse, eram dez dias de antibiótico. Eu não podia ter nada. Em dias chuvosos não deveria nem sair de casa. Era um cristal que não podia quebrar. Até meu cocô teria de ser monitorado pois, acredite, pessoas enfartam fazendo cocô. Meu intestino deveria estar sempre regularizado para ajudar o coração.

Os remédios me deixavam mole e sem ânimo. Meus amigos me visitavam em casa de vez em quando. Às vezes, no meio da conversa, eu os interrompia:

– Gente, me dá só um minutinho que meu coração está estranho.

As pessoas faziam uma cara de pânico. Eu deitava onde fosse mais próximo: sofá, cama, tapete. Eles perguntavam assustados: "Pati, você quer alguma ajuda?". Eu ficava em silêncio, paralisada, como uma múmia no sono eterno olhando o teto. Podia sentir a respiração tensa deles.

Passou a ser comum o coração perder o ritmo e eu não queria levar choque de novo. Toda vez que ele perdia o compasso, eu fazia isso: deitava onde fosse, mesmo que estivesse com visita. Depois de um tempo, anunciava: "Pronto, o coração voltou", me sentava e todos voltavam a respirar e conversar.

Passava boa parte do meu dia assistindo ao azul do céu e acompanhando o movimento das nuvens enquanto ouvia música. Novamente eu me sentia uma espectadora da existência. Ao menos dessa vez, a janela era a da minha casa. A vida de todo mundo seguia. Estavam estudando, trabalhando, indo para balada ou para o show da Ivete e eu na cama sem data para levantar. Passei a mão no telefone e liguei para minha melhor amiga de faculdade, Michelle:

– Mi, você acha que existe uma média de sofrimento na vida?

– Oi? Como assim, Pati?

– Às vezes, fico me perguntando se existe uma distribuição justa de mazelas entre todos os indivíduos... - expliquei um pouco triste.

– Eu não sei, amiga - respondeu lamentando, entendendo o que quis dizer. Muitas vezes a minha parcela de sofrimento parecia um tanto maior que a das outras pessoas da minha idade. No fundo, eu queria que existisse essa média porque, nesse caso, se eu estava vivendo a minha parcela toda logo nas primeiras décadas de vida, isso significaria que eu seria feliz em dobro depois, não?

Segunda-feira, 20 de junho de 2005.
Ainda que se perceba lacunas. Que existam vazios. Que não se consiga entender.
Ainda que a angústia tome a alma. Que a insegurança tire nosso chão.
Que o medo feche os horizontes.
Ainda que nos digam que é mentira. E que somos pobres e pequenos.
Valerá a pena acordar, viver e amar.

Ainda que a dor da existência nos suscite a necessidade de buscar objetivos.
E que esses objetivos nos consumam por inteiro.
Ainda que esqueçamos que estamos vivos. Que vivamos meio mortos.
Moribundos e abandonados.
Ainda valerá a pena respirar

Ainda que o ar seja impuro. Que as pessoas sejam mesquinhas.
E que o mundo não goste de nós.
Ainda valerá a pena existir

Ainda que as pessoas estejam cansadas.
Que a boca esteja seca. Que os ossos doam.
Ainda que tudo vá contra o que esperamos

Ainda valerá a pena. Ainda valerá a pena.
Sempre valerá a pena.

Deitada na minha cama, eu me questionava se seria possível enxergar tudo que estava acontecendo sob outro ângulo, um outro aspecto. Tudo na vida tem um lado bom. Qual poderia ser o lado bom disso tudo? Eu sinceramente nunca acreditei que as coisas aconteciam comigo por uma razão, mas que eu poderia encontrar uma razão nas coisas que aconteciam.

Meu amigo Carlos Drummond de Andrade sempre me disse que "a dor é inevitável e o sofrimento, opcional". Fiquei me perguntando como eu poderia transformar esse limão azedo que a vida me deu em limonada. Tinha que ter um jeito. Do contrário, eu seria apenas uma coitada. Às vezes, as cartas boas simplesmente não vêm e temos que fazer o melhor com o que temos. Eu precisava mudar minha forma de jogar.

Após um tempo cheguei à conclusão de que a única possibilidade de eu transformar essa merda em adubo era eu ler muito. O que, aliás, era uma das poucas coisas que eu podia fazer. Afinal, ler não cansa. Adquirir conhecimento. Quantas pessoas não amariam tirar um ano sabático? Lá estava eu, em meu derradeiro semestre sabático à força.

Comecei a devorar, em meses, livros e livros que sempre quis ler, mas nunca teria tempo. É claro que eu preferia poder ir ao show da Ivete, mas a vida não me deu essa opção. Me desconectei da vida que não tinha e parei de querer informação sobre como estavam as coisas na faculdade. Eu não estava lá.

Quando amigos telefonavam perguntando de mim, eu respondia: "Eu estou bem". Me dei conta de que falar que as coisas estavam mal, as deixava piores. Parecia que ficava um peso comigo cada vez que contava desgraça. Em compensação, quando dizia que estava tudo bem, era melhor para as pessoas ao meu redor e principalmente para mim. Eu ficava mais leve.

Passei a conversar com minhas células todos os dias. E essa foi uma das coisas mais incríveis que eu fiz.

Oi, meu coração. Eu sei que você está cansado, mas eu estou fazendo tudo que posso para te ajudar! Você é meu guerreiro. A gente chegou até aqui juntos. Pessoal (outros órgãos), eu preciso que vocês ajudem o coração, ele precisa descansar. Rim, pulmão, pâncreas, estômago, intestino, eu preciso que todos vocês trabalhem a mais para o coração poder trabalhar menos. Nós somos um time. Se ele não aguentar, todo mundo perde junto. Meu coração, eu garanto para você que vai valer a pena. Nós vamos viver muitas coisas lindas juntos. Acredita em mim.

Em seguida, eu imaginava uma luz dourada forte inundando todo meu corpo. E iluminava minhas células do dedão do pé ao último fio de cabelo. Imaginava que as estava enchendo de luz e força. Eu adorava conversar com elas.

Fui tentando me adaptar o melhor que podia à rotina de descanso eterno e às novas limitações. Aprendi a tomar pílula de remédio sem água nenhuma, para não desperdiçar meu ouro líquido. Passava meu tempo abundante juntando saliva na boca até ter o suficiente para conseguir engolir um comprimido. Sei que parece meio nojento, mas funciona que é uma beleza! E assim sobravam 150 ml de água inteirinhos para tomar antes de deitar, só para eu dormir feliz.

Quando me sentia deprimida, porque ficar o dia todo em casa de pijama suga seu ser, eu levantava e me maquiava. Apenas para me sentir digna. Brincava com as cores que não arriscaria usar para sair de casa, trocava de roupa como se fosse passear e voltava para cama. Fazia uma diferença enorme. Eu me arrumava para mim.

Aprendi muitas coisas interessantes nessa fase com minhas leituras e filosofias. Sobre mim, sobre a vida e sobre os mais diversos temas. Quando encontrava uma citação, frase ou um texto inteiro que me inspirasse eu anotava num papel e colava nas costas da porta do meu armário. Passei a chamar isso de "Terapia do Armário". Se batia uma tristeza ou dificuldade, eu ia lá, abria meu armário e lia as frases até encontrar alguma que desse conta do momento. Era um refúgio construído por mim mesma. Grandes amigos como Drummond e Fernando Pessoa estavam lá. Eles nem imaginariam quantas vezes já me salvaram.

Domingo, 27 de novembro de 2005.
Acho que estou melhorando. Hoje eu consegui subir a escada do meu prédio, um lance de dez degraus. Ultimamente eu subia com dificuldade.
Não porque tenha qualquer problema de locomoção, mas me cansava muito subir os degraus. Eu costumava subir dois degraus, parava, descansava, respirava e subia mais dois. Os porteiros me olham engraçado sempre que faço isso. Minha sensação é que eles acham que sou retardada ou que tenho TOC. Não fico abrindo minha vida para todo mundo porque aprendi que as palavras têm força e que, quanto mais eu falar que sou doente, mais doente eu fico. Por isso digo: não sou doente. Estou ótima, mesmo cansada. Hoje eu subi os dez degraus numa velocidade baixa, mas constante. E não cheguei no final totalmente sem ar. Quando eles acabam, começa um corredor plano até o elevador. Ultimamente também me cansava de andar no plano. Cansar de andar no plano é uma grande maldade. Se você tem dificuldade de andar, ok, com força e determinação você exerce a mesma atividade. Ou com mais tempo e mais esforço. Ou com cadeira de rodas ou com bengala. Mas, quando seu problema é realmente o cansaço, sua opção é ficar parado. Então, cada passo cansado que você dá é uma martelada na sua alma. Andar cansado é como fazer o esforço de pedalar com carga máxima. É como andar fazendo o esforço de pedalar contra o vento. Só que não existe vento. É o ar parado que parece te empurrar. Caminhei reto até o elevador. Caminhei sorrindo. Olhei o verde da grama, os raios do sol. Sorri para o vidro da porta de entrada e me vi refletida. Existe esperança. Estou me sentindo melhor.

all in

Seis meses se passaram e eu não morri. Cogitei secretamente ligar para aquele médico idiota e agourento para anunciar que ele havia errado, mas achei melhor não ficar cantando vitória. E sinceramente, se fosse a minha hora, eu estava preparada para ir.

Meu coração estava cheio de paz. Eu derivava prazer das mais pequeninas coisas. Uma conversa gostosa. Um sorriso recebido. A contemplação de um pôr do sol. Assistir a um episódio de chuva da minha janela. Uma ligação inesperada. Comecei a fazer também um mural enorme de fotos com os melhores momentos da minha vida e continuei minhas leituras.

Uma coisa que me dei conta nessa fase foi de que as pessoas vão achar de você o que **você** pensar de você mesmo. Se eu não me acho um lixo ou menos, ninguém vai me ver assim. Entendi que somos um todo e não uma parte. Um aglomerado de características único, por dentro e por fora. Somos energia.

Se sou eu que defino quem sou, eu decido que não sou uma desaventurada. Sou uma vitoriosa, uma guerreira de potencial infinito. Escolho ser forte e não doente. Bem humorada e não coitada. Linda e atraente. Porque a beleza é o que exala de nossos olhos e não as formas que os olhares alheios contemplam.

Isso sempre valeu para minha cicatriz também. O modo como eu lidava com ela foi exatamente o modo como as pessoas lidaram com ela. Eu nunca a cobri, sempre usei decote, nunca tive vergonha. E por isso, ninguém também nunca teve vergonha ou medo dela. Ela viria a ser tão eu, quanto ser loira ou morena, ser alta ou baixa. É ou não é. Faz parte. Essa compreensão me permitiu não aceitar todas as vezes que tentaram me definir ou delimitar minha vida.

Um dia, ouvi o vento uivando no exterior de casa. Levantei, abri a janela e coloquei a mão para fora. Fiquei ali quietinha sentindo o vento dançando entre meus dedos. A liberdade é uma canção que o vento sopra aos ouvidos que a desconhecem. Ou que a esqueceram. Alguns minutos depois, minha mãe abriu a porta do quarto e me estendeu o telefone. Era a Michelle:

– Pati, vamos sair hoje para um café. Todas as meninas vão. Vai ser tranquilo, lugar calmo. Eu te busco e te levo de volta a hora que quiser. Você precisa sair um pouco. Vai ser bom!

Já fazia quase um ano que estava "descansando". Desliguei o telefone. Com medo e completamente empolgada, anunciei: "Mãe, eu vou sair". Em seguida abri as portas do meu armário. Coloquei um chinelo de dedo caramelo, uma bermuda jeans larguinha bem confortável e uma regata vinho colada no corpo.

Desci de elevador e, quando saí do prédio, fiquei extasiada. Havia quanto tempo que eu não sentia a noite nas minhas bochechas! O ar da noite é diferente. Ele tem sabor de picolé. E é um privilégio que só quem tem saúde pode sentir. Quem não tem, não sai à noite. Me senti tão grata por senti-lo no meu rosto.

O café ficava perto da Avenida Paulista. Um lugarzinho charmoso, nem grande nem pequeno, com gente de todas as idades. E eu parecia alguém que saía pela primeira vez: comia tudo com os olhos, achando lindo. Nós rimos, conversamos, paqueramos.

Na volta, andando na calçada até o estacionamento, passamos por um morador de rua. Cheguei a me distanciar uns dois metros até que parei:

– Vem, Pati – chamou uma das meninas.

– Não posso – respondi parada como um poste grudado com Super Bonder no chão.

Eu havia sofrido tanto nos últimos meses. Tanto. Só eu sei quantas vezes eu sorri enquanto minha alma estava dilacerada por dentro. Quantas vezes desejei que alguém pudesse me aliviar um tiquinho da dor que sentia, nem que fosse por um instante.

Eu não podia ignorar o sofrimento alheio. Assim como eu seria capaz de tudo para acabar com a minha dor, o outro que sofre está na mesma situação. Rezando por um milagre. Dor é dor. E dor é sempre ruim. Pedra no rim é dor.

Fome é dor. Amor partido é dor. Náusea é dor. Chorar de tanta sede é dor. Estar só é dor. Seja na rua, seja na vida.

Procurei uma padaria ou um mercadinho próximo. Todas elas foram junto. Eu podia ter comprado para ele um prato de comida, eu sei. Mas preferi comprar um ovo de Páscoa, porque é o que eu daria a alguém que amo. Comprei um bem grande e voltei até onde ele estava:

– Moço, feliz Páscoa para você – disse, estendendo-lhe o ovo.

No instante em que ele pegou o ovo e eu ainda o segurava, nossos olhares se encontraram e vi o rosto dele iluminado. Eu me senti completamente conectada. As meninas também ficaram felizes de participar de algum modo.

– Pá, daqui nós vamos para uma baladinha agora, mas é um lugar tranquilo, tem lugar para sentar, vamos junto? Você já está aqui mesmo – convidou a Carol.

– Te levo pra casa no minuto que pedir – emendou a Michelle.

– Vambora! – respondi animada.

Nada como passar um ano em casa para achar que uma noitada é a grande aventura da sua vida. O bar meio balada tocava samba-rock e realmente tinha mesas e cadeiras num canto perto da pista. Chegamos supercedo, então as luzes ainda estavam acesas e quase sem ninguém. Perfeito.

De onde estava sentada, eu via todos dançarem e cada vez ia chegando mais gente. Parecia tão divertido dançar aquela música. Estava me sentindo um pouco cansada já, pedi licença e fui até o banheiro. Elas me perguntaram se estava bem e disse que sim.

Lá, sentei na privada e fiquei ouvindo a música tocar por um tempo. Até que coloquei as duas mãos na parede de pedra e me concentrei:

Meu Deus, eu sei que faço parte de um todo e que estamos conectados. Eu peço que inunde meu corpo de energia. Nesse momento cada célula se enche de luz. Eu faço parte de você e você de mim. E nós vamos dançar.

Levantei e quando saí do banheiro, não esperei nem chegar na pista. Entre as mesas e cadeiras que passava, eu dançava e girava levantando as minhas mãos. Minhas amigas quando viram a cena, mal conseguiram acreditar, levantaram imediatamente e vieram celebrar junto. Elas pulavam de alegria. E por duas músicas inteiras, eu entreguei meu corpo a cada nota e cada batida.

Foi uma noite tão especial que nunca me esqueci nem da roupa que vestia. Levava comigo a certeza de que a vontade de viver valia mais que um atestado médico.

Quando me deram meses de vida, eu não apostei que ia morrer e saí desesperadamente querendo viver o pouco que me restava. Até poderia ter feito isso.

Eu apostei que ia viver. Fiz o que pude e o meu melhor para me recuperar. Eu dei *all in* na vida.

Sexta-feira, 12 de maio de 2006.
Se eu pudesse escolher. Ah, se eu pudesse escolher...
Eu escolheria viver muito. Ficar bem velhinha de cabelos brancos....
Se eu pudesse escolher. Eu escolheria ter uma família imensa. Filhos, netos, cunhados, primos, tios. Todos unidos. E sempre se reunindo.
Escolheria ter uma casa só minha. Para viver com meu marido e ser muito feliz.
Ah se eu pudesse escolher. Escolheria tanta coisa.
Escolheria uma saúde de ferro. Sim... e dançaria, dançaria, dançaria.
Ai, que delícia!
Se eu pudesse escolher, escolheria ter alguns quilos a mais.
Para ter uma desculpa bem boa para malhar e fazer coisas saudáveis como frequentar a academia e correr. Correr tomando Gatorade!
Ai, que sonho!
Escolheria ter muitos bons amigos. Iguais aos que tenho hoje!
Pessoas lindas de coração. Pessoas que sabem sorrir. Sabem chorar.
Se eu pudesse escolher, escolheria ter tempo para fazer filantropia.
Para fazer caridade.
Porque só quem a faz sabe o quanto é bom plantar sorrisos. E semear ternura nos olhares.
Se eu pudesse escolher, escolheria estudar o ser humano. Escolheria contemplar a vida.
Escolheria decifrar a dor e descobrir seu antídoto mais eficaz.
Escolheria travar uma batalha contra o sofrimento. Escolheria levar luz às pessoas
Ah, se eu pudesse escolher... Queria tanto poder escolher. Tanto, tanto, tanto.
Queria tanto, que Deus me deu a vida. E hoje eu posso escolher. E hoje eu escolho.
E você? O que escolheria se pudesse escolher? O que escolheria se estivesse vivo?
Porque aquele que não escolhe para si as melhores frutas da colheita,
quem não escolhe para si o melhor da vida,
morto há muito já está.

reconstrução

Nosso carro estacionou em frente a um grande portão de carga e descarga de materiais. Me despedi da minha mãe e desci. Bati com a mão no portão e logo um segurança vestido de preto abriu para mim. Tecnicamente aquela era a entrada mais próxima do prédio de Economia no Mackenzie, o que me faria minimizar o número de passos necessários. Eu estava de volta!

Um ano depois de ficar literalmente de cama e contra todas as expectativas médicas, consegui retomar a faculdade. Enquanto caminhava a passos de tartaruga, por aquele vão solitário, eu visualizava ao final as pessoas conversando e aguardando o início da aula. Sentia como se minha energia fosse do tamanho do Mackenzie inteiro e quanto mais eu me aproximava delas, mais me dava conta de que tinha sobrevivido. Agora eu conto minha vida de seis em seis meses, só para ver em quantos "seis meses" aquele médico errou.

Em vez da grade de aula completa, peguei apenas duas matérias para fazer no semestre, visando não me cansar muito. A maioria do pessoal acabou sabendo sobre o meu "problema de coração" e, assim que me viram, vieram felizes me encontrar.

A entrada do prédio tinha a opção de escada ou rampa. Todos os dias eu optava pela rampa e, vira e mexe, sentia uma "mão" nas minhas costas de alguém me ajudando a quebrar a gravidade. Achava aquilo tão lindo! Quando o elevador quebrava, os meninos se revezavam e me carregavam no colo até o terceiro andar. Sim, acredite se quiser, minha sala ficava de novo no terceiro andar! Eu sempre pedia para ir de cavalinho, porque achava mais divertido que ser carregada que nem princesa.

Novas pessoas, que desconheciam minha história, muitas vezes se encaminhavam para uma escada enquanto conversávamos. Assim que percebia, eu fazia corpo mole e dizia: "Ah, não! Não vamos de escada, vamos de elevador, muito melhor!", sem dar maiores explicações. Me fazia de molenga sem peso na consciência. Sempre pensei que ser preguiçosa era muito mais digno que ser doente. Na hora de tomar meus remédios, tentava ser discreta também. Ia num cantinho, pegava água, engolia o comprimido e voltava sorrindo. Da minha vida, só contava coisa boa.

A única parte mais aborrecida era o diurético. Esse não tinha jeito. Quando eu tomava, descia do céu, como um raio, do nada, uma vontade de urinar a cada cinco minutos. Mas não era pouco xixi, era muito xixi, e por vezes o efeito do bandido batia justo no meio da aula. Sentada na carteira, eu mexia o pé freneticamente. Eu queria ouvir o professor, mas minha bexiga estava explodindo. Eu levantava, fazia uma marcha atlética até o banheiro visando perder o mínimo que podia da explanação e retornava. No minuto em que sentava, eu já queria urinar de novo. Minutos depois, minha bexiga gritava querendo rasgar. Eu me perguntava como meu corpo tinha conseguido juntar tanto líquido em tão poucos minutos. Era o milagre do mijo! Tentava vestir meu véu de invisibilidade, enquanto o professor ficava olhando feio para mim, que saía e voltava, consecutivamente, da classe.

Na velocidade de duas a três matérias por semestre, eu acabava ficando para trás e aos poucos todo mundo foi saindo da faculdade, menos eu. Nessa fase em que frequentava cada aula numa turma diferente, foi que conheci a segunda paixão da minha vida: a pesquisa.

A professora Roberta que parecia uma formiguinha atômica de tão alegre e vibrante, um dia se aproximou de mim e disse:

– Patricia, eu vejo que você tem bastante interesse no estudo do comportamento humano. Estou conduzindo uma linha de pesquisa nesse sentido aplicada à Economia e queria te fazer uma proposta. Topa fazer uma iniciação científica comigo?

Ela me enviava artigos e mais artigos para ler. Foi mais que uma orientadora na minha vida, foi uma mãe intelectual. Dona de um conhecimento e uma humildade ímpares, me descortinou um mundo completamente apaixonante. Eu parei de ver números e passei a enxergar pessoas. Indivíduos que tinham dificuldade em poupar, famílias que não se planejavam para aposentadoria e consumidores que caíam com facilidade em armadilhas de promoções. Descobrir essa linha de pesquisa dentro da Economia foi para mim como assistir à transição do cinema preto e branco para o colorido: a vida como ela é.

O estudo da Economia Comportamental me preencheu e deu propósito para minhas leituras. Me sentia útil e realizada. Finalmente eu era boa em algo que gostava. Além disso, não cansar de andar no plano era o luxo da existência. Para mim tudo parecia estar se encaixando.

Certa vez, na fila de uma balada, eu parecia um sapinho saltitante me segurando de vontade de fazer xixi. Justo no dia em que fui sair com as meninas, o diurético que havia tomado de tarde tinha feito efeito só naquela hora. Ô remédio imprevisível!

– Gente, eu não estou aguentando mais, estou muito apertada!

– Não tem o que fazer, amiga, a fila está enorme – tentou acalmar a Carol.

Saí andando pela calçada trançando as pernas, em direção à entrada da casa noturna. Chamei o segurança:

– Moço, preciso muito fazer xixi, posso entrar rapidinho, por favor?

– Menina, aqui ninguém corta a fila. Volta para o final – ordenou o segurança, que parecia ser pago para fazer cara de mau.

– Deixa eu te explicar uma coisa – falei incisiva – eu tenho problema no coração, tomo diurético e isso me faz ter uma vontade doida de fazer xixi a cada cinco minutos e, se você não me deixar entrar agora, eu vou mijar em mim mesma e vai ser a maior vergonha que já passei na minha vida! Eu entro, faço xixi e juro pela minha honra que volto e pego essa fila!

Quando terminei, acho que não tinha nem mais ar, de tão rápido que falei. O homem, que devia não estar mais aguentando me ouvir, ou talvez porque tenha visto alguma verdade ou desespero nos meus olhos, levantou a cordinha e respondeu resignado:

– Entra e nem precisa voltar para fila.

Vinte minutos depois, minhas amigas apareceram.

– Como você conseguiu entrar antes? – perguntaram surpresas.

– Falei para o segurança que ia mijar na calça.

Todas rimos. Sair de noite ainda era raro, mas como era bom me sentir fazendo parte! Sempre que me cansava de ficar em pé, eu ia até o toilette, fechava a porta e me sentava na privada. Ficava ali por um tempo, ouvindo a música e as pessoas batendo na porta. Ninguém precisava saber exatamente o que eu estava fazendo. Depois de recuperada, voltava para dançar mais um pouco. Nem minhas amigas sabiam que eu fazia isso. Tentava apenas jogar com as novas cartas que tinha, da forma mais digna que podia.

Já na pista, quando dançava com um rapaz e o cansaço batia, eu começava a girar ele. Eu tinha a capacidade de ficar paradinha descansando pelos segundos em que ele estava nos 180 graus de costas para mim. Era uma arte. Acho que eles nunca entenderam porque eu girava tanto eles. Eu ria por dentro.

Na hora de ir embora, Carol tomava a dianteira para assumir a direção do meu carro. Quando os meninos não entendiam por que ela iria dirigir, ela rapidamente respondia:

– Eu pedi à Pati para dirigir, porque quero treinar um pouco – e abria seu sorriso meigo e generoso.

Ela, que sempre foi fera na direção e entendia tudo de carros, passava por iniciante só para me proteger. Só nós sabemos o quanto ela treinou sem precisar treinar.

Quinta-feira, 15 de janeiro de 2009
Já parou para pensar como tendemos a acreditar que nossa vida se resume ao que já vivemos? Será que alguém já percebeu que o que não vivemos também faz parte dela? Acreditar que nossa vida se resume ao que já vivemos é nos podar as forças. É acreditar que nos resumimos àquilo. Poderíamos ser tudo. Quando olho para trás, meu peito se comprime de lembranças, memórias, sensações e sentimentos.
Olhando para frente, para tudo que ainda não vivi, sinto o peito tão vasto e meu pulmão tão cheio de ar. Tanto por vir. Podemos ser tudo.

A pesquisa me fez voltar a sonhar. Aos poucos fui deixando de ser consumidora de textos para virar coautora. E juntas, Roberta e eu escrevemos vários artigos. Sonhava que talvez a vida tivesse grandes coisas reservadas para mim longe de uma cama e de um quarto. Talvez a gente só tenha alguns momentos ruins na vida, mas eles passam. Tudo passa!

ciência e camomila

Nottingham, uma pequena cidadezinha no coração da Inglaterra, abrigava o único mestrado do mundo em Economia Comportamental. Ir para lá se tornou meu sonho de consumo depois de formada. Sabendo que não teria condições de custear o curso, me inscrevi no processo seletivo para duas bolsas de estudo internacionais. Corri atrás de cartas de recomendação e o processo seletivo das bolsas em si duraria meses a fio. Visando juntar algum dinheiro comecei a dar palestras de Educação Financeira em empresas.

No andar debaixo de um buffet de festas, eu aguardava ansiosa. Cerca de 100 funcionários de uma empresa logística compunham minha primeira plateia. Eu sabia que não podia simplesmente chegar querendo ensinar para as pessoas sobre investimentos e administração financeira, pois tudo isso é muito chato.

Fui buscar inspiração nas costas do meu armário e Confúcio me despertou com uma frase que amo: "Conte-me e eu esquecerei; mostre-me e eu me lembrarei; envolva-me e eu aprenderei". Como envolver as pessoas quando o assunto é dinheiro? Foi então que me lembrei do maior ícone da televisão brasileira.

Assim que a música começou, eu tive minha deixa e então adentrei o ambiente vestida de Silvio Santos, cantando e arremessando notas de um real pelo ar. A plateia ficou enlouquecida. Adultos se jogavam como goleiro em final de campeonato para alcançar as notas voadoras. O público estava ganho.

Em seguida, busquei falar de forma engraçada e descontraída sobre o tema, traduzindo aquele monte de termos difíceis da Economia, que na minha opinião servem apenas para monopólio do conhecimento. Foi um sucesso tão grande que saí com a segunda palestra agendada.

Na segunda vez, não querendo decepcionar aqueles que esperavam ser novamente surpreendidos – e querendo me divertir – entrei em cena vestida de Lobo Mau. E contei para eles a historinha dos Três Porquinhos da Economia, falando sobre consumo, poupança e investimentos. Diretores e trabalhadores assistiam hipnotizados como crianças de cinco anos.

Cada palestra que eu dava me demandava depois uma semana descansando. Voltava para casa esgotada. Isso fez com que me afastasse um pouco das minhas amigas. Acabei precisando escolher entre trabalhar e juntar dinheiro para o mestrado ou sair para passear. Mas elas sabiam que era por uma boa causa.

Meses depois, quando o telefone de casa tocou e disseram de onde falava, eu até abri a janela do quarto para respirar melhor:

– Olá, Patricia! Estou ligando para parabenizá-la e informar que você ganhou a bolsa de estudos. Saiba que ela é concedida a um economista no mundo por ano. Neste ano você foi a escolhida.

N-O-T-T-I-N-G-H-A-M! A minha vontade era de pular sem parar, de tanta alegria! "É um sonho e vai ser real! Não é possível que isso esteja acontecendo comigo! É real! Eu vou!!!" Sentia um frio na barriga só de imaginar tudo que estava para viver na lendária cidade de Robin Hood. Comecei os preparativos da viagem, coloquei meu carro à venda e comprei inclusive a passagem do ônibus que me levaria do aeroporto de Heathrow para a Universidade de Nottingham.

Exatamente nessa época, minha mãe estava com uma alergia que não passava. A pele do colo dela estava com uma coceira, vermelhidão. Já tinha mudado o sabonete, o amaciante, o sabão em pó. Nada passava. Fomos à dermatologista ver o que era. Ela pediu vários exames e começou a investigar.

Um mês antes de viajar, acompanhei minha mãe na consulta para receber o resultado de um exame. A médica abriu o envelope com a biópsia e sem rodear expôs o conteúdo:

– É câncer – disse, enquanto dobrava o papel de volta.

Meu chão sumiu.
– Como assim câncer? É alergia! – falei para ela.
– É um tipo de câncer raro, um desdobramento na pele de um câncer de mama. Vamos ter que seguir com quimioterapia e talvez radioterapia – explicou.

Fiquei em choque. Minha mãe começou a chorar ao meu lado na consulta. Imediatamente peguei em seu braço:
– Calma, mãe, vai dar tudo certo! – disse com olhos firmes.

Mais tarde, sozinha em meu quarto, tentava entender o significado do que estava acontecendo, enquanto as lágrimas desciam molhando o travesseiro. Mas não tinha significado, só estava acontecendo. Meu castelo de cartas ruía bem na minha frente.

Olhava a pilha da papelada do mestrado no canto da minha bancada. Aquele era o maior sonho que já tinha tido na minha vida e ele estava bem na minha mão. Na palminha da minha mão. Era só entrar naquele voo. Mas como eu poderia subir naquele avião? Eu que quis tanto pesquisar, sonhando contribuir com a humanidade e ajudar as pessoas, me perguntava agora quem era essa tal humanidade.

Percebi, por fim, que ela é apenas uma grande abstração: um conjunto de rostos que não conhecemos e nomes que nunca escutamos. Ao passo que, bem ao meu lado, minha mãe sofria e precisava da minha ajuda. Me dei conta de que a verdadeira humanidade vive nos corpos e sentimentos que convivem conosco todos os dias. São eles os que mais precisam de nós.

Peguei o telefone com o rosto ainda molhado e cada tecla que apertei, não vou mentir, foi uma facada no meu peito:
– Olá, Marie! Gostaria de dizer que agradeço muito a oportunidade que me foi dada, mas infelizmente terei de devolver a bolsa de estudos.
– Patricia, você está ciente que é uma oportunidade única em sua vida e que isso não acontece duas vezes?

De longe, foi a decisão mais difícil da minha vida. Na prática foi como ganhar na loteria e escolher não sacar o prêmio. Sem contar que, pela primeira vez, eu não havia sido presenteada com uma cardiopatia congênita ou um vírus Coxsackie B. O prêmio era bom e havia sido fruto do meu esforço e não da sorte. Foi tudo muito sofrido.

Mas fiquei porque me senti humana ficando. Fiquei para cuidar da minha mãe que sempre cuidou de mim. A gente faz planos a lápis, mas a vida carrega a borracha e a caneta.

O chá de camomila gelado repousava numa vasilha ao lado da cama. Cuidadosamente, eu embebia os pedacinhos de algodão, retirava o excesso para não pingar e aplicava um a um sobre o colo dela, buscando aliviar a coceira. Eu já tinha passado por muita coisa na vida, mas a impotência de ver quem se ama sofrer é dilacerante. É o único momento em que o ser humano prefere o próprio sofrimento. Queria poder abraçá-la e, num processo de osmose amorosa, tirar para mim um pedaço daquele desconforto. Mas, ao invés da espada, nessa batalha só me cabia usar o escudo.

Eu, que sempre fiz tudo para me manter de cabeça erguida em todos os momentos, vi a nuvem negra da tristeza se abater justo sobre ela. Deixei meus livros de lado e comecei a participar dos programas que ela gostava, apenas para fazer companhia. Assistia a novelas e fazia comentários sobre a vida dos personagens. Nessa época estava passando "Caminho das Índias", da autora Glória Perez, e eu inventei uma brincadeira:

– Mãe, toda vez que eu te chamar de "*Lakshmi* em flor", você fala "ô, ô".

Ela não viu graça nenhuma. Eu insisti.

– Vamos, mãe, vai ser algo nosso. Mesmo que eu esteja longe na casa, se eu gritar "*Lakshmi* em flor", você responde onde estiver "ô, ô".

Ela então se rendeu e depois de falar um fraquinho "ô, ô", deu uma risadinha da nossa bobeira. O humor é o melhor antidepressivo que existe. Bobeiras e palhaçadas deveriam ser vendidas em cápsulas.

Eu a acompanhava nas consultas e enchia os médicos de perguntas. Fazia massagem quando ela tinha dor de cabeça, cantava quando ela estava se sentindo mal e sempre repetia que a cura do câncer estava chegando.

O tratamento seguiu com quimioterapia e radioterapia. Eu estava trabalhando e comecei a praticar aula de canto de sexta-feira, como um afago que me fiz por não ter viajado. Toda vez que um sonho ou algo que desejo muito fica pelo caminho, eu vou na prateleira das minhas vontades e tento me dar outra coisa, mesmo que infinitamente menor. Para quem ficou sem nada, qualquer chaveirinho ajuda. Precisamos ser gentis conosco também.

cara, caramba, cara, caraô

O colorido dos abadás. A energia das pessoas que pareciam ter nascido com pilha Duracell. A alegria regida ao ritmo do axé. Eu estar em pleno Carnaval de Salvador era rir na cara da doença, um tapa na cara da fatalidade. Confesso que sempre passei Ano-Novo vendo maratona de séries e, no Carnaval, costumava adorar trabalhar pois era uma desculpa superdigna para não ir para folia. Por isso, quando minhas amigas me ligaram chamando para viajar, achei a pior ideia que se poderia ter:

– Sem chance! Vou gastar dinheiro para não poder fazer nada que vocês vão fazer – respondi, desconsiderando.

– Pensa, amiga: é uma oportunidade única! Vamos estar todas nós! Você pode sair um dia e passar dois descansando no quarto. Já vai valer a pena de algum modo. E dá para parcelar em 12 vezes, você nem vai sentir! – advogou a Tatiane, que tinha um sorriso do tamanho do mundo e a lábia do tamanho do universo.

No dia seguinte, contei desse convite como quem joga papo fora na consulta com o Silvio, que finalizava o tratamento de um pé que eu havia torcido. Silvio era um terapeuta chinês e sempre nos surpreendia nas conversas com suas filosofias. Ele andava de um lado para o outro de cabeça baixa e achava que eu deveria ir. Eu dei meus argumentos contra.

– Você vai morrer – disse ele.

Achei bem grosso da parte dele dizer isso. Fechei a cara e ele emendou:

– Todos nós vamos morrer. Seu dinheiro não vale nada. As experiências que vive, sim. Se você for e tiver um dia bom apenas, já terá valido. Essas experiências na vida não voltam – disse calmamente enquanto tirava as agulhas de mim.

Me lembrei da janela da minha adolescência e das pessoas que andavam lá embaixo enquanto eu estava na UTI. Como é possível a gente se esquecer das coisas que já tinha aprendido? Ainda dentro da sala dele, decidi ir.

Assim que avisei as meninas, nós começamos a traçar o plano: eu sairia só dois dos cinco dias e apenas no período da noite. Todos os dias elas iriam em algum bloco de rua de tarde e à noite no camarote. No meu dia de sair, encontraria com elas no camarote e ficaria o quanto aguentasse. Elas prometeram que, quando eu quisesse voltar, me acompanhariam até o apartamento para eu não andar sozinha pelas ruas e voltariam para a folia. Tudo planejado. Como estava receosa pelo meu pé, que o Silvio havia garantido que estava bom, decidi usar a botinha imobilizadora a viagem toda.

No primeiro camarote, eu aguardava elas voltarem do bloco. Apoiada no peitoral, assistia aos trios elétricos passando e às pessoas pulando. Me perguntava como era possível alguém ter fôlego para pular tanto tempo seguido. Era um fenômeno pulmonar. O surpreendente caso das panturrilhas atômicas. Enquanto admirava a energia daquelas pipocas felizes, disse para mim mesma que, se um dia tivesse condições, eu voltaria para descobrir qual era a sensação de seguir o trio. De qualquer forma, estar ali já era um presente.

Por incrível que pareça, Salvador foi extremamente sossegado. Os camarotes tinham cadeira para sentar, e além disso a botinha ortopédica fazia mais sucesso que qualquer fantasia. Atraía olhares caridosos por onde eu passava, os quais se ofereciam para me carregar para todo lado. Uma epidemia de generosidade tão grande que minhas amigas decidiram que no próximo ano elas levariam um Robofoot para usarem também.

Aproveitei o que pude e passei o resto do tempo lendo e descansando no quarto. Depois de Salvador, estava planejado para irmos passar a "ressaca" de Carnaval na praia de Morro de São Paulo. O problema foi exatamente aquela que seria a parte tranquila da viagem.

De frente à subida íngreme, infinita e obrigatória para acessar a ilha e ao lado das malas e das minhas amigas, a única coisa que eu conseguia pensar naquele momento era: "Patricia, você é uma gigantesca idiota". Foi só ali que me dei conta, por mais estúpido que seja afirmar isso, que Morro de São Paulo era um "morro". Como eu havia sido capaz de fazer isso comigo mesma? Se eu não tinha condições de subir uma escada, que dirá um morro!

Nem preciso dizer que não tinha escada rolante nem elevador nos morros da Bahia. Via os outros turistas subindo no sufoco e com dificuldade suas malas, como se aquele perrengue fizesse parte do pacote da experiência. Diante da minha impotência, o desespero começou a me tomar. Confesso que senti vontade de chorar ali. O que ia fazer?

"Pensa, Patricia, pensa. Tem que ter uma saída. Sempre tem uma saída". Olhei tudo ao meu redor com olhos angustiados, até que vi uma obra a alguns metros dali. Não tive dúvida alguma. Caminhei até o pedreiro e supliquei:

– Bom dia, moço. Quanto você quer para "me subir" o morro no seu carrinho?

Ele achou graça e continuou a mexer o cimento. Eu repeti a pergunta. Ele parou, enxugou o suor da testa enquanto me olhava e colocou a mão na cintura. Tudo na velocidade baiana.

– Você tá falando sério, moça?

– Estou. Pode colocar o preço que quiser.

Ele sorriu como quem achava aquele o dinheiro mais fácil do mundo e concordou. Sentei no carrinho de mão e segurei com as mãos na lateral.

– Você quer com emoção? – ele perguntou.

Dei risada do bom humor dele.

– Sempre! – respondi sorrindo enquanto minhas amigas me olhavam não acreditando que iria fazer aquilo.

Subimos em alta velocidade morro acima e a cada pedregulho que a rodinha encontrava, eu trepidava mais ainda, batendo minha bunda magra naquela bacia de metal. Mas eu estava tão orgulhosa de mim, mas tão orgulhosa de ter achado uma solução, que achei a jornada absolutamente maravilhosa.

Lá em cima comprei um picolé para mim e outro para ele. E ficamos batendo papo esperando minhas amigas, que estavam suando a camisa para subir o morro com suas malas. A Tati sempre diz que "o desespero só leva à destruição". É uma grande verdade. Da mesma forma, a paciência é a mãe da criatividade. Tudo sempre tem uma saída. É só a gente manter a calma e procurar.

eua x uganda

Dois anos depois de eu não ter entrado naquele avião, minha mãe já estava melhor. A distância dos piores dias levava consigo todo peso e aos poucos me permiti voltar a sonhar. Quando abri mão da bolsa de estudos, eu disse a mim mesma que se tinha conseguido uma vez, eu poderia conseguir novamente. Me perguntava se não seria hora de tentar de novo.

A famosa e concorrida universidade pública europeia Sorbonne havia lançado o segundo mestrado no mundo em Economia Comportamental, num curso ainda mais legal que aquele a que eu havia deixado de ir. Era a chance que esperava. Resolvi investir pesadamente em aulas particulares de francês e me preparar para o processo seletivo.

Como gato escaldado tem medo de água fria, eu receava dar tudo de mim e mais uma vez morrer na praia. Decidi então, como alternativa prestar algo também no Brasil, ainda que fora da minha área. Assim, caso não fosse aceita lá, aos menos não ficaria totalmente de mãos abanando.

Os resultados daqui saíram meses antes e eu estava oficialmente aprovada para o mestrado em Neurociência na Universidade Federal do ABC, que ficava a dez minutos de carro de casa. Fiz a matrícula e iniciei as aulas. Se nesse meio tempo passasse no exterior, eu trancaria e iria finalmente e merecidamente viver meu sonho.

Como estava ansiosa para saber esse desfecho, decidi ir a um astrólogo. Contei o meu drama e pedi para ele ver, como diria a cantora Simone, como seria o meu destino. Após analisar todos os sóis, luas, ascendentes, sextis, quincúcios, oposições e quadraturas, ele olhou para mim e disse: *"Da primeira passará, da segunda passará, da terceira não passará".*

Fiquei confusa e achei meio encriptografada aquela mensagem astrológica. Eu estava na segunda ou terceira vez já? Todo pesquisador sabe que, se você torturar os dados, eles confessam o que você quiser. Pouco antes de eu ir embora, ele finalizou: *"Aos 30 anos, sua vida vai mudar, vai começar uma nova fase na sua vida".* Pensei que aquele devia ser o tipo de chavão esotérico que ele devia falar para todo mundo: "Aos 40 anos sua vida vai mudar...", "Aos 50 anos sua vida vai mudar..." e confesso que não dei muita atenção.

Todos os dias eu dirigia até a Universidade Federal do ABC e, quando desligava o carro, apoiava minha cabeça no volante para descansar, como se tivesse corrido uma maratona. Precisava em geral de uns 20 minutos para me recompor. Ficava de cabeça baixa, pegando fôlego, respirando e descansando até conseguir sair do carro. No tempo em que minha mãe melhorou, eu acabei piorando.

Assim que descia do veículo, tinha uma rampa de acesso do estacionamento até o térreo. Juro, me dava uma fadiga espiritual nessa horas. Eu me concentrava e subia devagarinho, parando e respirando na rampa a cada dois passos e depois andava até a sala de aula. Quando finalmente me sentava na carteira pensava: "primeira missão cumprida".

Matemáticos, psicólogos, médicos, enfermeiros e fonoaudiólogos eram meus colegas de classe. Eu era a única economista. Todos queriam entender como funcionava nosso cérebro e, pelos dois meses seguintes, aprendi diariamente o quanto não sabemos sobre nossa mágica massa cinzenta.

Eletricidade e reações químicas pareciam ditar a mais alta expressão da vida. Nessa fase desenvolvi uma afinidade maior com um dos meus colegas. Ele era médico e saíamos direto para conversar, jantar, tomar café e o papo fluía por horas.

Um dia, estávamos tomando um sorvete na tradicional sorveteria Damp, do Ipiranga, e conversávamos amenidades, até que ele desviou inesperadamente do assunto:

– Olha, eu sei que você tem expectativas, mas a gente não vai ficar juntos...
– falou da forma mais natural possível.

Voltei meu rosto para ele enquanto meu córtex pré-frontal tentava entender por que ele estava dizendo isso, quando ele completou:

– Você não aguentaria duas horas na cama comigo.

Foi exatamente isso que ouvi. Eu acho que fiquei mais gelada que o sorvete e todas minhas sinapses se interromperam. No centro do meu cérebro, o sistema límbico, sede das emoções, reclamava para si toda a irrigação cerebral. O modo primitivo estava ativado.

Meus pensamentos se revezavam de forma desorganizada e com dificuldade entre "Quem aguenta duas horas? O que essas pessoas comem? Onde vivem?" e alternativamente com "O que isso importa?". Mas não consegui responder nada.

Por fim, comentei alguma coisa idiota sobre o sorvete que estávamos tomando. Fingi que não tinha ouvido, porque simplesmente não soube como reagir. Mudei de assunto. Minha mágica massa cinzenta não conseguia compreender porque algumas pessoas atrelam nosso valor ao que temos para dar e não ao que somos. Nem toda eletricidade do mundo me ajudaria a resolver esse mistério. Curiosamente, nunca mais voltei na Damp.

Assim que cheguei em casa, meu irmão veio até mim e me trouxe um grande envelope branco. Ainda estava um pouco anestesiada do encontro de horas antes, mas quando meus olhos notaram o selo de Sorbonne no remetente, meu coração congelado começou a derreter. Rasguei o invólucro e retirei uma espécie de diploma lá de dentro:

"*Mademoiselle, FONSECA Patricia, est admise à suivre les études du Master de Recherche...*"

Comecei a chorar. "Meu Deus! Eu passei! Eu passei! Não consigo acreditar! Eu entrei em Sorbonne!!!" Tive a certeza naquele momento, segurando aquele pedaço de papel encorpado em tons de azul, cinza e preto, de como a vida era justa e até um tanto quanto poética. Olhei para o céu e agradeci com toda minha força.

A carta solicitava que eu confirmasse o aceite da minha vaga. Dois anos depois de ter aberto mão da bolsa para cuidar da minha mãe, a vida tão generosa me devolveu tudo que havia perdido. Ainda no mesmo dia respondi com um e-mail para o diretor da escola francesa, Monsieur Louis. E comecei a pensar na questão prática do curso.

Um fato curioso que tornava Sorbonne ainda mais especial foi que descobri que eles tinham um protocolo diferenciado para portadores de insuficiência cardíaca, os quais haviam sido inseridos nas diretrizes de acessibilidade da universidade. Tudo para esses alunos seria em andar térreo, de dormitório a salas de aula, por compreenderem que deveriam evitar rampas, escadas e esforços desnecessários. Brilhantes! Se eu soubesse quem definiu essa regra, eu daria um beijo estalado nessa pessoa linda.

Tudo parecia estar conspirando a favor, menos meu físico. Minha barriga começou estranhamente a crescer nas semanas seguintes e passei a sentir muito enjoo. Mal conseguia escovar os dentes e o simples cheiro que vinha da geladeira aberta me dava crise de ânsia. Resolvi pedir ajuda para o meu irmão toda vez que queria algo para comer. Ele abria a geladeira, pegava e me dava, enquanto eu aguardava numa distância segura.

Coloquei no Google todos os sintomas e deu: gravidez. Dei risada sozinha. Tudo bem que não precisava nem ser uma foda bem dada de duas horas, um minuto bastaria para engravidar. Mas, no meu caso, só se eu estivesse grávida do Espírito Santo.

A cada dia que passava, meu abdômen parecia maior e mais rígido. Comecei a sentir falta de ar e o cansaço também aumentou. Secretamente, bem baixinho para nem eu mesma ouvir, eu me perguntava como conseguiria viver fora sozinha no estado em que estava. Como faria minha comida? Lavaria minha roupa? Aqui tinha ajuda para tudo. Eu já estava inscrita e novamente bastava entrar num novo avião com destino para felicidade. "Eu vou melhorar, esse mal estar vai passar." Eu tinha que melhorar.

A insuficiência cardíaca, assim como a Economia, segue ciclos de expansão e retração. Altos e baixos. Às vezes estamos melhor, às vezes estamos pior. No caso, eu sou não como a economia dos Estados Unidos que tem raros e curtos períodos de retração em sua trajetória. Estou mais para a economia de Uganda: quando está tudo bem, ainda assim é uma vida bem limitada; agora quando as coisas estão mal, meus amigos, é situação de guerra. Calamidade total. É a mais pura luta pela vida.

Coração fraco e descompensado. Aos 26 anos, ali estava eu de novo. Tiraram minha roupa, colocaram a camisola do hospital e começaram a empurrar a maca para a UTI. Juro, meu maior sonho era dar lucro para o plano de saúde. Infelizmente, isso não estava acontecendo. A dois metros da porta da UTI, a enfermeira que empurrava a maca percebeu algo errado e freou:

– Que negócio preto é esse? – e, instintivamente, foi estendendo a mão para checar algo no lençol sobre o qual estava sentada.

– O quê? Eu não estou vendo nada – respondi, me fazendo de desentendida.

Poxa vida! Estava tão pertinho da UTI já! Ela segurou o fio preto, puxando intrigada e olhou imediatamente para mim me censurando.

Eu havia sentado em cima do meu iPod. Eu sabia que era proibido levar iPod com músicas para dentro da UTI, mas foi a solução que encontrei para burlar essa regra. Ninguém iria checar o que tinha embaixo da minha bunda pelada, né? Maldito fio que ficou sobrando para fora!

– Você sabe que não pode entrar com isso, tem que me entregar – disse, pragmática e meio brava por eu ter tentado enganar ela.

– Então, eu não vou entrar – afirmei imediatamente.

Ela ficou surpresa com a minha resposta. Eu nem sei de onde saiu tanta coragem. A verdade é que estava de saco cheio. Saco cheio de tudo isso, saco cheio de perder tudo. Saco cheio de me reconstruir do zero e a vida levar minhas tentativas. O mínimo, mínimo que merecia, era ter uma música para ouvir enquanto ia fazer bosta nenhuma deitada numa cama na UTI. Era pedir muito?

– Se não puder entrar com música, eu não entro – repeti convicta.

Eu era maior de idade e ninguém poderia me internar se eu não permitisse. O fato de eu estar mal e precisar da internação era totalmente secundário frente à importância do iPod naquele momento. Foi um miniescândalo, mini porque eu não tinha condições de gritar. Mas gerou um impasse.

Comecei a chorar e a dizer que não queria estar passando por isso, que o mínimo que eu queria era ter músicas para me ajudar a aguentar o período na UTI. Por fim, ela se compadeceu e deixou. Eu nunca tive vergonha de fazer escândalo, sempre entendi isso como estar lutando pela minha vida. Mal eu sabia que aquele iPod ia valer cada minuto.

Notei assim que cheguei que estava internada entre dois velhinhos. À minha direita, estava um senhor de 93 anos que passava o dia inteiro dizendo:

– Alouuu, alouuu.

Ele me parecia ser meio pinel, coitado. Passava o dia repetindo "alouuu, alouuu", como se ele fosse o Chacrinha da UTI ou o carro da pamonha.

À minha esquerda, estava um outro senhor de 53 anos, que nesse caso tinha perdido a capacidade de falar. Parece que ele era paraplégico devido a poliomielite na infância. O fato de ele não falar não tornava o ambiente muito menos tumultuado. As equipes passavam o dia inteiro ao redor dele tentando adivinhar o que ele estava querendo comunicar. A enfermeira chegava e ficava falando o alfabeto inteiro:

– A, B, C, D... é D?

Até ele sinalizar com os olhos que havia chegado na letra. Parece que ele queria um D mesmo. Em seguida ela recomeçava o alfabeto todo de novo para descobrir a próxima letra. É um Imagem e Ação sem desenho em *slow motion*. Era o dia inteiro aquele alfabeto até formar a palavra que ele queria. Dor. Fome. Xixi. Sede. TV. Frio.

Acho que, se meus vizinhos fossem me descrever, diriam algo como: "ao meu lado, tem uma menina que parece ter problema de coração, ela é tão magrinha tadinha e jovem demais para estar aqui". Eu concordaria plenamente com eles.

Dias já haviam se passado e confesso que num certo momento eu me irritei com o senhorzinho da pamonha. Não aguentava mais ele repetindo "alouuu, alouuu" o tempo todo, dias a fio. Parecia uma tortura. Decidi então responder, num tom meio sem paciência:
— Alô, quem fala?
Esperei. Nenhuma resposta. Silêncio total. Daquele momento em diante, ele nunca mais falou "alouuu, alouuu". Nem uma vez sequer. Fiquei pensando que talvez ele só queria que alguém atendesse o telefone. Acho até que meu amigo da poliomielite teria me agradecido por ter resolvido a ligação, mas exigiria uma quantidade enorme de letras.

Tempos depois, um novo velhinho estacionou do meu lado. Sim, em geral eles costumavam ir embora antes de mim. O que pode ser bom ou ruim se você parar para pensar. O Sr. Wagner estava completamente lúcido. Assim que me viu, abriu um sorriso e disse: "Fica tranquila, que não vou soltar pum fedido" e desatou a dar risada. Sério. Tem certas coisas que nem o iPod salva. De vez em quando, ele anunciava que vinha bomba caprichada por aí.

Vizinhos de UTI são bem mais complicados que vizinho de casa ou apartamento, porque ali só uma cortina nos separa e a convivência acaba sendo obrigatória. Divagando durante meu amplo tempo livre, me lembrei do "bifinho", da família que só chorava e do menino de cinco anos que nunca tinha saído do hospital, naquela unidade intensiva de quando operei. Concluí que havia sido definitivamente promovida da UTI pediátrica para a UTI de adulto e decidi parar de reclamar. Mil vezes a loucura do que a tristeza. Mil vezes os puns fedidos dos vovôs malucos.

Segundo os médicos, eu estava com ascite. Acúmulo de líquidos no abdômen. Fruto do coração que já não estava bombeando direito e não havia previsão de alta. Dependeria de como eu responderia ao tratamento e aos diuréticos. Além disso, precisavam dar uma recuperada na minha bombinha amada, que aparentemente estava em frangalhos.

A essa altura, eu já tinha uma noção de que, quando voltasse para casa, seria mais uma daquelas temporadas de passar meses na cama. Dr. Bustamante havia me explicado que, no estado em que se encontrava meu coração, dificilmente eu me recuperaria e retornaria ao que era antes dessa crise - que, vale lembrar, já não era grandes coisas. Ou seja, seria no máximo uma versão piorada da economia de Uganda. Nosso desafio consistiria em encontrar um novo platô nesse patamar inferior.

Deitada de ladinho, naquela versão deprimente de um berço adulto, as músicas eram minhas únicas companheiras, elas e as lágrimas que por vezes molhavam o travesseiro. Se os Titãs e a Marisa Monte ganhassem um real por cada vez que dei *repeat* na música *Flores*, estariam milionários só por minha causa. Escutava dia e noite, uma vez após a outra. Quando o entretenimento da terceira idade cessava, só meus fones de ouvido conseguiam me resgatar dos irritantes sinais de monitoramento cardíaco e daquele cenário melancólico.

Vivia em função dos ansiosamente aguardados horários de visita. No momento em que visualizamos um rosto conhecido caminhando em nossa direção, é como se sentíssemos uma brisa fresca dentro daquele lugar onde nunca venta. Meu irmão entrou trazendo toda sua tranquilidade em cada gesto e no olhar. Sorria como quem estivesse feliz por me ver, mas sabendo que não poderia estar contente demais. Se aproximou de mim e me deu um beijo:

– E, aí, Patolina? Como você está? – olhou rapidamente o ambiente ao redor e engatou a segunda pergunta que sempre fazia. – Tá precisando de alguma coisa?

Dessa vez decidi responder diferente:

– Dudu, compra um violão para mim?

– Mas você nem sabe tocar – ele riu, achando estranho

– Eu sei. Mas quero aprender. Queria que ele estivesse em casa já quando eu voltar.

Meu irmão é uma pessoa de poucas palavras e poucas ações. Mas tudo que ele fala é bom e tudo que faz é para o bem.

deixa a onda levar

O ano é 1994. Sentada ao lado da minha mãe na arquibancada da escola, eu aguardo a aula de judô do meu irmão terminar, para voltarmos para casa. Enquanto isso, na quadra à frente, as meninas da minha idade praticam vôlei. Fico assistindo a elas jogando. Manchetes, saques, gritos e abraços. A cada ponto, elas se reúnem, batendo as mãos todas juntas e bradam animadas: "Vamos, time!". Acho tão bonito. De vez em quando, a bola vaza para fora da quadra e eu adoro ir buscar, só para segurar ela nas minhas mãos por alguns segundos. Eu estendo os braços para entregá-la, mas no fundo eu não quero devolver. Quero poder brincar junto.

Diferentemente de mim, meu irmão praticou esportes desde pequeno e sempre foi muito ativo. Lembro de quando pulávamos juntos e minha mãe gritava: "Para de pular, Patricia, sua boca está roxa!"; ou me mandava sair da piscina na mesma hora, porque a bendita estava roxa. Já ele, nunca teve problema de boca.

Certo dia, pedalávamos juntos num final de tarde na praia. A areia escura e batida refletia o cinza do céu nublado de inverno. O litoral paulista estava deserto. Eu não consegui acompanhar o ritmo dele por muito tempo e precisei parar para descansar. Ele sem perceber, continuou.

Enquanto recuperava o fôlego, apoiada no guidão, via a bicicleta dele se distanciar cada vez mais, se perdendo aos poucos no horizonte. Ele seguia e eu ficava. Senti um aperto no peito com aquela cena e naquele instante eu pedi: "Meu Deus, me dá saúde para ver meu irmão crescer". Subi na mesma hora na minha magrela verde-água e tentei retomar. "Me espera, Dudu!"

Ele sempre me esperou. Com o tempo, eu fui ficando pior e ele mais forte. Quando escadas se apresentavam, ele me subia no colo dele. Lembro quando precisei parar de consumir sódio por causa do coração. Minha mãe fez o almoço normal para todos e, à parte, sem sal para mim. Era o primeiro dia da minha dieta. Avistava desanimada aquela refeição que prometia não ter gosto algum. Ele olhou para mim, pegou a colher e começou a se servir dos meus potes.

– Essa é a sem sal, Dudu – avisei.

– Eu sei.

– Mas você vai comer sem sal? – perguntei, confusa e espantada.

– Se você vai comer sem sal, eu vou comer sem sal – e continuou se servindo tranquilamente.

Ver ele comendo junto fazia eu me sentir mais normal. Meu irmão sempre foi muito bacana comigo. Quando eu apreciava algum prato específico, o que era raro, pois estava sempre sem fome e inapetente, ele deixava tudo para mim. "Eu como qualquer coisa", dizia ele e ia abrir a geladeira procurando um substituto.

Desde criança, era generoso e desapegado. Minha mãe dizia que ele tinha um coração de ouro. Na infância, eu brincava com todos os seus brinquedos, desde o castelo do He-Man até o lava-rápido. Ele nunca ligou. Quando meu pai queria castigá-lo, tirava o videogame dele por uma semana. Ele nem reclamava, nem ficava triste. Era tão desanimador para o meu pai punir meu irmão que os castigos dele nunca duraram um dia.

Dudu sempre foi feliz com o que tinha. Andava pelo bairro do Ipiranga descalço para cima e para baixo. O pé dele, juro, era um verdadeiro terror. Minha mãe, que adorava tudo limpo e organizado, dizia que se tratava de um legítimo casco de cavalo. Ao fazer 18 anos, meu pai quis lhe dar um carro e ele o deixou sem reação ao responder: "Não quero. Eu gosto de andar a pé".

Com muito esforço, meu irmão foi convencido anos depois a aceitar o veículo mediante a justificativa de que era para ajudar no trabalho. Mais tarde, meu pai quis trocar a pequena picape de entrega dele com dois lugares, por um carro melhor e novamente ele dispensou: "Não quero. Eu gosto do meu carro".

Ainda adolescente ele descobriu sua grande paixão: o surfe. E talvez o mar tenha sido um dos seus maiores professores. Sentado em cima da sua prancha, ao sabor das marolas, ele devia ter a perfeita dimensão de que não controlamos nada nessa vida. Somos apenas uma ínfima parte do todo, interagindo e participando do cenário.

O sofrimento sempre vem da expectativa e da resistência. Surfar é exatamente o oposto. É aguardar pacientemente e aceitar o que o dia tem para oferecer. É entender que não se controla o mar, o vento e as correntes marítimas. É se adaptar e se equilibrar frente os desafios que se apresentam. É saber que em algum momento vamos cair, mas que sempre podemos retomar e recomeçar. Mas acima de tudo, surfar é aproveitar o sentido da onda. Ninguém tenta surfar rumo ao oceano. É deixar a vida soprar a direção.

a era de aquário

Quando voltei para casa, assim que entrei no meu quarto, notei que lá estava ele, me aguardando pacientemente ao lado da cama: um violão lindo, cor de amendoim descascado, adornado por um delicado mosaico em tons de verde, vermelho e preto ao redor de sua boca. Caminhei até o instrumento e deslizei a mão por seu tampo macio, dando as boas-vindas ao recém-chegado amigo. Ele simbolizava para mim, naquele momento, algo que nem eu mesma sabia explicar. Era uma tábua de salvação para eu me agarrar. Era alguma coisa. Qualquer coisa. Um sopro de vida para enfrentar os meses de tempestade.

Apesar da ascite ter sido controlada na internação e minha misteriosa gravidez do Espírito Santo, solucionada – afinal pari litros de xixi –, meu coração já dava sinais de sua exaustão. A ordem, como já imaginava, era novamente descansar, repousar e fingir de morta.

Não pude embarcar para Sorbonne e mesmo o mestrado perto de casa precisei interromper, já que não dava mais conta nem de dirigir até lá. Aos poucos, a ficha de tudo que estava acontecendo, ou deixando de acontecer, estava caindo.

Minha sensação era de que eu queria construir um castelinho de areia justo onde batia a onda toda hora. Eu construía e a vida arrancava. Eu construía e a vida levava. Tudo que tentei ou que gostei de fazer, de algum modo tive de abandonar.

Se um dia minha vida era dançar, me foi tirado isso. Aí eu aprendi que gostava de política e me envolvi com representação estudantil na faculdade. A vida veio e me tirou as migalhas que me restavam da dança e a política. Aprendi que gostava de pesquisar. Ganhei duas bolsas para fazer mestrado fora. Não pude ir. Aprendi que gostava de dar palestras. Fui obrigada a largar. Descobri que gostava de gravar vídeos de Educação Financeira. Precisei parar. "Afinal, o que eu sou hoje?". Me encontrava fazendo essa pergunta. Não sabia mais responder.

Sentada na minha cadeira vermelha com os pés apoiados na cama, mirava o céu azul de espaçadas nuvens quando, inesperadamente, a porta do meu quarto se abriu revelando a visita da Ligia. Sempre adorei o fato de não precisarmos de maiores formalidades ou aviso prévio para nos visitarmos, visto que morávamos a apenas dois andares de distância.

Lica foi minha primeira amiga. Nos conhecemos aos quatro anos de idade, brincando no térreo do nosso prédio e desde então não nos separamos mais. Os pais dela, tio Gelson e tia Maria Amália, se tornaram verdadeiros segundos pais para mim. E nós duas adorávamos vestir roupas idênticas e sair falando que éramos gêmeas, a despeito de ela ser baixinha, encorpada, de cabelo liso escorrido e eu, alta, magrela, de cabelo armado. Detalhes desimportantes.

Ela viveu todos os altos e baixos ao meu lado. Quando operei com 14 anos, ela e seus pais me enviavam cartinhas escritas com muitas canetinhas coloridas para UTI, dizendo para eu aguentar firme e que já era uma vitoriosa.

Assim que entrou no quarto, me olhou e sentindo a minha dor, perguntou pesarosa:

– Como você está, minha amiga?

Eu sorri apenas. Nem sabia como responder. Ela se sentou no chão de carpete e ficamos uns cinco minutos em silêncio juntas. Até que respondi, com o olhar distante:

– Às vezes, sinto que a vida não quer jogar ping-pong comigo.

– Oi? – ela me olhou, tentando entender.

– Eu jogo a bolinha... mas a vida não devolve. Eu jogo de novo... e a bolinha vai embora quicando na escuridão. Não importa quantas vezes eu saque, ela não rebate. Eu quero jogar, mas por algum motivo ela não quer jogar comigo – virei meu rosto angustiado e perguntei – Por que será que a vida não quer jogar ping-pong comigo?

Seus olhos pequenos estavam redondos de desnorteamento. Sempre adoramos divagar juntas, mas quando a filosofia hipotética vira drama real a coisa toma um contorno diferente.

– Eu não sei, amiga – disse por fim. – Eu não entendo por que você passa por tudo isso.

E continuamos em silêncio. Juntas.

Era tão difícil lidar com tudo isso. Era como se meu corpo fosse um arreio de burro e a vida o puxava. Eia! E me impedia de seguir toda vez que eu tentava andar. Eu estava cansada dessa mudança de planos constante. Dessa vez, deixei a onda levar tudo embora.

Passava boa parte do meu tempo com meu mais novo parceiro: meu violão. Às vezes, confesso que eu literalmente abraçava ele para agradecer sua companhia em meio às paredes brancas do quarto. Ele estava para mim como o Wilson estava para o Tom Hanks em O Náufrago. A minha ilha, no entanto, não tinha nem dez metros quadrados.

Tentando aprender a tocar sozinha, escorregava meus dedos pelas cordas como uma criança inocente e ia sentindo os sons que saíam dali. Vendo de quais deles eu mais gostava. Depois, procurei as notas na internet e ficava o dia todo treinando as posições nada naturais em que os dedos tinham que ficar. Duvidei em alguns momentos que conseguiria executar toda aquela acrobacia manual.

Como não tinha hora para acordar nem hora para dormir, entrava pela madrugada dedilhando muitas vezes, tendo como única testemunha o firmamento. Cada melodia que eu cantava ou apenas tocava para mim parecia depurar um pouco do meu sofrimento.

Reclinada em minha cama, num dia da semana que já não sabia mais qual era, me dei conta de que minha pequena ilha estava superlotada. E me vi ali rodeada por tantas coisas. Roupas que não usava porque simplesmente não saía. Itens que já não tinham mais utilidade. Tanto papel guardado naqueles armários. Estudos e pesquisas que pareciam não fazer mais sentido. Eu fazia parte dos itens sem grande serventia.

Decidi limpar tudo. Saí tirando, descartando, doando. Como se estivesse me limpando e não ao quarto. Como se rasgasse a roupa que me apertava em vez de doar peças que não usava. Como quem deixa um peso no caminho para ser capaz de seguir em frente. Tive que fazer tudo aos poucos para não cansar. Parcelei um pouquinho da limpeza por dia. Aquilo me deu propósito.

Depenei meu armário. Saíram sacos e mais sacos lotados de coisas. O que não vestia há um tempo nem cogitei manter, fiquei estritamente com o que gostava muito e usava muito. Dava quase para sentir o ar voltando a passar pelas prateleiras e araras esvaziadas.

Papel sem motivo, rasguei e joguei fora. Fiquei impressionada com a quantidade de papel que tinha guardada. Livros já lidos foram doados, mantive apenas os meus preferidos de cabeceira. Fotos antigas. Memórias. Presentes. Foi tudo embora. Não precisava de lembranças do passado, precisava de uma chance de futuro. O passado é pesado e não tinha espaço para ele.

Levei semanas para terminar a limpeza. Quando finalizei, vislumbrei gavetas vazias e armários vazios. Sobrava espaço e faltavam coisas, exatamente como queria. Era o espelho de mim mesma.

As coisas também são parte de nós e o que guardamos fora também fica guardado dentro. Enterrei muita coisa nesse processo. Havia menos entulho fora e dentro de mim. Fiquei tão leve que apelidei esse período da minha vida de "era de Aquário".

Não havia nada. Eu não era nada. Havia leveza apenas. Às vezes, observava minha mente e não havia nada nela. Nem um pensamento. Ficava ouvindo, prestando atenção. Apenas um silêncio.

Eu me entreguei para a Vida. Abri mão de tudo. Estava de braços abertos para receber.

Terça-feira, 22 de novembro de 2011
A Vida não tem que ser como se espera. E nem a rosa deve ser perfumada
O perfume está mais nos sentidos do que na rosa
Aflora-te
Na vida, quem espera programou o viver. Quem aguarda não está sentindo.
E nem prestando a devida atenção
Sinta-se. Sinta tudo
Dê-se o prazer de fazer o estúpido e o inesperado
E este pode ser simplesmente o não fazer nada
Incrível como o não fazer nada "sentindo" pode ser "completamente"
Porque o importante é estar consigo até no nada
Aí, até o nada faz sentido.

Rodeada por papel, lápis e violão, eu assistia ao mar e às ondas que vinham e voltavam num looping infinito. Naquele fim de tarde de um crepúsculo estonteante, eu compunha minhas primeiras músicas de três acordes, sentada na varanda no litoral paulista.

Da aquarela distante, eu posso ver o mar
E se ele for embora, onda vai resgatar

Eu já não ia mais até a praia porque andar era muito cansativo. Se fosse, ainda que conseguisse chegar, não saberia como voltar. Ficava então no apartamento quietinha, descansando. Os últimos meses foram todos assim.

No manto sagrado das águas, lá no início de tudo
Me jogo, permito, escuto a vida ensinar

Sinceramente, estar perto da morte não dá medo. A verdade é que poder olhá-la nos olhos é um privilégio. Ela é de longe a melhor conselheira sobre a vida. Aqueles que sentem seu perfume e admiram sua presença, sem que ela os abrace, aproveitam a oportunidade única de ver o quadro completo. É a morte que nos ensina sobre a vida e com maestria muda nossa perspectiva e nos transforma. Talvez se nos ensinassem desde pequenos a morrer saberíamos muito melhor como viver.

Sou começo, eu sou meio. Mas o fim não sou só eu
Porque tem coisa que é para ser. E tem coisa que é estar

Quando ela acaricia nosso rosto, o tempo perde seu sentido e tudo parece acontecer dentro de uma bolha existencial, um existir fora da existência comum. O que tem preço perde o sentido e o que não tem preço ganha valor. Nossos sentidos ficam mais aguçados e nossas emoções mais serenas. Cada sorriso alheio tem mais sabor e significado, o qual saboreamos com calma e uma espécie de pré-saudade. É a contemplação do que tínhamos de mais precioso.

Como o que tem raiz, não apaga a flor
Como obra pintada, não perde a cor. É o amor

Olhando minha vida pelo retrovisor via quanta coisa tinha aprendido e percebi que muitas vezes o sorriso veio da entrega; a alegria, da loucura, e a tristeza, das certezas. Essas últimas que nunca existiram, mas que escolhi acreditar por um tempo e que me aprisionaram como numa gaiola. Minha conselheira me dizia que somos um vértice de 360 graus de possibilidades, uma explosão de sentidos e carregamos conosco uma força descomunal. No entanto, podemos passar a vida toda sem nem tocar a superfície de nós mesmos, porque ela só chega para contar isso no final.

Somos ponte, somos viga. Somos teto, rua sem saída
Somos caminho, somos estrada. Encontros, diferentes toadas

O som de uma dúzia de passarinhos cantando me convidava para um espetáculo. Deixei o violão de lado e caminhei até o parapeito, onde me debrucei para assistir a eles. Embalados pelo frescor da primavera, eles dançavam no ar e planavam com suas asinhas minúsculas, em movimentos circulares.

Me diverti vendo que eles não voavam para chegar a algum lugar. Eles simplesmente voavam. Se exercitavam. Brincavam. Se entregavam na queda livre confiando plenamente em seus corpos e se reerguiam novamente com a força das próprias asas. Escutavam e respeitavam o sopro do vento, aproveitando sua direção.

Ali, diante do balé que se apresentava, um clarão se fez novamente em cada célula do meu corpo. E eu enxerguei que existe uma mensagem latente em tudo que é vivo e que aqueles passarinhos me sussurravam com seus rodopios a celebração mais simples da vida. Aquela que simplesmente é. E dispensa planos ou objetivos, festejando imperiosa, pulsante e vibrante o segundo presente. Talvez porque ele seja tudo que realmente temos.

Senti uma força muito grande dentro de mim e sorri para aquela revoada. Corri para pegar o lápis e terminei uma das músicas:

Se a vida leva, leva ligeira
Sabiá vem até mim cantar
Mostrar que voar não é caminho
É cambalhota no ar

O que somos é aquilo que sobra quando todo o resto desmorona.

Quarta-feira, 8 de fevereiro de 2012.

Me sinto livre, liberta. Tão livre que não consigo prever o rumo. Porque a completa liberdade traz consigo um quê de imprevisível. Sinto o sol no meu rosto e é noite. Sinto amor no meu peito e estou só. Sinto alegria, me sinto feliz. E não posso nomear o motivo. Não entendo e não me pego fazendo perguntas. Sou uma folha ao vento. Não porque ele me sopra para onde quiser. Mas porque eu voo. E voar pede liberdade. Pede sentimento. Pede entrega. Voar nunca é voar para algum lugar. Voar é verbo intransitivo. Meu caminho é uma trama de descobertas. De cheiros novos, sorrisos abertos, flores de cores que nunca vi. Ah e as frutas. Tão doces. Tão doces como nunca provei. Me sinto em paz, mesmo não estando segura. Calma, mesmo tendo problemas. Serena, mesmo correndo riscos. Talvez porque existe uma coisa apenas que é constante nessa vida. É a insegurança, os problemas e os riscos. Que também podem ser lidos como liberdade, oportunidade e apostas. Se entregar é voar. Para dentro de si de um modo que você seja todo o resto.

PARTE II

ampulheta

amputhete

a tartaruga e o coelho

Entramos de mãos dadas na famosa Lanchonete da Cidade e fomos hipnotizados pelo cheiro delicioso que pairava no ar. O ambiente lembrava um restaurante fast-food americano da década de 50, com assentos almofadados em tons de amarelo e azul claro e estava repleto de gente jovem. Eu pedi uma batata frita sem sal e um milkshake de chocolate, mesmo sabendo que só poderia dar poucos goles. Ele pediu um cheeseburguer com bacon e uma Coca. Estávamos saindo fazia quinze dias, aquele devia ser nosso quarto encontro.

    Era sempre muito bom estar com o Du, nosso papo fluía por horas e horas sobre os mais diversos assuntos, sempre de forma leve e divertida. Até que deixei a leveza e a diversão um pouco de lado e interrompi o que estávamos conversando:

– Eu queria falar uma coisa contigo – disse séria.

– Pode falar...

– É algo que eu queria que você soubesse...

– Tá... – respondeu, achando um pouco estranho, enquanto tomava a Coca.

– Eu queria que você soubesse que eu não posso ter filhos.

Ele quase cuspiu a Coca da boca e começou a engasgar e tossir enquanto tentava não babar o líquido.

– Na verdade, eu até posso ter – continuei – mas não posso gestar porque meu coração não aguentaria bombear por dois...

– Eu não acho que esse é um problema que temos no momento – respondeu rouco, enquanto se recuperava da engasgada.

Ele ficou totalmente incomodado. Certamente, ele achou que eu era uma maluca. Tínhamos acabado de começar a sair e eu lancei um "não posso ter filhos". Ele deve ter pensado que eu achava que iria casar com ele ou algo assim.

– Sim, eu sei, fica tranquilo. Mas queria só que você soubesse desde o início – tentei acalmá-lo.

A verdade é que eu não tinha nada a esconder. Queria ficar comigo? Amém. Não queria? Amém e tchau. Se fosse para dar certo, era importante que a pessoa soubesse de tudo desde o minuto zero. Eu e o Du fomos amigos virtuais por anos, desde a época do ICQ e eventualmente saíamos para bater papo. Ele era moreno, alto, de coração e mãos grandes. E tinha um semblante sempre de paz.

E eu era um pássaro livre de volta à vida. Apesar do meu médico ter duvidado que eu pudesse me recuperar, mais uma vez eu me restabeleci depois de uma temporada na cama. Voltei a trabalhar, abandonei a ideia de mestrado e reescrevi minha história do zero. Os sonhos antigos que ficaram pelo caminho viraram memórias apenas e novos tempos vieram. Vivia com a leveza de quem não tinha mais grandes objetivos, somente o presente de cada dia e a alegria de cada momento.

Navegando pela internet, descobri que minha marca preferida de biquínis estava com uma promoção incrível de Dia dos Namorados e levaria um casal com tudo pago para um fim de semana em Búzios. Tudo bem que tecnicamente eu não estava namorando, mas decidi participar. Para concorrer, era necessário enviar uma frase curta falando do seu amor.

Se o Du sonhasse que eu estava inscrevendo a gente numa promoção de "Dia dos Namorados", juntando isso com o "não posso ter filhos", acho que ele fugiria de mim que nem o diabo da cruz, superando o Bolt em todos seus recordes. "Corre, Bino, é uma cilada!". Passei a tarde toda pensando na frase e pesquisando sobre a marca. Ela era uma das únicas que permitia naquela época comprar tanga e sutiã avulsos ou misturar tamanhos e cores, o que eles chamavam de "mix'n match". Enviei:

"Somos um *mix'n'match* de cores e estampas diferentes. Nosso amor me completa e revela o melhor que há em mim. PS.: Mas mesmo que não ganhe nada eu confesso: eu já tenho tudo!!! Amo ele da forma mais natural e despretensiosa que pode existir, de uma forma verdadeira e gostosa, assim como todas as peças de vocês que tenho!"

Em 15 dias, saiu o resultado: eu ganhei a promoção! E para explicar depois? Comecei contando que o gato subiu no telhado.

– Du, você não acredita! Ganhei uma promoção com tudo pago para passar um fim de semana em Búzios! Vou eu e minha mãe!

– Que legal, Pá! Parabéns!

Uma semana depois, o gato caiu do telhado.

– Du, minha mãe não vai poder viajar comigo, acredita. Mas, acho que meu irmão vai conseguir ir comigo...

– Boa, chama ele.

Até que, na semana seguinte, o coitado do gato morreu ou foi assassinado por mim em nome do amor:

– Du... Meu irmão não vai poder viajar comigo – disse triste – e a promoção é para duas pessoas... Eu não posso ir sozinha. E é um fim de semana com tudo pago num hotel incrível! Tudo pago, tudinho pago. É uma dó perder! Você não toparia ir comigo?

– Mas você não tem mais ninguém para chamar?

– Ninguém.

– Ah... Tudo pago não dá para recusar, né!? – e riu.

Assim que o avião decolou de São Paulo, de forma que não era mais possível voltar atrás e tampouco se jogar lá de cima, eu com toda calma do mundo, como quem informa qual é o dia de hoje, falei para ele:

– Ah, preciso te contar um detalhe... A promoção era de Dia dos Namorados, mas eu participei só porque sempre foi meu sonho conhecer Búzios. Talvez seja legal a gente fingir que namora lá. Mas só fingir, tá.

O hotel parecia ter saído de um filme ou de uma novela. Todo branco, com corredores largos e quartos amplos e arejados. A piscina era rodeada de almofadas brancas e de lá era possível ver dezenas de veleiros que vinham visitar a cidade de Búzios. A promoção ainda contava com um jantar romântico para o casal vencedor com direito a uma garrafa de vinho.

Eu estava de vestido curto, rasteira e jaqueta jeans; ele de bermuda e camiseta preta. A noite estava quente e nossa mesa dava vista para o mar. Eu havia avisado antecipadamente que tinha restrição sódica e minha comida precisava ser 100% sem sal. Eles seguiram todas as instruções e a refeição que prepararam para mim estava tão deliciosa, que ao final perguntei se eles tinham um pouco mais e repeti.

Logo após nosso jantar à luz de velas, fomos caminhar juntos pela orla da praia. O chão rústico de pedras trazia um charme para o caminho. O vento penteava meus cabelos delicadamente, trazendo o cheiro de maresia e ao fundo uma música tocava, vinda de um bar ao fim da rua. De repente, ele parou de andar, me olhou por um tempo e disse:

– Quer namorar comigo?

Fui pega completamente de surpresa. Para quem viajou namorando de mentirinha, ser pedida em namoro de verdade não tinha passado pela minha cabeça! Eu sorri para ele e ali mesmo no meio da rua de pedras nos beijamos ao som de Dia Branco:

"Se você vier, para o que der e vier comigo..."

Eu acho que o Universo de vez em quando prega peças, esconde pistas no cenário da nossa vida, como se a existência tivesse níveis de consciência mais elevados, mas que nós, meros mortais, só conseguimos admirar a poesia ou a piada de trás para frente. Não poderia ter tocado música melhor naquele dia e nem mais verdadeira: foi para o que der e vier, literalmente.

Ao longo do nosso namoro, aprendemos a lidar juntos com minhas restrições e limitações. Assim que entrávamos num restaurante, independentemente do tipo, se era caro ou barato, eu nem me dava o trabalho de ver o menu. Logo chamava o garçom:

– O que você pode fazer do cardápio sem sal, moço?

– Nada.

– Mas, você não vai cozinhar agora? É só não colocar sal – argumentava.

– Não consigo fazer nada sem sal, senhora. Tudo já está pronto.

Descobrimos em nossas tentativas de sair para jantar que boa parte dos estabelecimentos em São Paulo não serve comida fresca, feita na hora. E aprendemos que o prato com maior probabilidade de pedir sem sal, acreditem, é o velho bife e batata-frita. Para mim era um pouco frustrante depois de me arrumar toda, ter meu momento romântico negado porque eles não tinham "comida para mim". Já o Du nem se abalava, levantava na mesma hora dizendo: "vamos embora" e assim partíamos em busca de um novo lugar.

Na hora de solicitar as bebidas a situação se invertia:

– O que a senhorita vai querer beber? – perguntava o garçom.

– Nada, obrigada.

Só pedíamos a dele e um canudinho para mim. Os garçons ficavam nos olhando quando eu estendia o braço no meio da mesa para alcançar o copo dele e beber. Acho que eles pensavam que fazíamos isso para economizar, mas eu achava bonitinho que o Du não ligava de compartilhar a bebida dele comigo e eu só podia dar um ou dois goles mesmo.

Todos os dias ficávamos de olho em promoções de viagens e passagens com milhas. Amávamos viajar, mas nossos roteiros tinham que seguir um certo planejamento: se fazíamos um passeio num dia, no seguinte nos programávamos para ficar no hotel descansando, de forma a eu me recuperar.

Em vez de um dia em que não podíamos passear, para nós era um dia inteiro para ficarmos nos curtindo. O amor baila pelas pedras que aparecem no caminho e transforma dificuldades em aventuras. O amor não vê doença, vê o brilho nos olhos e só escuta a risada apaixonada. Quando ele via meus roxos nas pernas e braços, frutos do anticoagulante que tomava e me deixava toda marcada, logo dizia: "Vem aqui, minha jogadora de futebol!", e eu caía em seus braços, dando risada.

Enquanto as limitações de sal, água e energia exigiam adaptações previsíveis, alguns medicamentos geravam situações inusitadas. Adivinhem qual medicamento continuava a ser o mais pentelho de todos? Ele, claro: o diurético.

Em viagens de carro, o bendito me batia o efeito justo na estrada. Era de morrer! O caminho virava um tormento:

– Para o carro, pelo amor de Deus, eu vou fazer xixi na calça – suplicava.

– Não tem onde parar, Pá! – respondia, mostrando o nada ao nosso redor.

– Eu não estou aguentando!

– Não tem onde parar! Vamos ser roubados aqui!

E assim parávamos o carro um milhão de vezes no percurso, muitas vezes eu mijava no matinho ou no acostamento mesmo. Idas ao cinemas também sofriam com o diurético e nem preciso explicar que eu perdia o filme e ele assistia praticamente sozinho. Imagino que quem estava fora do cinema não entendia a menina que fazia marcha atlética da sala para o banheiro e do banheiro para sala, visando perder o mínimo possível do longa-metragem.

– Não é possível que você toma esse remédio há 10 anos e não consegue programar direito o horário de tomar, Pá! – sussurrava indignado na sala de cinema, enquanto eu me ajeitava de novo na cadeira, depois de atrapalhar todo mundo porque sempre escolhíamos as cadeiras do meio.

– Shiii... Presta atenção no filme... – eu desconversava, porque não tinha como me defender mesmo. Dali cinco minutos, eu levantava de novo.

Mas, de tudo, o que realmente o deixava puto era quando eu deixava acabar o remédio para hipertensão pulmonar no sábado e pedia para ele comprar. Nesses momentos, a coisa pegava pois ele teria que ir à farmácia e pedir Viagra num sábado à noite. Ele contava que chegava na drogaria todo envergonhado:

– Por favor, eu quero citrato de sildenafila *(nome genérico do Viagra)*.

O atendente olhava ele engraçado, por ele estar pedindo com o nome genérico, como quem queria falar "seu safadão!".

– É para minha namorada... – dizia sem graça, tentando justificar.

E o atendente, com cara libidinosa, respondia:

– Eu sei! – e dava uma piscadinha.

Nem adiantava tentar explicar mesmo, coitado. Parece desculpa dizer que o Viagra é para a namorada que tem hipertensão pulmonar justo num sábado à noite. Eu dava muita risada quando ele chegava contando, mas ele ficava extremamente irritado com a situação. Comprar citrato de sildenafila na farmácia para mim era o ápice da prova de amor.

O curioso é que o Viagra foi descoberto totalmente sem querer. Era um estudo para um novo medicamento para hipertensão pulmonar, doença que faz parecer que temos uma tampão no nariz e dentro do pulmão impedindo o ar de passar. Todos os homens do estudo depois de tomar o medicamento ficaram, como posso dizer, de pau duro. E assim, como efeito colateral do novo medicamento, foi descoberto o Viagra, salvando a vida sexual de muita gente. Bem que podiam ter inventado um remédio que abrisse o apetite e como efeito colateral consertasse o coração, teria matado dois coelhos com uma cajadada só!

Nós nos divertíamos muito juntos e encarávamos tudo com leveza. Para mim a vida estava incrível. A gente brincava que eu era a tartaruga e ele o coelho. Ele participava de corridas de rua, amava fazer academia e era superativo. Eu não praticava nada, adorava ler e onde ia procurava uma cadeira para sentar. Éramos felizes assim.

Com dois anos de namoro, decidimos viver juntos. Encontramos um lugar para morar perto da casa da minha mãe e nos mudamos. Nas primeiras semanas, só comemos itens não-refrigerados, pois ainda não tínhamos geladeira. Na sala, havia uma TV antiga que meus pais nos deram, apoiada num criado-mudo que fizemos de rack e dois pufes de farol, de segunda mão, que arrematamos de um amigo judeu, o Polaca, por 50 reais. Eu sentava no branco e ele no verde. Como podem imaginar, Polaca era palmeirense.

Um dia estávamos sentados juntos nos nossos pufes numa tarde preguiçosa de domingo. Ele me olhou e disse:

– Sabe quando eu decidi que queria ficar com você?

– Não – sorri, curiosa.

– Naquele dia que você me disse que não podia ter filhos...

Eu fitei ele profundamente. Não esperava essa resposta. Ele continuou.

– Naquele dia eu me perguntei se eu queria ser pai, se isso era importante para mim. Porque, se fosse, talvez eu não devesse ficar com você. Até é importante, mas percebi que ficar com você era mais.

Ali em nossa sala vazia, eu sorri para ele, sorrindo para a Vida.

Segunda-feira, 31 de março de 2014

Eu não sabia que a felicidade poderia ser tão sutil e tão simples.

Quanto a mim, eu deixei de querer salvar o mundo. Aprendi a viver a minha vida, sem depender de grandes objetivos e conquistas para me reconhecer.

Eu não sou só minhas conquistas. Eu também sou o amor que planto e sinto.

E essa é a parte mais real de mim mesma. No momento, não faço nada.

Só cultivo o amor, todos os dias. Eu vivo. A vida tem me parecido tão simples.

Tão doce. Bem mais doce. E eu gosto do sabor do açúcar nos meus lábios.

o tobogã

Entrei no consultório do Dr. Bustamante para uma consulta de rotina. Assim que me viu, a secretária Adélia, sempre atenciosa, logo perguntou:
– Cadê Dona Consuelo? Nunca te vi aqui sozinha.
– Hoje é dia de quimio, ela não conseguiu vir – expliquei.
    Infelizmente o câncer da minha mãe havia voltado e ela precisou recomeçar o tratamento com um remédio novo. Enquanto aguardava ser chamada, eu costumava ficar observando os muitos quadros que decoravam o ambiente. Vira e mexe, as pinturas mudavam de lugar ou uma nova obra chegava para colorir o espaço. Dr. Bustamante dividia o consultório com sua esposa, que era dermatologista, e certamente ela devia gostar de decoração.
    "Patricia". Quando sua voz calma e mineira me chamava ao final do corredor, meu coração já sorria. Eu costumava chamá-lo de "meu anjinho", não só pelo fato de ser alto, magro e de cabelos e bigodes grisalhos, mas principalmente pela relação de confiança que desenvolvemos ao longo dos anos.
    Assim que me sentava em sua sala, logo visualizava o pen-drive que ele carregava sempre pendurado no pescoço: "Todos os dias eu jogo aqui de 10 a 20 artigos científicos sobre o que há de mais novo para o tratamento de todos os órgãos, não só coração. Se eu não ler pelo menos isso por dia, eu fico desatualizado. E eu preciso saber o que existe de melhor para preservar

seu rim, seu fígado, seu pulmão, Pati... para assim ajudar seu coração", dizia ele. Adorava a simbologia daquele pen-drive.

Não à toa foi ele que me recuperou todas as vezes em que piorei. Cheguei até a presenteá-lo com uma escultura em *biscuit* dele com asas, que na verdade ficou mais parecendo o Gugu Liberato velho com asas, mas valeu pela mensagem e pela intenção. Por causa disso, ele guarda a escultura no armário porque diz que ela atrapalha as consultas, pois as pessoas ficam tentando adivinhar quem é.

Deitei para fazermos o eletrocardiograma e fiquei observando os tijolos transparentes da parede enquanto o exame corria. O barulho da impressora anunciava que já estava saindo o resultado e a cara dele não me pareceu habitual. Ele me olhou sério e se aproximou:

– Você está em arritmia, Pati – falou, com um certo pesar.

Meu corpo gelou e, numa fração de segundos, um milhão de cenas dentro de hospital passaram pela minha cabeça.

– Como assim? – perguntei assustada, enquanto me sentava na maca. – Você tá brincando?

– Eu não brincaria com isso – respondeu.

Realmente seria uma brincadeira de muito mau gosto, nem sei porque eu havia dito aquilo. Seria como um oncologista brincar que alguém tem câncer e depois falar: "Pegadinha do Malandro!". Acontece que eu sabia precisamente o que isso significava. A arritmia rouba função do coração, e assim meu coração, que já era insuficiente, ficaria a cada dia menos eficiente.

Permaneci muda, sentada na maca de frente para ele com a cabeça baixa, tentando buscar as alternativas na minha mente. Um silêncio se fez.

– Me dá choque! – respondi.

– Não posso.

– Pode sim, da outra vez que tive arritmia, reverteu com choque. Eu aceito levar choque. Pode me dar agora – disse, enfática.

– Não vai adiantar, Pati.

– Por quê? – perguntei, com os olhos marejados.

Ele explicou que o choque não reverteria esse quadro e poderia apenas comprometer mais a função cardíaca.

– Então, qual a alternativa? Como vamos reverter a arritmia? – indaguei com a voz fraca.

– Não há o que fazer. Vamos trabalhar para manter você estável.

Eu não podia acreditar no que estava escutando. "Não há o que fazer". Pensei no Du. Na nossa relação. Eu não podia perder minha vida de novo. Não agora.

Senti como se estivesse com a bunda engatada para descer um longo tobogã, só que o que me esperava no final não era o frescor de uma piscina e sim o sufocamento de um vulcão. Precisava desesperadamente impedir minha queda e tentar subir de volta. Que saudade do choque. Eu teria aceitado até me injetarem iodo na veia.

Cheguei em casa e a primeira coisa que fiz foi explicar para o Du que eu iria melhorar, que eu sempre melhorei, que precisava apenas me dedicar a isso e descansar mais. Ele acreditou, pois já tinha me visto recuperar outras vezes. Decidi que trabalharia com o período de um mês. Um mês me parecia bom, parecia digno. Tentaria melhorar em um mês.

Todo o arsenal que usei a vida inteira para melhorar, em paralelo aos tratamentos alopáticos e convencionais, eu coloquei em campo. Mentalização, oração, pensamento positivo, energização, lei da atração, cromoterapia, pulso magnético, acupuntura energética. Eu era o Schwarzenegger da terapia alternativa e sempre segui o seguinte pensamento: faça absolutamente tudo o que puder por você, mal não vai fazer[6]. Cuidava do espírito. Da mente. Do corpo. Tentava ler. Buscava ferramentas. Tentava afastar os pensamentos negativos, o que às vezes era bastante desafiador.

Conversava com minhas células, órgãos e com meu coração. E comecei a mentalizar frases como: "Meu coração é pequeno, bate no ritmo e é saudável". O que poderia parecer uma piada ou problema mental considerando que ele era gigante, estava em arritmia e eu me sentia mal, mas isso era mero detalhe. Esse tipo de coisa eu não contava para os médicos senão eles me encaminhariam para um psiquiatra além do cardio. Repetia isso para mim mil vezes ao dia, como um mantra, toda vez que pensamentos ruins vinham à mente: "Meu coração é pequeno, bate no ritmo e é saudável".

Quando me sentia fraca eu operava mentalmente meu coração: imaginava ele todo pelancudo e desgastado. Então com um bisturi eu começava a tirar os excessos e ia costurando ele para deixá-lo pequeno e compacto novamente. Ao terminar eu pegava uma pomada iluminada e passava nele todinho. "Você vai ficar bem, estou cuidando de você".

Passava boa parte do dia deitada, tomava meus medicamentos corretamente e tentava me alimentar, apesar de ter voltado a não sentir fome alguma. "Se eu entrei em arritmia, eu posso perfeitamente sair da arritmia."

Dentro do carro, ao lado do Du, às vezes me batia um mal-estar repentino. Imediatamente eu abria o vidro e colocava a mão para fora.

– Está tudo bem? – ele perguntava.

---

[6] A segunda regra é: se puder fazer mal, não faça.

– Sim – e ficava sentindo aquele vento batendo na minha mão e imaginando que ele preenchia de energia meu corpo. Como se eu pedisse fôlego para as forças da natureza. Aos poucos ia passando. – Queria só sentir o vento – respondia e sorria disfarçando o incômodo.

Tudo o que eu sabia fazer estava fazendo. Do racional ao emocional, passando pelo espiritual. Da medicina à busca interior. Mas dessa vez, nada parecia estar funcionando.

Sábado, 14 de fevereiro de 2015
A vida é uma brisa à espera de um furacão
Porque o vento acaricia seu rosto e quando você vê leva tudo ao seu redor
E você, sem saber se se deixa levar pelo vento ou entra na caminhonete e foge
Foge para onde?
Foge de quem?
Foge com quem?
Porque o furacão sou eu
O vento sou eu
E o caminhão também
Fugimos apenas de nós mesmos
Dos sorrisos e lágrimas que não queremos encarar
Temos medo no fundo do que se esconde no meio da revolta.

Ouço risadas. A alegria está próxima, mas eu não faço parte dela. Meu corpo está deitado numa cama enquanto meus amigos se divertem na sala. É Carnaval, estamos no litoral e eu não tenho vontade de ir até a praia. Se eu for, não sei nem como vou voltar. Tudo me parece absurdamente cansativo. Me sinto cansada só de pensar em fazer xixi. O banheiro está tão distante. Mas são os mesmos três passos de sempre que me separam dele. Eles estão tão felizes e se divertindo tanto. Eu não estou fazendo falta nenhuma e me incomoda que eles não percebam que eu não estou lá.

Descemos para praia em quatro casais no feriado de Carnaval de 2015. Eu ficava o dia todo na cama, mas não fazia muita diferença, continuava cansada. Todo mundo foi até a praia e eu fiquei no apartamento a título de descansar. Cheguei a ver nas redes sociais as fotos felizes que já haviam sido postadas e, na sequência, me arrependi de ter pegado o celular. A ignorância é uma benção.

De noite, decidi andar até a sala e ficar um pouco lá. Estava entre eles mas não tinha forças para falar. Escutava tudo. Ouvia comentários e piadas. Eu também queria falar, mas não conseguia. Em vez disso, eu sorria para o que os outros diziam. Economizava palavras como quem conta moedinhas para garantir a próxima refeição. Minha cara devia estar exprimindo minha tristeza, pois a Natália notou e mais tarde me abordou:

– O que foi, Pati? Você está bem?

A gente se conhecia desde o colegial. Eu e a mãe dela éramos figurinhas repetidas em todas suas partidas de vôlei. Adorava vê-la jogar e achava lindo o rabo com trança que ela fazia no cabelo, recheado de tic-tacs para nenhum fio soltar. A pergunta dela foi como a última gota dentro de um copo cheio. A última cortada do jogo. "Se eu estou bem?" Estávamos só as quatro meninas sentadas no sofá. Olhei para cada uma delas com certo desespero e deixei a tristeza falar:

– Eu estou cansada... – as palavras saíam com dificuldade. – Estou cansada de estar cansada... – e comecei a chorar.

Dos meus olhos, vertia um choro silencioso de dor, mas não era dor do corpo, era da alma. Eu estava cansada de não poder, de não conseguir, de não aguentar. De não participar, de não ser.

– Amiga, você vai melhorar e isso vai passar – me disseram todas como um consolo.

Mas eu sabia que eram carinhosas palavras ao vento. No dia seguinte, todo mundo tinha combinado de se fantasiar e fazer uma minifesta à fantasia na sala. Mais um dia que passei na cama. Estava tão de saco cheio dessa situação. Dentro daquele quarto vazio, eu disse para mim mesma que ainda estava viva.

Caminhei devagar até o banheiro me apoiando nas paredes e me olhei no espelho. Me senti uma guerreira por estar encarando aquele cansaço: eu era um soldado rastejando quilômetros no deserto. Decidi me pintar como tal.

Peguei o batom rosa e fiz dois riscos em cada bochecha. Peguei o lápis preto, puxei o canto dos olhos e adornei a sobrancelha com pontinhos pretos. Peguei uma pulseira e subi ela até o braço como um bracelete. Estava tão magra que a pulseira subia quase até o ombro.

Estava pronta, minha fantasia era de guerreira. Fui até a sala e sentei no sofá. Assisti à alegria passar, ao samba tocar, ao Carnaval pular. A coisa mais legal que fiz em todos aqueles dias foi tirar uma foto. Aquela imagem em preto e branco do meu traje improvisado não era fantasia de Carnaval. A luta era real.

À medida que os meses passavam, desde o diagnóstico da arritmia, o Dr. Bustamante ia tentando me dar a dimensão do que estava acontecendo:

– Pati, você já toma todos os medicamentos em doses máximas. Todos os tratamentos que poderiam ter sido feitos já foram tentados e você está cada vez mais debilitada – continuou, com todo cuidado. – Eu gostaria que você passasse em consulta com um médico especializado em transplante.

Ouvir aquilo justamente dele foi verdadeiro abalo sísmico interior. Ele foi o único médico que não quis me transplantar quando tinha 20 anos – versão que meus pais me contaram. E sempre me disse que cada ano que eu conseguisse postergar o transplante, era um ano de vida que tinha ganhado. Juntos já havíamos lucrado nove anos de vida, 18 seis meses. Se ele que sempre foi meu porto seguro não enxergava mais saída, eu estava realmente perdida.

Enquanto eu chorava copiosamente e tentava convencê-lo de que eu ia melhorar, ele emendou: "O que eu te prometo é que você terá com esse médico um tratamento humano Pati". Tenho certeza que aquela consulta foi tão difícil para ele quanto foi para mim.

Achava absolutamente surreal me venderem a ideia de que tirariam meu coração, colocariam um outro no lugar e eu continuaria funcionando normalmente. O simples conceito do transplante me assustava e eu também não tinha a menor pretensão de abandonar aquele que nunca me abandonou. Mas por muita insistência do Du e da minha mãe, fomos até a única consulta obrigatória como sinal de boa vontade semanas depois.

O consultório do médico de transplante ficava no alto de um edifício espelhado. A sala de espera era pequena e, encostadas na parede, estavam três poltronas de couro marrom, uma ao lado da outra. Sentamos os três e aguardamos ele chamar.

Dr. Victor era mais jovem que o Dr. Bustamante, moreno – tecnicamente mais careca que moreno –, magro e de estatura baixa. E transmitia a calma de um verdadeiro Filho de Gandhi com seu sotaque baiano:

– Respire um bocadinho.

Enquanto ele avaliava meus pulmões e auscultava meu coração, notei que o consultório ostentava livros grossos sobre cardiologia, alguns enfeites e, entre eles, uma vaca de porcelana colorida. Consultórios dizem muito sobre os médicos, achei a vaca bastante simpática.

Na sequência, ele explicou que não era exatamente qualquer coração que serviria para todo indivíduo. Na análise de compatibilidade doador-receptor seriam avaliados vários quesitos: a) qualidade do órgão doado; b) tipo sanguíneo, eu só poderia receber um coração de uma pessoa com mesmo tipo sanguíneo; c) altura e peso, pois um coração de alguém pequeno, acostumado a bombear um volume menor, não serviria para uma pessoa grande; d) e o tal exame do Painel (PRA)[7], cujo objetivo seria mapear meus anticorpos e depois cruzá-los com o do doador, pois eu não poderia receber um coração de alguém que tivesse tido hepatite C, por exemplo, se eu nunca tivesse tido também, dado que sem os anticorpos, teria altas chances de pegar a doença.

O transplante parecia uma espécie de Tinder da amizade entre duas dimensões: tinha que dar match. No entanto, parecia mais fácil minhas amigas solteiras encontrarem o príncipe encantado no aplicativo que aparecer um doador compatível para alguém, mas tudo bem. Confesso que a única parte da explanação que realmente cativou minha atenção foi quando ele disse que tem gente que entra na fila de espera e sai porque melhora. "Definitivamente esse será meu caso", pensei.

Depois das explicações iniciais, ele avaliou meus exames e então eu vi a mesma expressão desolada de quase dez anos atrás se repetindo na minha frente:

– Patricia, com esses números, eu não consigo te inserir na fila de espera – disse, consternado. – A sua hipertensão pulmonar é altíssima. É muito alta... Um novo coração não aguentaria trabalhar com toda essa pressão e entraria em falência... Isso te desqualifica como elegível para um transplante de coração...

Pela segunda vez eu bombei no vestibular do transplante. O Du parecia triste, calado. Minha mãe ouvia atenta. Eu estava tranquila, talvez fosse um sinal de que esse não era o caminho mesmo...

– Mas eu não aceito esse resultado! – bradou o Dr. Victor, quebrando o silêncio sepulcral que tomava o ambiente. – Quero refazer o exame, Patricia. Talvez tenhamos uma chance.

Ele explicou que existia um novo medicamento que poderia controlar a minha hipertensão pulmonar na hora da operação, e queria testá-lo durante um cateterismo, vulgo, o exame da minhoca. "Se eu provar que seu corpo reage à medicação, tentarei argumentar que o usaremos durante o transplante para te inserir em lista."

A única coisa que eu me perguntava era quando aquele pesadelo iria acabar. Contei para ele que tinha absoluto trauma desse exame, e sensibilizado ele me prometeu que dessa vez eu faria anestesiada. A sedação ao menos soou aos meus ouvidos como o lenitivo da inconsciência.

---

[7] PRA: Reatividade de anticorpos contra painel de antígenos HLA.

Eu nunca usei drogas. Parece até piada escrever essa frase. Mas nunca utilizei nada ilícito. Nem cigarro comum experimentei. Mas se for contar a quantidade de medicamentos que já inseri no meu corpo ou me injetaram, minha afirmação cairá por terra. De longe, a anestesia geral é o barato mais legal que você pode ter dentro de um hospital.

Quando operei com 14 anos, eu resisti a ela o quanto aguentei. Mas, com o tempo, enxerguei naquele arzinho que escapa do inalador um convite delicioso à fuga. Você esquece dos seus problemas, abandona seus medos e se entrega a uma sensação contínua de relaxamento. A cada fungada, eu me sentia mais segura, sabendo que seria levada para longe dali.

Um dia, que já não me lembro qual... alguém, que já não lembro quem... me disse que quando tomamos anestesia geral nossa alma se desprende e vai temporariamente lá para o outro lado... seja onde ele for. Lá encontramos as pessoas queridas e aprendemos sobre a vida. Eu gostava de pensar nisso toda vez que respirava o arzinho. Era uma visita àqueles que amava.

Tirando o "oi" que dei a toda equipe da Hemodinâmica ao entrar no cateterismo, eu não vi mais nada do exame. Embarquei na minha viagem. Se a pessoa nunca foi usuária de anestesia, ela pode achar quando o barato está passando que a *trip* deu ruim. Porque ela não volta de uma vez. Retorna aos poucos da cabeça aos pés. Primeiro pousa a consciência, e às vezes quando ela desperta, você não consegue mexer seu corpo e abrir os olhos.

É só não se desesperar que vai passando. Aos poucos você consegue abrir os olhos, mas um sono forte te puxa de volta. De repente, você está mais desperto, mas braços e pernas ainda não respondem ao seu comando. Leva umas quatro horas para voltar total da brisa. E é mil vezes melhor que fazer cateterismo acordada.

Assim que recebi alta, o Du foi me resgatar e guiou minha cadeira de rodas pelos corredores do hospital até a saída do pronto-socorro. Estacionou-a do lado da parede, de frente para a porta automática e foi lá fora pedir o carro no serviço de *valet*. O tempo de São Paulo estava tão maluco que fazia um frio digno de inverno em pleno verão. Fiquei esperando do lado de dentro para evitar pegar friagem.

Eu não ligava de usar cadeira de rodas, mas sempre me incomodou o sorrisinho condescendente, que as pessoas que passam por você te dão. Coisa mais desagradável. Eu entendia a tentativa de demonstrar compaixão, de dizer "olha, eu te percebo", "tomara que melhore". Mas tudo que a gente menos quer nesse momento é dó.

Gostava mesmo quando as pessoas não me olhavam, não me notavam ou me ignoravam, porque é assim que agimos com as milhares de pessoas normais que cruzam nosso caminho. Você não sorri para todo mundo que cruza na rua. Então, por que vai sorrir para alguém que anda torto, um anão ou uma pessoa na cadeira de rodas? O que chama atenção é exatamente o que sai do padrão. Nesse sentido, não ser notado é ser premiado com a normalidade e um banho de dignidade.

Seguia aguardando o Du, no apático salão bege perfumado a álcool etílico. Havia poucas pessoas àquela hora da noite. O silêncio e a ausência de movimento conspiravam para que qualquer atividade atraísse o olhar. Notei que a porta automática de vidro fumê se abriu, mas ninguém entrou. Na sequência, pouco antes de se fechar de volta, ela novamente se abriu, sem aparentemente alguém para acionar.

Achei estranho e fiquei curiosa. Eu não tinha mais nada para fazer mesmo. Observei que o movimento se repetiu uma, duas, três vezes: instantes antes de se fechar por completo, a bendita se abria sozinha de novo. "Será que ela também está com problemas?", pensei.

Foi então que, no canto da porta de vidro, camuflado como no livro *Onde está Wally*, visualizei com surpresa o rosto do Du sorrindo. Mas assim que nossos olhares se encontraram, ele rapidamente se escondeu. Sorri animada para a cena. "O que será que ele está fazendo?".

Como num passe de mágica de contos de fada, minha cadeira de rodas se transformou no assento de um nobre teatro e as cortinas de veludo vermelho nem fizeram falta ao rufar dos tambores imaginários: "Senhoras e Senhores!". E o espetáculo começou.

Numa mistura de Charles Chaplin e Mister M, ele começou a me entreter transformando aquela porta automática na ferramenta de um show particular, onde de um lado para o outro, malabarismos improvisados, milimetricamente impediam que as duas portas se fechassem por completo. Passava caminhando de costas olhando para mim e ela voltava a se abrir. Pulava fazendo caretas e ela se abria. Dava uma voltinha e ela se abria. Eu ria e ele também.

Parecia que só havia nós naquele hospital, naquele pronto-socorro. Só nós no mundo. Me lembrei do filme "A vida é bela" e admirei a singularidade daquele momento. O show aconteceu para mim, por instantes, em câmera lenta, como se eu quisesse capturar com meus olhos e registrar na minha memória cada detalhe do meu Roberto Benigni.

É na dificuldade e na escassez que a beleza e a pureza mais se destacam. O vento leva tudo consigo, mas também desnuda o essencial.

nunca deu errado

No último semestre do meu terceiro colegial, o Universitário Vestibulares de São Paulo presenteou os melhores alunos de cada escola com uma bolsa integral para um cursinho de um mês. Na minha escola as escolhidas fomos eu e a Natália.

No primeiro dia de aula eu vestia uma blusinha com os dizeres "Beijei muito em Porto Seguro", apesar de não ter beijado ninguém na viagem de formatura. Mas eu adorava aquela blusa laranja de um ombro só mesmo assim.

Do meu lado esquerdo estava um menino moreno e a Natália se sentou à minha direita. O professor percorria a lista de presença e notei que ao chamar por "Sidney Eduardo" o menino levantou a mão.

– Você prefere que eu te chame de Sidney ou de Eduardo? – perguntei.

– Pode escolher – respondeu.

– Então eu prefiro Eduardo, é o nome do meu irmão – e sorri para ele, passando a chamá-lo de "Du".

Eu só não sabia que para todo mundo ele sempre foi o Sidney. Frequentei o cursinho por uma semana apenas, o suficiente para trocarmos o número de ICQ e virarmos amigos virtuais. "Ô-ô." Foi através do pioneiro programa de comunicação instantânea, que fiquei sabendo que ele ia cursar Ciências da Computação na Universidade de São Paulo.

E foi ali, nas ladeiras da USP, dentro do Chapolin (o Golzinho vermelho de duas portas da família), que ele me ensinou a dirigir. O Du sempre gostou de contribuir com todos ao seu redor e estava sempre disponível para quem precisasse de ajuda: "Vou te provar que você tem forças para dirigir um carro manual, Pá!".

Acredito que ele tenha aprendido isso em casa com os pais, que tanto batalharam para dar estudo para os filhos e, ao mesmo tempo, sempre tiveram uma mão estendida para auxiliar quem precisasse. São o tipo de pessoas que fazem o mundo um lugar melhor.

Por isso, não demorou muito para que ele mesmo enxergasse na computação e na programação uma potente ferramenta de contribuição, capaz de facilitar e resolver impasses da vida moderna. E, movido por essa vontade de promover soluções, logo estava fundando suas primeiras startups na área de tecnologia.

O Du tem a alma simples e um coração imenso. Veste sempre a mesma roupa: calça jeans e camiseta preta. Adora beber uma cerveja rodeado de amigos. E porta sempre consigo uma lucidez carinhosa. Acho que ele visualiza que tudo na vida segue de certo modo a lógica da programação: 1) Você tem um problema a resolver ou um objetivo; 2) Define algoritmos ou estratégias para solucioná-lo; 3) Testa o código; e, se der errado, volta à etapa dois.

Por isso, para todo novo desafio que se apresentasse ou para todo conselho que eu pedia, ele proclamava seu mantra pessoal: "Nunca deu errado Pá!" e sorria para mim. Nunca deu errado, porque ainda não havia sido tentado. Para ele a vida era um código que precisava ser colocado em produção. Sair do "mas e se?" e ir para a prática, colocar a mão na massa e avaliar os resultados.

Penso que foi ali nas ruas largas da USP, passando diariamente pela praça do Relógio até chegar no Instituto de Matemática e Estatística que ele se deu conta de que o risco nada mais é que uma combinação de probabilidades. E num universo matemático infinito, não existe o impossível, apenas o improvável.

A minha fé e a matemática dele andavam juntas no tabuleiro do Jogo da Vida.

"volte uma casa"

Quando entrei no meu antigo quarto na casa dos meus pais e visualizei o lençol floral de outrora, minha pequena escrivaninha branca e as mesmas paredes que testemunharam tantas lágrimas, o meu sentimento foi de fracasso. Parada embaixo do batente pintado de branco, eu me perguntava se nunca seria capaz de morar sozinha e viver sem pessoas cuidando de mim.

Assim que o Du se aproximou, eu afastei os maus pensamentos e disfarcei o incômodo. Até porque, se a resposta viesse afirmativa, eu me sentiria uma inválida. Preferi ignorar a pergunta e fatiar o problema em curtos períodos de tempo:

– Amor, vai ser só uma fase, é só para eu dar uma recuperada – disse para ele e para eu mesma ouvir, enquanto ajeitávamos nossas coisas no espaço do dormitório.

Por total incapacidade de prover minha própria alimentação, eu estava de volta ao ninho. Às vezes, estava tão cansada que não dava conta de cozinhar ou fazer um sanduíche no meu apartamento. Fora que eu olhava a comida e ela simplesmente não interagia comigo. Era como um castiçal ou um tênis velho. Você tem vontade de comer um tênis? Era isso que eu via na comida: apenas um objeto. Não me causava nada, mas eu precisava comer.

Passava boa parte do dia, por pura ironia, vendo programas de culinária no canal GNT e sonhando com aquelas comidas que prometiam abrir meu apetite. Ou assistia a filmes ou dormia. Meu único objetivo existencial era ter forças para quando o Du chegasse de noite do trabalho.

No instante em que a campainha tocava, eu fazia questão de levantar e ir abrir a porta da casa dos meus pais para ele, para não parecer uma coitada esperando numa cama. O som do meu chinelinho arrastado denunciava meus passos contados como a goteira lenta de uma pia, até abrir tanto a porta quanto meu sorriso para ele:

– Oi, amor!

– Cheguei – respondia cansado, me dando um beijo enquanto entrava na sala. – Nossa, você não faz ideia do trânsito que peguei, estava tudo parado! Fiquei mais de uma hora parado! E aconteceu um monte de coisa no trabalho também que me deixou irritado...

– Sério?

Eu respondia monossilábica porque isso poupava energia. De vez em quando, ele me estendia algo e dizia "guarda para mim, por favor?". Como eu não tinha a menor condição de ir guardar e voltar, pois isso exigiria muitos passos, na primeira distração dele, eu escondia o item atrás de mim torcendo para ele esquecer do pedido. Às vezes, me dava vontade de rir quando fazia isso, mas eu simplesmente não podia entregar minha dignidade de bandeja. Ele contava cada detalhe do dia dele, o que era ótimo porque escutar não cansava.

– Me conta agora você do seu dia, Pá.

Meu dia? Eu não tenho hora para acordar, não tenho fome, me sinto enjoada, tenho quedas de pressão ao longo do dia, sinto a veia do pescoço pular como se o coração gritasse por ajuda, tento fingir que não o estou sentindo, mas é um esforço descomunal fingir que não o estou ouvindo, porque quando estou sentada numa cadeira sinto ele batendo na cadeira através das minhas costas, vejo ele levantar minha roupa a cada batida e o sinto literalmente batendo dentro de mim a cada instante, como se tivesse um enorme sino anunciando os segundos dentro da minha caixa torácica.

– Foi tranquilo... – e respondia sorrindo.

Apesar de viver um tumulto dentro de mim, muito pouco eu compartilhava com ele. Eu dividia fatos, não sentimentos. Reclamar nunca ajudou ninguém a sair de um problema, muito pelo contrário. Eu tentava fazer parecer que não estava tão ruim, para ser mais leve para todos ao meu redor também.

Se eu estava muito cansada para falar, eu pedia para ele contar do dia dele primeiro e, às vezes, eu fingia que esquecia uma palavra só para descansar no meio de uma frase. Também desenvolvi uma habilidade ninja para pegar as coisas do chão com o pé, a fim de evitar abaixar ou agachar, até porque tinha medo de descer e não conseguir levantar mais, o que seria meio vergonhoso.

Para tudo eu criava uma estratégia, uma saída ou alternativa. Mas nunca assumia que não conseguia algo, nem para mim mesma. Doente é uma palavra que eu nunca disse e nunca aceitei. Por fim, quando não dava para fazer a digna, ainda me restava o humor. Minha mãe anunciava que a janta estava na mesa e todos já estavam sentados. No caminho do quarto à sala de almoço, eu precisava parar no meio do corredor para me apoiar na parede e respirar. Podia sentir os olhares apreensivos em cima de mim nesse momento e então anunciava sorrindo:

– Tartaruguinha está chegando!

Todo mundo ria e o ambiente ficava agradável. Acho que o que me salvava era realmente o bom humor. Fazer piada da desgraça é muito melhor que reclamar. Depois da janta eu e o Du costumávamos ver um filme ou uma série, que por sinal era a coisa mais legal que fazíamos juntos nessa época. Já tínhamos acabado com todas as temporadas de Breaking Bad e estávamos acabando com os catálogos de filmes do "Now" e do "Netflix".

Às vezes, mesmo sem dizer nada, ele percebia uma tristeza em mim e começava a cantar:

– *"Always look on the bright side of life"*[8] – e depois assobiava como no filme Monty Python.

Tudo poderia ser diferente. Poderia. Para melhor e para pior. Poderia ser tudo muito pior.

---

[8] Tradução: "Sempre olhe o lado bom da vida".

avance todas as casas...

Era tarde de sábado. Eu e o Du estávamos sentados na mesa da cozinha da minha mãe. Escutava eles conversando, mas não conseguia participar muito. Minha vontade era deitar minha cabeça na mesa de tanto cansaço. Eu não estava bem e comecei a chorar.

– Pá, o que foi? – perguntou o Du, assustado.

– Filha, você tá bem? – minha mãe veio correndo da cozinha largando o pano de prato.

A fraqueza estava estampada na minha cara.

– Eu estou muito cansada... – nem para chorar parecia ter forças.

Quando você nunca reclama de nada, à primeira queixa todos sabem que se trata de algo sério. Imediatamente, o Du se levantou e buscou as chaves do carro.

– Vamos para o hospital agora!

Eu rezei para conseguir chegar até o veículo. Literalmente. A dois passos da porta do carro, eu pedi: "Meu Deus, me ajuda a chegar no carro, por favor". Sentei e batemos as portas. O Du sinalizou que iria devagar para eu não me sentir mal.

– Corre – foi a única palavra que eu disse e comecei a rezar para suportar até o hospital.

Chegamos ao pronto-socorro. Cadeira de rodas. Prioridade. Coração. Empurraram a maca com pressa pelos corredores e puncionaram uma veia, enquanto faziam o eletrocardiograma. Um medicamento ajudaria o coração a aguentar mais um pouco.

Estávamos eu, o Du e a técnica de enfermagem quando, de repente, as batidas do meu coração começaram a aumentar de um jeito que nunca senti e um incômodo tomou conta do meu corpo. Eu movia a cabeça de um lado para o outro, buscando fugir da sensação que parecia só piorar, enquanto pernas e braços estavam impacientes em cima da maca.

– Não tô bem! Não tô bem! Chama alguém! – supliquei, assustada.

O Du saiu gritando pelos corredores do hospital por ajuda. Estava difícil respirar... Parecia que meu peito iria explodir... Meu coração disparava como um carro de Fórmula 1 sem freio... "Se ele continuar a só acelerar o que vai acontecer, meu Deus?", pensei em algum momento...

Então me lembrei dos desenhos de infância... O Papa-Léguas correndo na TV da sala de casa ao lado do meu irmão... O sofá listrado emborrachado... Ele corria tanto pelos desertos que ele mal percebia quando faltava o chão sob seus pés... e aí só lhe restava inevitavelmente uma coisa... a queda.

Meu coração me levou o mais longe que pôde a vida toda...

Eu já não conseguia mais distinguir o que falavam ao meu redor... Via os lábios do Du se mexerem mas não entendia o que ele dizia. Médicos e enfermeiros se moviam agitados... mas eu estava longe... como se tudo estivesse nublado... como se o som estivesse ficando para trás. A cena foi ficando em câmera lenta... O espaço foi ficando mais claro. Veio mais equipe correndo pela porta do quarto... veio desfibrilador. Os gestos de todos estavam bruscos, mas eu sentia uma aura de paz no quarto.

Eu estava indo... estava indo embora...

No instante em que me dei conta do que estava acontecendo, eu finquei o pé no planeta. Literalmente. Como na capa do Pequeno Príncipe, visualizei o planeta Terra, eu em cima dele e imaginei que dos meus pés saíam raízes que me prendiam ao globo terrestre como se eu fosse uma árvore. Imaginava as raízes crescendo e me prendendo cada vez mais, cada vez mais, enquanto repetia para mim mesma: "Daqui eu não saio", "daqui eu não saio", "daqui eu não saio". As raízes iam crescendo. "Daqui eu não saio". "Daqui eu não saio". Pedi a força do céu, de todos os oceanos, a força dos ventos, a força do sol, a força das florestas, a força do planeta inteiro, a força de tudo que existe e fui imaginando tudo vindo para o meu corpo. "Daqui eu não saio". "Daqui eu não saio". O planeta todo eram raízes. O desfibrilador estava na mão do cardiologista e a um palmo do meu peito quando ele gritou:

– Está voltando!

Foi como se eu tivesse sido sugada de volta por um canudinho espacial. O som voltou. O medo voltou. O susto voltou. Eu e o Du nos olhamos e começamos a chorar. Meu coração começou a desacelerar sozinho...

Eu voltei... eu voltei... Eu fiquei...

Morrer é um lugar tranquilo. Não dói. É algo diferente de qualquer coisa que eu tenha vivido. Um último ato onde deixamos de ser protagonistas para nos tornarmos espectadores enquanto nossos corpos ainda se encontram no palco. Segundos finais de paz e luz.

Pela primeira vez na minha vida, eu realmente senti que estava partindo. Eu não estava perto de morrer, nem nenhum médico estava emitindo minhas passagens de ida. Naquele dia, eu senti como é morrer e, de algum modo, escapei do roteiro original. Agora tanto eu quanto o destino estávamos no improviso.

Fiquei internada uma semana para receber Dobutamina, uma droga vasoativa que aumenta a força de contração cardíaca e facilita a passagem do impulso elétrico pelo coração. Na prática ela era que nem o espinafre do Popeye para mim, era entrar na veia que em horas o defunto levantava.

Minha terapeuta ficou sabendo do susto e foi me visitar no hospital. Adentrou a UTI me buscando com os olhos e abriu um sorriso aliviado assim que me viu. A Van era realmente tudo que eu precisava naquele momento. Quase dez anos antes, quando aquele médico me deu seis meses de vida, minha mãe me colocou na psicoterapia. Acho que ela pensou que seria meio pesado para uma adolescente lidar sozinha com a finitude material. E foi uma das melhores coisas que havia feito por mim.

Vaneska era uma mistura de Monja Coen com a boneca Barbie. Tinha cabelos caramelo abaixo do ombro e pele sempre bronzeada. Ela me viu xingar, chorar, celebrar, temer, ceder. Me viu sonhar infinitas vezes. Sua sala ficava no segundo andar de um sobrado. Quando eu não conseguia subir escadas, ela trocava de sala e me atendia embaixo. Já fui de violão nas costas para a sessão, só para mostrar minhas novas composições.

Lá era meu pequeno refúgio, um porto seguro onde podia entrar em contato com meus maiores sofrimentos e minha escuridão. Era o único lugar em que realmente me abria. Ali eu não precisava ser forte. "Quatro paredes que não me julgam." Foi assim que sempre descrevi a terapia.

Ela fechou a cortina da UTI delicadamente para nos dar alguma privacidade e trouxe uma cadeira para se sentar perto de mim.

– Como você está se sentindo com tudo isso que está acontecendo?

– Me sinto como uma barata... – respondi.

– Uma barata? – ela me olhou surpresa.

– Sim, uma barata daquelas que a gente tenta matar sabe, pisa nela, pisa de novo e ela não morre. A vida está tentando me matar faz tempo. Ela pisa em mim. Pula em mim. Sapateia em cima de mim e quando você olha: a maldita barata ainda está viva. Sou eu.

– Isso é bom – afirmou sorrindo.

– É?

– Baratas sobrevivem até à bomba atômica! – e rimos juntas.

A Van sempre sabia exatamente o que dizer e sabia conduzir o barco da alma na tempestade como ninguém.

por um triz

Dr. Victor chegou animado perto de mim. Explicou que no primeiro cateterismo minha hipertensão pulmonar (HP) estava em "75", o que conforme já havia explicado em consulta para mim, para o Du e para minha mãe, inviabilizaria um transplante de coração.

– Patricia, nós conseguimos! Com o medicamento usado, o novo resultado do exame veio em "50"! – comemorou, esperançoso.

Ele contou que o limite de hipertensão pulmonar aceitável para entrada na fila de espera seria exatamente "50". Fiquei impressionada e espantada. Um décimo a mais e eu bombaria pela terceira vez. Minha hipertensão pulmonar aferiu o *último dígito* possível para ingresso na fila de transplantes. Não foi 49 nem 51. Foi 50 cravado. "Está chegando a hora de entrar na fila de espera, Patricia", disse, antes de se despedir.

No dia seguinte, aguardava apenas a alta médica para ir embora. Minha avó Dalcy e minha tia-avó Dalva me faziam companhia, quando duas enfermeiras entraram no meu quarto:

– Olá, Patricia, viemos passar algumas orientações sobre o pós-transplante para você. É importante que antes de ser inserida na fila de espera você esteja consciente de todas as questões relativas à vida de transplantada.

– Mas eu não entrei na fila...

– Sim, sabemos, mas já estamos orientando – retomou. – Como deve saber, você terá que tomar o medicamento imunossupressor para o resto da vida e você não pode atrasar nem meia hora o remédio, senão corre risco do corpo rejeitar o coração.

Oi? Como assim "rejeitar o coração"? E se rejeitasse, como eu ficaria? Tirariam meu coração, entraria um novo que decide sair, e eu?

– Quem você vai indicar como seu cuidador? – continuou calmamente.

– Cuidador??? – perguntei assustada.

Nesse momento a Vó Dalcy e Tia Dalva começaram a me olhar como alguém que já tinha morrido. Nem elas com mais de 80 anos tinham um cuidador. A enfermeira seguiu explicando que eu ia precisar de muitos cuidados.

A máscara, claro. Que eu deveria andar de máscara em lugares públicos, porque minha imunidade de transplantada seria muito baixa. O protetor solar, já que os medicamentos aumentariam a chance de eu ter câncer de pele. E foram listando as limitações, dificuldades, cuidados... Me senti como uma criança acuada ouvindo verdades indesejáveis. Só queria que aquela conversa acabasse, mas antes fiz uma pergunta final:

– Eu vou poder fazer esportes?

– Não – disse de forma prática.

Quando o Du finalmente chegou para nos levar embora do hospital, eu voltei o caminho todo chorando e dizendo que eu não ia transplantar de jeito nenhum.

Na consulta seguinte, assim que chegamos ao consultório do Dr. Victor, o Du fez uma lista de todas as coisas que eu não conseguia mais fazer e aproveitou e delatou a conversa que aconteceu no hospital:

– Dr. Victor, falaram com a Patricia no hospital sobre transplante e assustaram ela.

– Como assim, Patricia? Me conte o que aconteceu...

– O que aconteceu, doutor, é que eu não vou trocar seis por meia dúzia... Não vou transplantar para viver que nem uma inválida. Limitada por limitada, eu fico como estou!

– Foi isso que te disseram, que você seria inválida?

– Eu não quero viver com uma bomba-relógio dentro de mim. Não quero!

– Bomba-relógio?

– Sim, vão colocar um coração em mim e, se eu esquecer de tomar o remédio, eu morro?! Não quero isso. Não quero essa vida para mim.

Ele começou a entender o que estava acontecendo e disse:

– Patricia, hoje vamos ficar aqui para tirar todas as suas dúvidas. O que você quiser me perguntar, pode me perguntar.

– Se eu esquecer de tomar o remédio por meia hora, eu morro?

– Não, não é assim. Na verdade, se você ficar dias sem tomar o remédio, você terá comprometido a função do seu novo coração, sim. Mas não meia hora.

– Se eu esquecer um dia?

– Não também. Não morre. Mas deixar de tomar um dia inteiro é ruim, não deve. Mas não morre.

– Tá, eu sou obediente com remédio.

– O objetivo do remédio imunossupressor, Patricia, é abaixar a sua imunidade para seu corpo não entender as células do novo coração como "invasoras" e não atacar ele. Por isso não é bom esquecer o remédio. Mas, se você atrasa a próxima dose, ainda tem remédio no seu sangue. Se você atrasar 12 horas, vamos dizer, você vai ter perdido boa parte do remédio. Talvez depois de 24 horas o remédio já não esteja mais no seu organismo, entende? Mas, meia hora não. O que mais você quer saber?

– Eu vou poder fazer esportes?

– Sim, pode. Nada em nível competitivo, mas pode, sim.

– E falaram que eu preciso de um cuidador. Se eu preciso de um cuidador, eu serei uma inválida.

– Não. Na verdade, você estará com doses mais altas de remédio nos primeiros três meses e, por isso, você precisa indicar uma pessoa para buscar seus medicamentos para você. O termo que eles usam é cuidador, mas é apenas alguém que será responsável por retirar seus medicamentos nos primeiros três meses de transplante e levá-los até você.

– E essa máscara? Vou ter que usar sempre em público?

– Não. Apenas nos primeiros seis meses de transplante em locais públicos.

– Eu vou poder comer comida japonesa, doutor?

O Du riu da pergunta e me repreendeu:

– Não é para você fazer pergunta besta!

– Eu quero perguntar tudo agora! – retruquei.

– Está certa, Patricia. Pode perguntar. Nos primeiros seis meses acho melhor não porque é cru, depois pode, mas apenas em lugares que você tenha certeza da procedência. A nutricionista depois vai te explicar alguns cuidados sobre como limpar e higienizar bem alimentos crus.

– Eu posso viajar para neve?

O Du me olhou indignado.

– Desde quando você viaja para neve? – ele me provocou.

– Não viajo, mas quero saber se vou poder se eu quiser...

– Pode, sim. É só você pensar que tem transplantados em países onde neva também.
– Eu posso beber?
– Você nem bebe direito...
– Pode, Patricia – interrompeu o Dr. Victor. – Uma taça de vinho, uma taça de champanhe para comemorar eventualmente, sim. Mas beber muito não precisa, né...
– Sim, não precisa. Mas eu posso ficar bêbada?
Afinal são coisas diferentes. Poder beber e poder ficar bêbada.
– Vamos lá: duas vezes no ano, no máximo, você pode beber um pouco mais. Mas aí você escolhe essas datas, não mais que isso.
– Ok, está ótimo!
E assim, eu fui fazendo uma pergunta mais esdrúxula que a outra, e o Dr. Victor respondendo e rebatendo cada uma com sua calma. Perguntei tudo. Absolutamente tudo que eu queria saber e o que eu não queria saber, mas poderia querer saber um dia.

Terça-feira, 3 de março de 2015
Sinto a chama que queima em mim se apagando. Sou uma vela no final. Dançando devagar. Me sinto fraca. Sem forças para falar. Sem forças para andar. Algo em mim quer dormir. Um sono natural e constante se apodera de mim como se fosse entrar no reino da Bela Adormecida. Me pergunto se minha hora está chegando. Sinto que meu coração está cansado. Não está cansado como quem precisa de descanso. Está cansado como quem cansou de lutar e entrega, a cada dia um pouco, os pontos. E assim me sinto sendo levada sem ter decidido ir. Como um barco num mar sem remo e sem vento. Meus dedos estão brancos, pálidos. Meu sangue não deve estar chegando até eles. Aos poucos meu corpo vai sendo desligado. Mas eu não quero ir. Penso na vida que queria ter. Ter no simples sentido de existir. Busco respostas. Busco sinais. Busco vida. Busco enquanto posso. Enquanto posso encontrar saída.

Decidir trocar o coração não me parecia uma decisão banal. Meus pais tinham medo do transplante por causa da questão pulmonar e receio de que eu não aguentasse a operação. O Du acreditou desde o início que o transplante podia ser uma boa opção para nossa vida a dois de longo prazo.
E eu passava o dia pensando em tudo que estava acontecendo, sobre a opção do transplante, que pela primeira vez era uma possibilidade real e esperando um sinal divino do que fazer. Ficava aguardando um anjo que

estacionaria na minha janela e leria um decreto celestial se deveria transplantar ou qualquer coisa parecida.

Mas, em vez de um telegrama divino com dicas e sugestões, recebia apenas o eco do silêncio existencial. Se mil feixes de luz se encontrassem, todos ao mesmo tempo formando um nó, um centro, um ponto em comum, certamente isso não seria nada perto do que era a minha cabeça naquele momento. Toda minha existência estava contida naquela decisão. Era o maior *all-in* da minha vida.

Cansada de tanto pensar, decidi simplesmente deixar um filme me sequestrar da realidade e segui a dica que haviam me dado de assistir à longa trilogia do Senhor dos Anéis. Sempre preferi filmes históricos à ficção e confesso que estava achando meio boba aquela coisa de pés grandes e orelhas pontudas. Até chegar numa cena em que o Frodo, pequeno aventureiro do mundo mágico, pareceu falar por mim:

– Queria que nada disso tivesse acontecido... – disse o Frodo. Cada letra e cada sílaba ecoaram dentro de mim. Eu também queria, Frodo. Queria não estar em arritmia, não ter que descansar, poder viver uma vida normal... Queria muito...

E então o Gandalf, mago sábio de longas barbas brancas, me respondeu:

– Assim como todos que vivem tempos assim. Mas não cabe a eles decidir. O que temos que decidir é apenas o que fazer com o tempo que nos é dado.

Voltei e assisti à mesma cena umas três vezes. Incrível, às vezes a solidão é tanta que a gente recebe conselhos de magos fictícios através de um eletrodoméstico. Mas Gandalf estava certo. Eu não sabia exatamente o que aconteceria com a minha vida ou onde tudo isso iria dar, mas o que eu tinha e o que me havia sido dado era o dia de hoje.

Desliguei a TV, saí da cama e coloquei a música da Alanis Morissette para tocar. Sempre achei o CD dela, *Jagged Little Pill*, perfeito para momentos tristes ou confusos. É uma excelente trilha sonora. Fui até o espelho do quarto que ficava na porta do armário e me olhei. Achei que eu estava parecendo o Gollum... branca, de lábios pálidos e olhos fundos. Decidi passar um batom roxo desses bem vivos, que nem costumo usar e nem sei por que comprei, mas logo que peguei o bastão na mão mudei de ideia e comecei a contornar por fora da boca, acho que para combinar com tanta coisa na minha vida me parecia igualmente fora de lugar.

Decidi me vestir também. Estava cansada de ficar de pijama o dia todo. Procurei algo confortável mas bonito e acabei vestindo uma saia longa cigana, que havia comprado fazia muitos anos de um ambulante na Praça da República. Me aproximei do espelho, sentei no chão e fiquei me olhando nos olhos. Bem no fundo nos meus olhos. Como se estivesse procurando algo.

Não sei por quanto tempo fiquei me olhando, reparando em cada manchinha da minha íris e a forma como a luz refletia. Tentava ouvir o que meus olhos me diziam. Até que, enquanto me olhava no espelho, me veio um pensamento pronto:

O fogo queima o que não presta, o que não serve mais, o que é passado.
A água limpa o que o fogo queimou. E a terra faz nascer as novas sementes.
Espera o tempo do FOGO. Espera o tempo da ÁGUA. Espera o tempo da TERRA.

Arregalei os olhos e corri para pegar papel e caneta antes que esquecesse: "Limpa... Sementes... Fogo" e fiquei relendo várias vezes e tentando entender o significado. Eu pedi tanto um sinal, mas acho que tinha que ter pedido para terem mandado o Alan Turing junto para decodificar a mensagem, porque na prática eu não entendi o que aquilo queria dizer.

Vaneska chegou no salão de festas do prédio da minha mãe para mais uma sessão de terapia. Todo rodeado de vidros fumê e decorado com sofás de couro verde escuro, o amplo ambiente desapiedado contrastava com o aconchego da sala da Van e revelava a quem passasse nossa presença ali. Mas era o melhor que tínhamos no momento, considerando que eu ainda conseguia chegar até ele.

Nossos encontros ultimamente lembravam mais minimeditações em função da minha falta de fôlego: longos silêncios pausados por palavras a conta gotas. Contei para ela sobre as frases que me vieram à cabeça e, em certa altura da sessão, ela me olhou nos olhos como quem tentava navegar no tumulto que eu não conseguia colocar para fora e perguntou cirurgicamente:

– O que te vem na mente sobre o seu futuro? – e manteve o rosto altivo.

Ela não exalou dó e nem aspereza. Era uma pergunta sincera. E talvez por isso me pegou de surpresa. Respirei fundo e aceitei o desafio. Fiquei pensando, enquanto ajeitava o corpo desconfortável.

– Eu vejo uma árvore seca – respondi.

– Seca? – perguntou, um pouco surpresa.

– Sim. E um deserto. Um deserto e nele há apenas uma árvore seca. Todos os galhos estão secos.

– Essa árvore é você?

– Sim. Mas o que ninguém vê é embaixo do deserto. Lá tem muitas raízes. Muitas e muitas raízes. Eu sou uma árvore seca, no deserto com muitas raízes, o deserto todo embaixo são as raízes... Tem algum significado isso? – perguntei, confusa.

Pode significar que você está bem presa ainda. O que tem raiz ainda não morreu.

Às vezes me perguntava se o sinal que eu tanto esperava estava na minha cara e eu não estava vendo. Ou quem sabe eu tivesse perdido ele. Passou. A verdade é que a fé é uma das melhores coisas do mundo, mas a mesma fé que salva também cega. Porque, por acreditar que eu podia melhorar – como por várias vezes foi verdade –, eu seguia aguardando repetir o feito e assim deixava a inércia ditar o meu caminho.

Foi então, numa tarde despretensiosa e não durante uma prece fervorosa ou uma ponderação meticulosa, que o sinal que tanto esperei se revelou. Vi ele refletido nos olhos dos outros e em suas expressões mais sutis. Aquelas que as pessoas se esforçavam para conter quando iam me ver, que sussurravam que eu estava simplesmente "muito mal". "Pobrezinha."

A Sônia foi me visitar de tarde e eu a estava atualizando sobre os pareceres médicos à prestação de fôlego. Contei das pessoas com quem tinha conversado e dividi com ela meus receios. Notei que ela me olhava diferente. Ela nunca tinha me olhado assim antes. Nem nos meus piores momentos. O meu reflexo talhado na fisionomia alheia foi mais revelador que qualquer ressonância: eu estava condenada e o passado era uma ponte pegando fogo para a qual já não dava para voltar.

– Patricia, que vida é essa? Você não sai dessa cama há meses. Está presa! Isso não é vida! – falou com um misto de desabafo e desespero como se quisesse me sacudir.

Me assustei com suas palavras. Virei o rosto para janela tentando fugir do que havia escutado e encontrei o céu azul de final de outono. Acho que eu fui perdendo tudo tão lentamente, tão homeopaticamente ao longo de décadas de vida, que não tinha percebido que o que me restava era realmente muito pouco. A Sônia foi embora e eu fiquei ali sozinha deitada em minha cama no quarto escuro, pensando em tudo que estava acontecendo.

E se as respostas da nossa vida estiverem exatamente em tudo aquilo do qual fugimos tanto? E se nossa melhor saída aguarda justamente na porta pela qual lutamos para não passar? Foi então que me lembrei de uma piada:

"Está acontecendo uma enchente e um homem vai para o teto de sua casa se abrigar. Passa um barquinho para resgatá-lo e ele nega a ajuda dizendo: 'Deus vai me salvar!'. E o barquinho vai embora. Passa um bote dos bombeiros e ele nega a ajuda dizendo: 'Deus vai me salvar!'. Passa ainda uma terceira canoa e o chama e ele nega: 'Deus vai me salvar'. Por fim ele morre afogado. Quando chega ao céu, indignado com Deus, ele reclama: 'eu confiei que você iria me salvar, Senhor!'. E Deus responde: 'eu mandei três barcos, você que não entrou!'"

Fiquei me perguntando se eu ia chegar no céu e Deus me dizer: "Eu tentei te salvar, você que não entrou na fila do transplante". Vai ver era aquela minha última chance e eu precisava pegar o trem que já partia a todo vapor do terminal. Talvez o transplante fosse o milagre.

Quarta-feira, 25 de abril de 2015

Sei que estou mal porque pela primeira vez na minha vida sinto inveja. Sinto inveja da saúde dos outros. Da risada de felicidade. Do bem-estar. Dos pulmões. Da respiração. Dos lábios vermelhos. Do pulso. Acho que não tenho forças nem para chorar muito. Nem para buscar ou para poder me salvar tenho muitas forças. Queria uma caverna para ficar lá encolhida e escondida. Acho que estou me atacando. Me coço o tempo inteiro sem ter motivo para isso. E sinto prazer quando me coço ou me machuco. Talvez seja uma forma de externar essa dor interna que não me cabe e aliviar um pouco o lado de dentro. Poderia me bater, me estapear. Consigo me visualizar fazendo isso. E acho que me sentiria mais leve e melhor depois disso. Acho que me perdi. Em que curva do caminho me esqueci? Fui me desfazendo que nem pó e não vi o vento levar. Sou um borrão do que era.

a espera

Quando uma guerra se aproxima, medidas começam a ser tomadas visando garantir a sobrevivência em tempos difíceis. Raciona-se comida e água. Constroem-se abrigos de bombas e ataques. Corta-se o supérfluo e foca-se apenas no indispensável à manutenção da vida. Aqueles que têm condições são convocados a servir.

    Meu corpo estava em plena campanha e, a despeito das minhas vontades, como se existisse um quartel-general interior, saiu desligando tudo dentro de mim. Coração bombeava apenas para ele mesmo, pulmão e cérebro. O resto foi desativado. Rins já dependiam há anos de diuréticos, estômago enjoava para não trabalhar e intestino estava mais parado que lagarto debaixo de sol.

    Minha menstruação havia estancado havia dois anos sem nenhum motivo aparente e nenhum ginecologista sabia explicar o porquê. Não tínhamos sangue a perder. E falando em supérfluo, quem precisa de cabelo? Como traidores que perceberam a crise que se aproximava, tufos e mais tufos da minha cabeleira se arremessavam da minha cabeça gritando: "abandonar navio!". Até meus cílios se jogaram. Parecia que eu fazia quimioterapia, mas era apenas meu coração não mandando sangue para boa parte do meu corpo.

    Voluntários se apresentavam para ajudar:

– Patricia, vamos tomar banho agora? – perguntava minha mãe.

E assim começávamos o ritual. Ela me ajudava a caminhar até o banheiro e a tirar minha roupa. Colocava um banquinho no box do banheiro, onde eu me sentava, e ligava o chuveirinho. Ela me ensaboava, me enxaguava e me secava. O pouco cabelo que me restava só lavávamos quando tinha outro voluntário disponível para secar para mim, pois eu não aguentava segurar mais o peso do secador.

Às vezes, ela separava o próximo pijama na cama e cabia a mim vesti-lo. Eu olhava o pijama, olhava meu corpo e pensava da onde ia tirar coragem para me enfiar naquelas peças de pano. Estava completamente dependente, como uma cidade sitiada sem provisões de abastecimento e condenada a perecer.

Sirenes de vez em quando soavam no recinto. Era o telefone! Cada vez que ele tocava era um susto, poderia ser o coração, mas nunca era. Até a Fafá de Belém ligava em casa para vender algo – que não sabíamos o que seria porque desligávamos cada vez que ouvíamos "Oi, eu sou Fafá de Belém e..." – mas nada do coração.

Tentando me distrair do meu sofrimento, meus pais compraram um quebra-cabeças enorme a meu pedido e eu comecei a tentar montar na mesa da sala. Minha tia também trouxe algumas telas pequenas, pincéis e tintas, sabendo que sempre tive vontade de aprender a pintar. Mas, após alguns minutos sentada, eu precisava ir deitar, porque ficar sentada me cansava. Eu precisava deitar e descansar de ter ficado sentada, algo que para mim mesma parecia surreal.

Quando voltava para cama não havia muito a fazer. Às vezes, ficava o dia todo imaginando que mergulhava dentro de um abismo negro, um buraco bem profundo dentro de mim. E ficava ali na minha mente admirando a minha queda livre. Eu podia quase senti-la. A alma deve ser "profunda" mesmo, porque eu ficava horas me imaginando caindo e nunca chegava no fim.

Aguardava ansiosa, todos os dias, o momento de tomar o remédio para dormir. Era minha hora mais feliz: as horas em que eu não estava nelas. Comecei a sentir medo. Medo de ter demorado para entrar na fila de espera. Sentia que, se o coração demorasse uma semana para chegar, talvez eu não estivesse mais ali para receber. Eu não conseguia me imaginar *existindo* na semana seguinte.

Mas, de tudo, o mais desesperador e torturante para mim era ver minha mente, ainda saudável, cada dia mais prisioneira dentro do cárcere do meu corpo. Eu escutava as pessoas conversarem ao meu redor e muitas vezes tinha algo a dizer. Mas amordaçada pela falta de energia, os pensamentos iam ficando presos dentro de mim. Minha alma definhava cada vez que minha voz era abafada por esse coma consciente.

Quantas vezes a vida é capaz de bater em você e você se levantar? Às vezes imaginava minha vida num ringue: eu cheia de sangue, desdentada, machucada após tanto apanhar. Incontáveis foram as vezes que sequei o sangue e as lágrimas, me levantei e segui. Mas a intensidade do sofrimento que estava passando era demais para mim.

Eu aceitei as limitações a vida inteira sem reclamar. Ah, Dona Morte... eu sei que você me desejou por muito tempo. Fique tranquila. Agora sou eu que vou até você. Cansei de ver meus planos jogados ao chão e sonhos despedaçados. Cansei de sofrer e ver tudo que amava explodir pelos ares. Eu vou correndo te encontrar. Correndo com toda minha força.

Mas dessa vez, eu vou para te matar.

PARTE III

é tempo
de guerra

é tempo
de guerra

Me levantei da cama e caminhei até cada cômodo da casa para me despedir de todos. Pedi perdão a quem precisava e forças para quem podia me dar. Precisava ir leve, sem pendências. Toda energia que me restava tinha que ser para mim.

Me demorei nos abraços como se estivesse numa estação de trem prestes a embarcar para a frente de batalha.

– Queria levar um amuleto de vocês comigo – disse aos meus pais.

Meu pai foi até seu armário e me trouxe três pedrinhas: uma verde água, uma ametista e um cristal branco.

– Quando você nasceu eu fazia minha prece segurando elas. Peça a força de todos os seus ancestrais quando você rezar, Patricia.

Fiquei admirada que, em 29 anos de vida e quinhentas internações, ele só me contou isso nesse momento. Minha mãe buscou em seu criado-mudo um pequeno cristal que tinha a imagem de Nossa Senhora esculpida por dentro.

– Pede para Maria jogar seu manto sagrado sobre você, minha filha. Eu vou pedir todo dia também.

Guardei tudo num saquinho de bijuteria como um pequeno tesouro.

– Preciso passar num lugar antes...

Peguei o elevador e desci para o oitavo andar do prédio, onde morava minha segunda família. Foi estranho apertar a campainha e pensar que talvez eu estivesse pisando no chão verde do hall de entrada e vendo aquelas pessoas pela última vez. Os pais da Ligia, tio Gelson e tia Maria Amália, me receberam junto da minha amiga e, ao passar pela porta de serviço do apartamento, eu adentrei aquela que era minha realidade paralela favorita...

Sentados os quatro em volta da mesa de madeira da cozinha de seis lugares: tio Gelson na ponta da mesa; Ligia e tia Maria Amália de frente uma para outra e eu ao lado da Ligia, cresci alimentando o corpo e a alma. Do cheiro de sopa feita na panela de pressão às longas explanações sobre filosofia e religião, só havia boas lembranças.

Todo mês de dezembro, iniciávamos juntos meu ritual predileto: produzir novos enfeites para árvore de Natal deles a partir de caixinhas de fósforos e de sabonete vazias, embrulhando-as como pequenos presentes. E, com cartolina, produzíamos manualmente os cartões que iríamos enviar. Como minha casa nunca teve árvore de Natal, tão logo tive dinheiro eu comprei uma pequena e coloquei no meu quarto, dando continuidade à tradição.

Éramos pré-adolescentes quando começou a moda dos filmes de terror como "Pânico" e "Eu sei o que vocês fizeram no verão passado". Tio Gelson disse que não deveríamos ver os tais filmes, mas não nos proibiu:

– Filhas, a memória no cérebro funciona de forma holográfica. Que nem o símbolo da Visa no cartão de crédito. Você pode partir mil vezes aquela imagem que você continua vendo a imagem inteira, ainda que menor. O mesmo funciona no cérebro, nada se perde, tudo com que vocês entrarem em contato ficará armazenado para sempre e vocês carregarão consigo. Vocês têm que se perguntar se querem carregar isso com vocês.

A gente, por óbvio, assistiu aos filmes atendendo o imediatismo da idade. Mas eu nunca mais me esqueci do que ele disse e depois desses não vi mais nenhum filme de terror na minha vida, apenas películas e livros sobre histórias positivas e felizes. À certa altura da vida, eu já tinha bastante coisa boa guardada na minha cabeça e lá no meio um assassino mascarado.

O apartamento 81 era para mim uma nuvem mágica. Lá nunca assistíamos à TV, apenas discutíamos ideias. Fossem as peças de teatro que eu e a Ligia escrevíamos, dirigíamos e atuávamos; fosse nosso sonho de fundar o MCB – Movimento pela Conscientização Brasileira, apesar de não sabermos sobre o que exatamente queríamos conscientizar. Mesmo as ideias mais estapafúrdias eles escutavam com verdadeira atenção.

Uma biblioteca infinita vivia dentro do Tio Gelson e um poço cristalino de razão e bom senso, na Tia Maria Amália. Lembro do dia que o Tio Gelson arrastou o saleiro pela mesa para perto de mim e me perguntou:
– O que é isso, Pati?
– Sal, tio.
– Tem certeza? – perguntou numa provocação carinhosa.
A expectativa pairava no ar. Era um convite a mirar a realidade que nos cerca com outros olhos e ampliar as possibilidades. Pó, branco, fino... "Pode ser açúcar", completei. "Muito bem, filha", me respondeu satisfeito, afinal não é porque estava dentro de um saleiro que é garantia de ser sal. Sempre fomos incentivadas a questionar, sonhar e pensar além da caixinha.

Foi inspirada nele, que era mestre maçom grau 33, que tive o desejo de ingressar na Ordem Internacional das Meninas do Arco-Íris. Uma ordem paramaçônica dedicada à edificação do caráter de meninas, que aprendem liderança por meio de serviços comunitários. Basicamente todo sábado, pontualmente às sete horas da manhã, me reunia com outras meninas para discutirmos como levantar fundos para nossas ações filantrópicas.

Na minha juvenil gestão como chefe da Comissão de Eventos e de Filantropia, organizamos um baile de Anos 60 que arrebentou a boca do balão em termos de arrecadação e presença, e com essa verba fizemos uma ação especial de Páscoa levando mantimentos para um abrigo de deficientes mentais. Tentei inovar na escolha da instituição beneficiada, porque as pessoas raramente recordam dos adultos com necessidades especiais.

Com carinho, confeccionei rabinhos de algodão e tiarinhas de orelha de coelho para todas as meninas usarem nessa data e confesso que não tinha imaginado que seríamos confundidas pelos pacientes com as coelhinhas da *Playboy*. A ação, de todo modo, foi um tremendo sucesso. Segundo eles, nossa chegada foi "inesquecível".

Mas, de tudo que pude exercer como uma menina do arco-íris, a função que verdadeiramente mais amei foi a de Chefe do Cerimonial. Eu era incumbida, entre outras coisas, de carregar e segurar a bandeira brasileira durante o hino nacional que cantávamos antes de cada sessão. Aprendi que nesse percurso deveria andar sempre reto e de cabeça erguida, não devendo nunca fazer uma curva a cada virada, mas sim um ângulo de 90 graus, simbolizando que nós não nos desviaríamos dos desafios na vida, mas os encararíamos de frente.

Não desviar dos desafios. Foi exatamente com esse sentimento que eu fui até a casa da minha segunda família naquela noite de domingo e era exatamente por isso que estávamos reunidos eu, Ligia, tio Gelson e tia Maria Amália ao redor da tão simbólica e amada mesa de madeira escura:

– A minha sensação nesse momento é que estou reunindo cuidadosamente minhas melhores armas e passando a tinta na bochecha... – desabafei para eles.

Eu partia para encarar de frente e eles, como médicos, entendiam o que estava por vir. Esperar o coração em casa estava insustentável e, na próxima vez que fosse para o hospital, minha passagem muito provavelmente seria apenas de ida. Me despedi deles e, antes de seguir para o elevador, fiz como fazíamos todas as noites em que dormia lá:

– Bênção, tio. Bênção, tia.
– Deus te abençoe, minha filha.

Eles fizeram o sinal da cruz na minha testa e assim eu parti levando meu terceiro amuleto.

Na manhã seguinte, meu pai me levou para o pronto-socorro do Hospital do Coração e lá se manteve jogando pôquer online ao lado da minha maca como se estivéssemos esperando um lanche no restaurante. A leveza dele ajudava a disfarçar a gravidade da situação. Olhei o cenário apático ao meu redor e tentei me lembrar de onde tinha vindo a coragem da noite anterior que havia me levado até ali. Confesso que não a encontrei e cogitei pedir para ele me levar de volta para casa enquanto ainda era tempo, mas quando vi já estava cercada de pessoas.

E assim começou a mágica. Como uma noiva se vê rodeada de costureiras, maquiadores e cabeleireiros, eu estava igualmente sendo "preparada". Havia apenas menos glamour, mas não menos zelo e atenção. De um lado, me colocavam a pulseirinha do hospital no pulso, trocavam minha roupa pela camisola; do outro lado, puncionavam uma veia. Me auscultavam como quem checa se a maquiagem está perfeita. Tiravam minha pressão com a atenção de não deixar nenhum fio solto para fora do penteado. Estava pronta. Era oficialmente uma paciente. A maca começou a se movimentar e eu relaxei o corpo enquanto passava pelos corredores do hospital.

Já era noite quando cheguei na UTI. Entrava pouca luz no box em que me colocaram. A cama cinza, o cobertor verde, as paredes beges e eu. Aos poucos, as pessoas que estavam trabalhando foram descobrindo quem era a nova paciente e o que eu "fazia". Na prática, não fazia nada há muito tempo, até um quebra-cabeças tinha feito parcelado nos últimos meses, imagine qualquer outra coisa. "Sou economista", respondia.

Era engraçado ver a reação dos profissionais. Acho que economista é uma palavra que vem associada a "oportunidades de ganhar dinheiro". "Ah! Depois vou te fazer uma pergunta, então!", e saíam animados.

Enquanto isso, eu torcia para eles esquecerem a pergunta. Não tinha forças para responder aos questionamentos deles, precisava descansar. Rostos simpáticos paravam de vez em quando no meu box: "Você acha que é um bom momento para comprar imóveis?". Eu tinha vontade de rir, pena que não tinha forças. Eu lá fazia ideia? Era um bom momento para não morrer, no meu caso. Mas as pessoas eram tão boazinhas que eu precisava dizer algo:

– Olha, eu estou longe do mercado faz um tempo. Não me sinto confortável para dar opinião – à la Glória Pires comentando o Oscar.

Era tudo que conseguia dizer. Me perguntaram qual seria um investimento melhor que a poupança. Me perguntaram se previdência privada era bom. E teve outra pessoa que me contou todo um "causo" porque estava muito em dúvida se comprava um apartamento ou não.

– Desculpa, eu estou muito cansada. Posso responder depois?

– Claro! Descansa! Depois falamos mais!

Se em algum lugar do meu ser eu ainda era uma economista, o meu melhor investimento era guardar cada célula de força para lutar e meu lucro era viver mais um dia. Meu patrimônio? O pouco de vida que ainda pulsava em mim e que eu queria fazer multiplicar.

o quartel

A rotina espartana da UTI começa cedo. Às quatro horas da madrugada, chegam as chapas de raio-x e, às cinco horas, as coletas de sangue. Às seis da manhã, o café da manhã desponta no corredor para desespero dos inapetentes, e assim segue o dia todo. Horários são rigorosamente cumpridos e tudo é meticulosamente anotado. Medicamentos, fisioterapia, exames.

Meus companheiros de quartel eram em sua maioria velhinhos sedados e entubados. Pessoas conscientes eram bem raras ali. O ambiente ficava o tempo todo com luz artificial ligada pois não havia janela nele e eu mantinha alguma orientação se era dia ou noite pelas rotinas diárias: pela hora do banho, pelas refeições que chegavam. Mas, honestamente, se eles mudassem tudo aos poucos acho que eu nem iria desconfiar.

O treinamento de sobrevivência na selva começava com o desafio da ausência de banheiro. Impossibilitada pelas regras do ambiente de sair da cama, me restava mijar e cagar ali mesmo na cama onde residia. O banho também seguia uma simplicidade rudimentar. Após esquentar a água em bacias, duas técnicas de enfermagem me despiam e começavam o processo.

Me ensaboavam e, no tempo de retirar o sabonete, a água já estava gelada e, somada ao ar condicionado, me fazia tremer toda como um ratinho pelado a cada banho.

Nesses momentos, eu me perguntava como a comadre e as bacias do banho tinham passado ilesas pelos séculos, sem ninguém ter inventado uma forma mais ergonômica de urinar na horizontal ou mais eficiente de dar banho deitada. Com tanta tecnologia no mundo, será que nenhum engenheiro nunca esteve numa UTI? Mas, de tudo, o isolamento e a solidão eram sem dúvidas para mim a pior parte de se estar ali.

Só via pessoas conhecidas duas vezes ao dia, por no máximo uma hora. Era como um banho de sol programado. Na hora de dormir, para me sentir menos sozinha, eu costumava dar a mão a mim mesma. Fechava os olhos e imaginava que tinha alguém ali comigo.

Esperava que em breve me liberassem da UTI e me deixassem ficar no quarto, mas ainda não havia previsão. Estava com o pensamento longe quando reparei no som de um batuque. Deitada, rodeada por uma UTI mais calma naquela hora da noite, não dei atenção. Achei que ia parar. Mas o batuque continuava em batidas sequenciais desritmadas.

Foi quando me dei conta de que era meu vizinho, Sr. Salvatore, que estava batendo a mão insistentemente na cama dele. Ele tinha tido um AVC e isso prejudicou a área da fala no cérebro, de modo que ele havia perdido momentaneamente – ou não (não era possível afirmar ainda) – a fala. Eu sabia por que ficava ouvindo o que os médicos e os enfermeiros falavam quando estavam com ele, do outro lado da cortina.

Eu sabia o quão surreal era se ver preso ao próprio corpo, sem conseguir se comunicar. No entanto, evitar falar é diferente de não conseguir falar. Nessas horas eu agradecia por ainda conseguir me expressar. Notei que ele persistia no batuque. Nada muito estrondoso, porque quem está ali está fraco, mas ele batia e batia... Até que não me aguentei e arrisquei:

– Sr. Salvatore, se você está tentando chamar alguém, para de bater.

Na mesma hora parou de bater. Ele entendeu! Fiquei surpresa. Porque ele poderia ser só um velhinho meio pinel fazendo barulho – já vivi isso outras vezes. Então ele realmente está consciente dentro de um corpo que não consegue falar!

– Eu vou chamar alguém assim que eu vir – respondi ao silêncio e ele se manteve sem bater.

Em alguns minutos alguém passou e eu chamei com a mão:

– Oi, acho que o senhor aí do lado está precisando de algo.

– Ah! Ok, vou checar – respondeu a técnica, que ficou ali um tempo tentando entender se ele tinha fome, vontade de fazer xixi, se queria que mudasse o canal da tv ou nada disso. E, no fim, ela chamou a fonoaudióloga para ajudar nessa tarefa.

Desse dia em diante, toda vez que ele queria chamar a enfermeira, ele enviava um código morse de exatas três batidas na cama "Toc-Toc-Toc" e eu respondia: "Fica tranquilo que eu vou chamar". Era o nosso diálogo, ainda que sem palavras de um dos lados. Só nós sabíamos o significado do que estava acontecendo ali: eu era a voz daquele que não conseguia falar.

A gente nunca chegou a se conhecer, infelizmente. Alguns dias depois ele já teve alta. Acho que ele teria me agradecido. De todo modo era eu quem tinha a agradecer. Ajudá-lo, sem dúvidas, renovou meu ânimo.

os papéis amarelos

Eu estava esperando um coração que poderia chegar a qualquer momento: em um minuto, em uma hora, em um mês, em um ano. Também podia nunca chegar. Mas eu acreditava todos os dias que aquela era a semana em que o coração iria chegar. Se não fosse assim acho que iria pirar e, exatamente por isso, não conseguia relaxar.

Mandei uma mensagem para minha mãe e pedi para ela me enviar na próxima visita papel amarelo e caneta. Amarelo, porque de branco e bege já bastava aquela UTI. Eu precisava de um pouco de cor e de vida! E papel porque eu acreditava no poder do pensamento e acreditava que ficar se lamentando nunca ajudou ninguém. Precisava botar em prática isso mesmo ali dentro. Pensamentos são energia que atrai para nós aquilo que queremos. E palavras escritas são gatilhos de pensamentos. Cada vez que lemos, automaticamente pensamos e emanamos.

Quando o material chegou, eu peguei a caneta e, olhando para a folha, me perguntei o que eu queria da vida. E então escrevi bem grande, com força, vontade e confiança naqueles papéis:

"VEM CORAÇÃO"   "CORAÇÃO DE ATLETA"   "SUCESSO"

Tudo começou com essas três mensagens. Pedi para o pessoal que estava cuidando de mim colá-las bem na minha frente para eu ficar olhando para elas o dia todo, como se fossem a minha televisão. Enfermeiros e médicos que entravam no meu box para cuidar de mim, me vendo quieta olhando para parede, tentavam puxar assunto:

– Você não quer ver TV, Pati?

– Não, obrigada. Só passa notícia ruim – respondia. E de notícias ruins já bastavam as minhas.

Outros acabavam por notar os papéis. Olhavam para mim, olhavam de volta para os papéis, até que por fim não se aguentavam:

– Por que "coração de atleta"? – afinal minha imagem não condizia muito com aquelas palavras. Eu estava parecendo um ratinho morto.

– Eu vou ter que trocar de coração, não vou? – respondia calmamente – Então... Agora quero poder fazer tudo que nunca pude fazer minha vida inteira.

O silêncio e a cara deles gritavam o estarrecimento. Talvez eles quisessem poder dizer: "Querida, se um coração sequer chegar, você comemora". Mas eu nem ligava. Se cara de médico me assustasse, eu já tinha morrido havia muito tempo.

Lembro-me de quando disse para a Vaneska numa sessão aos 20 anos de idade "que eu não queria muito da vida, queria só poder andar de bicicleta". Naquele momento, dentro de uma UTI a única convicção que tinha é que, se iria receber um novo coração, dessa vez eu queria um coração com pacote completo. Em nome de todas as bolas de vôlei que tive de devolver, de todas as vezes que sentei na arquibancada da escola para assistir à Educação Física. Por cada vez que respondi sorrindo "não, obrigada", quando no fundo tudo que queria era dizer "sim, eu topo!".

Comecei a mentalizar que teria um coração perfeitamente saudável: meu tão sonhado CORAÇÃO DE ATLETA. Em seguida, decidi fazer uma lista com tudo que eu iria fazer quando ficasse boa. Olhei para o meu coração cansado e me perguntei: "o que eu queria poder fazer?". Sentada, com as pernas cobertas pelo lençol, comecei a escrever item a item do que vinha a minha mente. Só itens de luxo, meus verdadeiros sonhos de consumo:

"Nadar. Andar de bicicleta. Correr. Fazer academia com o Du. Fazer mercado com o Du. Separar nossas roupas para lavar. Arrumar nossa casa. Cozinhar. Viajar. Dançar. Sair com os amigos. Ir para a praia. Aproveitar os casamentos. Fazer churrascos para amigos. Transar muito. Andar de patins. Trabalhar. Poder brincar com a Maria Eduarda (minha sobrinha que ia nascer). Casar. Velejar."

Achei que a lista estava bem decente.

sonho, delírio ou spoiler?

Quando entrei na antiga loja da Monumento Sports, na Rua Silva Bueno no Ipiranga, fiquei extasiada por simplesmente me ver naquele ambiente. Rodeada de artigos esportivos, como óculos de natação, raquetes de tênis, bolas de futebol, eu admirava cada item como uma criança miraria uma vitrine de doces.

    Um atendente se aproximou, perguntou se poderia me ajudar e eu abri um sorriso do tamanho do mundo por saber as palavras que estava prestes a dizer:

    – Sim, você tem bola de vôlei?

    – Tenho um modelo, vou pegar para você ver.

    Enquanto aguardava, saboreava o local e aquele cheiro de plástico maravilhoso. Ele me trouxe uma bola toda verde e amarela fluorescente exatamente das cores do Brasil. Era a coisa mais linda que já tinha visto na vida. E ainda me convenceu, quando eu disse que nunca tinha jogado, que deveria considerar comprar também um par de manguitos, apesar da pelota ser macia.

    Segurar aquela bola nas minhas mãos sabendo que era minha foi uma sensação difícil de descrever. Aprendi a levantar a bola, dar manchetes, sacar por cima e baixo. Minhas mãos ardiam a cada cortada e eu nem ligava.

Ao fim do jogo, olhei para os meus braços inteiramente roxos, completamente marcados e chorei de emoção.

Jana entrou sorrindo no meu box, com seu carrinho azul e bege, para uma das quatro coletas de sangue do dia. Ela parecia ter uma idade próxima da minha e tinha um cabelo negro, longo e liso. Avaliava meus braços que pareciam um campo minado de tantos roxos cuidadosamente procurando uma brecha. Olhou um, olhou o outro. Apalpou com as mãos. Via na expressão dela a dificuldade.

– Pati, estamos sem veias. Você já está muito machucada.

– Também, eu não entendo para que me furar quatro vezes ao dia – comentei esperando que ela cancelasse a coleta de sangue.

– Vamos ter que furar o pé.

– O pé? – me assustei.

– Sim. Preciso colher seu sangue, Pati. Vai ter que ser pelo pé.

Um instante de silêncio se fez. Ela viu que fiquei abalada. Virei o rosto e pedi para ela me avisar quando fosse picar. Eu nunca gostei de ver o procedimento. Enquanto ela amarrava a borrachinha para cortar a circulação, acabou notando os papéis amarelos atrás dela e perguntou:

– O que é isso na parede?

– Eu coloquei nos papéis o que eu quero da vida para ficar lendo o dia todo.

– Que legal, Pati! E você tem mais papéis amarelos?

– Tenho.

– Posso escrever algo para você?

– Pode – respondi surpresa e curiosa. O que será que ela escreveria? Uma outra palavra?

Assim que finalizou a coleta, Jana pegou um papel amarelo e começou a rabiscar em vez de escrever, e eu não conseguia entender os traços que sua mão fazia em cima do seu carrinho. Aguardava ansiosa ela acabar, mas ela nunca terminava. Até que ela pegou um pedaço de durex, colou na parede, me mandou um beijo e saiu.

"MAR CALMO NUNCA FEZ BOM MARINHEIRO"

Sorri para parede. Do lado da frase tinha o desenho de uma âncora. O que aquele desenho significou para mim é difícil até hoje colocar em palavras. Naquele dia, ele foi a minha âncora para não ir embora dessa vida.

Sexta-feira, 5 de junho de 2015
Abra a janela. Respire fundo. Sinta o ar entrando nos seus pulmões. Sinta-se vivo. Você sabe quantas pessoas não conseguem abrir a janela, ou não conseguem respirar fundo, ou não sentem seus pulmões abrindo, e não se sentem vivos?

Enquanto você está aí reclamando do seu chefe, que ganha pouco, que algum idiota te deu um fora ou qualquer coisa semelhante, tem pessoas que dariam tudo para simplesmente poder trabalhar e viver. Acho que o que me revolta não é a vida que me falta, mas a vida que sobra e tantas pessoas desperdiçam, perdendo a oportunidade de serem felizes por motivos bestas, preocupações desnecessárias e problemas irreais. Ontem tiraram sangue do meu pé porque os braços já não aguentam mais. Isso me abate? Não! Eu levanto a cabeça e sigo em frente, com o máximo de dignidade que a situação me permitir ter. E você? Desiste no primeiro obstáculo? Fraqueja no primeiro "não"? Se assusta com a primeira coisa que der errado no caminho do seu sonho?

Sonhos. Sonhos não me frustram. Sonhos me alimentam. E sabe quantos sonhos já deixei no caminho? Não tem problema. Sou uma máquina fazedora de sonhos. Na impossibilidade de um, eu crio outro, e vida que segue. Porque a vida é bela demais para que um segundo seja perdido. Enquanto sua sobrancelha franze ou sua cabeça se abaixa, um passarinho canta, a brisa encontra sua bochecha, alguém sorri do outro lado da rua, uma música toca, e essa orquestra magnífica chamada Vida se apresenta sem que às vezes você note.

Não faço ideia da temperatura lá de fora. Estou do lado de cá da janela. E você?

A iniciativa da Jana acabou gerando um efeito manada do bem na minha vida. Quem notava a mensagem dela logo dizia: "eu também vou deixar uma mensagem para você!". E assim novas frases foram chegando para compor meu mural. Tinha gente que eu cutucava mesmo: "você não quer escrever algo para mim?". Era um jeito de buscar uma novidade no meu dia. Tive até que pedir mais papel amarelo para minha mãe. Quando estava difícil, eu lia: "Vem coração", "Sucesso", "Coração de atleta". E ia lendo na sequência as frases uma por uma. Aquilo me acalmava.

Outras pessoas deram contribuições para esse mural sem usar palavras. Minha madrinha, Maria do Carmo, me trouxe bonequinhas para pendurar com ventosas na parede. E minha prima Carol, que era residente de Medicina, apareceu um dia de surpresa na UTI para uma passada rápida e, toda alegre, contou que havia feito um presente para mim junto com os pacientes dela do Hospital Dante Pazzanese:

– Tsurus são muito comuns na cultura japonesa, Pati. Eles acreditam que se você fizer mil dobraduras desses passarinhos, que são sagrados no Japão, seu desejo se realiza – explicou carinhosa enquanto me entregava o fio de nylon com diversos passarinhos coloridos.

Cada um era de uma cor: laranja, azul, rosa, de bolinhas, estampados. Eles trouxeram mais cor e vida para o meu box. Por causa deles, acabei sendo carinhosamente apelidada na UTI de "Pati Tsuru".

bombardeio

Minha mãe não tinha conseguido me visitar até então porque tinha tido sessão de químio justo na semana da minha internação. E meu pai havia ficado gripado. Estava deitada quietinha quando vi o tio Gelson, a tia Maria Amália e a Ligia caminhando em plena tarde no corredor da UTI. Foi uma miragem no deserto.
    – Como vocês conseguiram entrar fora do horário? – perguntei, surpresa.
    – Benefícios médicos... –disse a tia Maria Amália sorrindo.
    Eles fecharam a cortina do box, deram as mãos ao meu redor e iniciaram uma longa prece. Fechei os olhos e recebi toda a luz que eles foram me levar, sem saber o quanto iria precisar dela. Conversamos um pouco e logo foram embora para não me cansar.
    Mais tarde, a equipe veio me comunicar que eu estava oficialmente sem veias, e lamentavelmente não dispensada da obrigação de fornecer meu sangue quatro vezes ao dia. Por isso, optaram por colocar um dispositivo que ficaria grudado no meu braço, como se fosse uma ordenhadeira de leite de vaca, só que de sangue – o famoso Picc[9]. Seria como uma "picada eterna" que começaria ainda naquela noite.

9 Catéter central de inserção periférica.

O enfermeiro responsável pelo procedimento adentrou meu box concentrado e sério, como um cirurgião metódico. Disseram que ele já tinha sido do Exército e seu apelido era "coronel". Uma auxiliar veio junto, como instrumentadora. Não achei que a coisa fosse tão séria quando me explicaram. Tentaram me anestesiar, mas minutos depois eu vomitei a anestesia.

– Vamos ter que prosseguir sem sedação, Patricia – anunciou.

– Ok – respondi resignada como se estivesse indo para a frente de batalha.

Com uma agulha bem grossa, ele tentava penetrar uma artéria do meu braço. Não na região onde todo mundo tira sangue, mas acima dali, na altura de onde se coloca um bracelete.

Me concentrei no teto. Pedi forças a Deus e me lembrei de repente das aulas de Neurociência. Recordei que a dor é processada numa parte do cérebro e que se não damos atenção única para ela e elencamos outras áreas para trabalhar ao mesmo tempo, a percepção de dor realmente diminui, porque a atenção fica dividida. "Eu sei o que tenho fazer!" Fui literalmente para a guerra.

Imaginei que era um soldado sendo torturado e que queriam tirar informação de mim. E enquanto eu criava a cena na minha mente e me imaginava longe, o presente ficava muito menor e a dor suportável. "Não vou falar", dizia a mim mesma mentalmente.

Ele tentou uma, duas vezes...

– Deu certo agora? – perguntei aflita.

– Infelizmente não pegou certo, vou ter que entrar novamente.

Imaginei que a informação valiosa que eu possuía poderia colocar em risco a vida dos meus filhos, aqueles que ainda não tinha. Imaginei o sentimento de mãe e fiquei impassível. Podiam fazer o que quisessem comigo, eu não iria falar. Sentia a força de quem tem um motivo para resistir a qualquer coisa.

– Pode ir. Dessa vez vai dar certo – e olhei confiante para o teto.

A agulha longa e grossa penetrava minha pele enquanto eu permanecia imóvel. Minutos longos de dor e silêncio.

– Acho que agora foi – comemorou comedido o coronel.

Meu corpo todo relaxou na mesma hora. Assim que eles saíram, me perguntei quão louca eu era por imaginar ser torturada, mas a verdade é que havia dado certo. Como uma simbólica medalha de honra ao mérito, apelidei meu Picc carinhosamente de "Picc Guerreiro". E tive a certeza nesse episódio de que cada linha que havia lido na minha vida não tinha sido em vão. Tudo que eu aprendi e estudei me ajudava a lutar de alguma forma.

Somos o universo de tudo que sabemos e o reflexo do que ainda ignoramos.

A ofensiva de bombardeio inimiga continuou. À minha direita, ficava outra maca separada por uma cortina, onde um dia esteve o Sr. Salvatore. Acredito que meu novo vizinho de box estava entubado pois não fazia um barulhinho sequer. Dois médicos estavam conversando sobre o caso dele e, dado que eu não tinha mais nada para fazer e não havia isolamento acústico, acabei escutando a conversa:

– Quanto tempo você dá para ele? – perguntou num tom de aposta o primeiro médico.

– Não dou nem 24 horas... – respondeu o segundo, como se estivesse falando da validade de uma pilha. E logo saíram dali.

Eu fiquei chocada. Literalmente paralisada por um bom tempo como se tivesse recebido uma granada de gás lacrimogêneo na cara. "Será que meu vizinho ouviu também? E se ele está preso no corpo mas ainda é capaz de escutar?" Uma tristeza muito grande me invadiu e a morte sussurrou sua proximidade no meu ouvido. Meus olhos lacrimejaram uma tarde inteira sem parar e fiquei me perguntando quanto tempo eles me dariam... 12 horas? 48 horas?

Precisava ir embora dali o mais rápido possível, antes que a indesejada das horas chegasse para fazer sua visita e notasse minha presença. Vai que ela erra de box. Comecei a cobrar os profissionais angustiada: "Não aguento mais ficar aqui na UTI, quando vão me transferir para o quarto?". "Por favor, quando eu vou para o quarto?". Mas nunca recebia resposta.

Até que uma nuvem em forma de cogumelo se formou no ar e o chão tremeu com a explosão final. Dois profissionais se aproximaram e deram a notícia:

– Você vai ter que esperar o coração o tempo todo na UTI, Pati... Os medicamentos e a monitoração que você precisa só podemos fazer aqui. – Ambos pareciam estar com medo da minha reação. Acho que por isso foram juntos.

– O quê???

Tudo ficou nublado por alguns segundos. Eu estava enjaulada, foi assim que me senti. Presa e sem possibilidade de escolha. Não foi isso que imaginei quando fui para o hospital. A tristeza logo se transformou em pânico. Eles tentavam me acalmar enquanto eu chorava sem parar. Não havia passagem de volta... Não havia data alguma ou previsão... Olhei ao meu redor: pessoas fracas e doentes, velhinhos entubados, corpos ligados a máquinas...

E foi então que me dei conta que eu havia me tornado aquele que um dia foi meu pior pesadelo: o menino de cinco anos da UTI pediátrica. Que nunca havia saído do hospital. Talvez, como ele, eu também nunca mais saísse de lá...

Se eu soubesse de tudo que estava por vir, com toda certeza naquele dia ao lado do meu pai no pronto-socorro eu teria voltado para casa. Mas a ignorância é uma benção e o otimismo um elixir de bravura.

As lágrimas já estavam grudadas no meu rosto e eu me sentia profundamente cansada. Peguei o saquinho de bijuteria que continha os amuletos dos meus pais e fiquei sentindo o toque gelado das pedrinhas na minha mão. Sem palavras, eu pedia força. Sem falar nada, pedia ajuda.

Encostei de ladinho na cama, encolhida, coloquei o fone de ouvido e fechei os olhos, buscando me conectar com meu terceiro amuleto. Quando a vida te provoca, te machuca, te levando ao seu extremo, algo maior nasce dentro de você. Tudo que queremos é sair do buraco, até que descobrimos que tudo que precisamos está no buraco. E descobrimos sem querer que, no fundo do poço de uma caverna escura, existe um oásis.

A luta pela vida acabou me levando para um mundo paralelo secreto, onde eu me escondi e me abriguei para que não me encontrassem. Para que eu me salvasse. Me disfarcei quantas vezes foi necessário: outros nomes, outras vidas, outros mundos. Todos eram eu. Essa foi a primeira vez que acessei o oásis.

Vi um deserto de chão batido e uma paisagem esvaziada. Apenas uma mulher negra corpulenta dançava sozinha. Seus pés levantavam a poeira da terra enquanto a música a atravessava como a luz do sol. Sentia o peso da perna que se chocava com o chão a cada nota e a entrega do movimento.

Existia uma casa também, de um cômodo só, cravada no esquecimento. No horizonte, uma árvore seca. Em suas veias corria o ânimo dos cantos africanos, do leão e do pôr-do-sol avermelhado. Aquela negra que dançava embalada pelos tons roxos e vermelhos do poente ressecado era eu, em outro corpo. Podia sentir sua força e sua serenidade e vi com seus olhos um horizonte infinito.

Terça-feira, 9 de junho de 2015.
Sou muitas, já fui muitas. Sinto a força de todos os continentes comigo.

o box 9

Adormeci enquanto tocava a música *Circle of Life*, do filme O Rei Leão, depois de eu ter dado *repeat* quase 50 vezes. Reparei que estavam movimentando a minha cama no meio da noite, mas estava tão esgotada que continuei dormindo. Despertei sozinha em certo momento e pretendia voltar a dormir, até que olhei para o meu braço e vi que ele estava roxo. "Como assim?" Me assustei e comecei a olhar com cuidado e pegar no meu braço. Ele estava inteiro lilás, literalmente lilás. Minha pele estava lilás. Quis chamar alguém, mas ninguém aparecia no corredor. "O que está acontecendo comigo?"

Até que a surpresa tomou conta do meu rosto e eu entendi: "Tem uma janela atrás de mim!". Um novo dia ensaiava seus primeiros raios e o amanhecer refletia nos meus braços a claridade tímida. Meus olhos se encheram d'água. Quanto tempo eu havia ficado sem ver aquela claridade!

Fiquei curtindo aquele lilás, que aos poucos ia embora da minha pele e dava lugar à luz que invadia o ambiente. Tentei virar o pescoço para ver um tiquinho do céu, onde o roxo se transformava em novas cores. Uma alegria imensa tomou conta da minha alma e eu me senti fazendo parte do mundo de novo. Ainda estava ali, sob o mesmo céu, recebendo o mesmo sol. Como benefício de paciente de longo prazo, me transferiram para um novo box.

O box 9 não só tinha uma janela, como era mais "movimentado" também. Descobri que a UTI era formada por dois corredores paralelos que se comunicavam por uma passagem, para a qual eu passei a ter uma visão frontal a partir de então. Ali cruzava gente o tempo todo, de um lado para o outro.

Mas, ao mesmo tempo, ele também era mais calmo. Não era uma cortina que me separava da pessoa ao lado, e sim uma parede de plástico, o que me dava mais privacidade. Ele parecia maior e notei que caberia uma cadeira de cada lado da cama, o que nas horas de visita fazia toda a diferença. Senti que estava progredindo.

O novo local me trouxe a oportunidade de conhecer novas pessoas. Logo depois do café, conheci a Kessy, fisioterapeuta jovem e de longos cabelos pretos que atendia aquela região da UTI. Ela propôs alguns exercícios com os braços para eu fazer sentada na cama. Enquanto observava o meu movimento, ela notou os papéis amarelos na parede, que foram transferidos junto comigo pela equipe.

– Você sempre teve problema no coração, Pati? – perguntou se apoiando na lateral da cama.

– Sim, nasci com problema, né...

– Que chato...

–Eu sempre quis fazer exercício, mas nunca pude...

– E a gente aqui pode e não dá valor – respondeu dando risada.

Gostei dela pelo sorriso sincero e porque ela parecia se importar de verdade.

– Nossa, dê muito valor! Eu queria tanto poder fazer academia, fazer qualquer coisa que fosse... sentir meu corpo se movendo... É lindo isso!

– Tô sentindo até vergonha agora... Estou pagando a academia e mal vou – confessou.

– Então, agora você vai começar a ir... por mim – e sorri olhando nos olhos dela.

Ela passou a me atender todos os dias de manhã e, quando aparecia alguém que não era ela, eu pedia para mudar a profissional na maior cara de pau. Nem todo mundo recebia bem. Ficávamos conversando sobre a vida durante os atendimentos. Ela me contou que gostava de música eletrônica, sobre as festas que ia, sobre o namorado. E eu, bom... eu relatava muito do que ela poderia facilmente ler no meu prontuário. Mesmo assim eu contava, era o que tinha para contar.

Eu sentia que ela me percebia. Para ela eu não era a menina "pré-transplante do box 9". Eu era a Pati. Era bom não ser paciente de vez em quando.

Ser apenas eu. Ela propunha novidades e começamos a pegar pesinhos bem leves, tentar levantar a própria perna sentada, o que para mim eram esforços enormes. Ela reparava como eu me concentrava e me dedicava aos exercícios. Mas, ao mesmo tempo, ao me desafiar, ela mostrava que acreditava em mim e eu me sentia viva.

Kessy foi a primeira amiga que fiz na UTI. No dia seguinte ao que nos conhecemos, ela me revelou que tinha voltado a frequentar a academia. Por mim.

A despeito da proibição de seu médico, minha mãe chegou no período da tarde para me visitar. Vê-la bem, ainda que usando máscara, e sentir sua mão na minha, me deu uma força enorme. Todo dia na hora da visita, o Du gravava com o celular uma mensagem, onde eu dizia que estava bem, para ela ficar tranquila – apesar de, na maioria das vezes, não estar. Mas precisava que ela vencesse a batalha dela também. Ela contou que meu avô materno, Vô Waldemar, viria do interior de Minas Gerais para me ver junto dos meus tios e primos.

Quando meu avô de 85 anos se aproximou do meu box, com sua cadeira de rodas, empurrado pelo meu tio, ele visualizou um quadrado cinza e bege, onde havia uma cama e, em seu topo, um arco de equipamentos e aparelhos: medicamentos entrando em minhas veias com dosagens estritamente controladas, acompanhamento do coração apitando e monitorização nas telas. Ele não conseguiu conter as lágrimas:

– Vai dar tudo certo, Pati. Você vai ver – falou com a voz embargada, quase que para ele mesmo ouvir.

Meu avô era conhecido em nossa família como "embaixador da paz" e em toda minha vida só vi ele fazer o bem. Teve oportunidade de enriquecer ilicitamente e negou. Batalhou com trabalho honesto a vida inteira ao lado de minha avó doceira para sustentar os cinco filhos. Não me lembro de tê-lo visto reclamar das dificuldades da vida.

Quando minha avó adoeceu pelo Alzheimer, ele fazia questão de ser o único a limpar o banheiro que ela sujava de cocô. "Sua avó não gostaria que ninguém visse a sujeira que ela tem feito." Eu achava uma verdadeira prova de amor ele limpar a privada para preservar a dignidade que ela nem lembrava que tinha. Mas, segundo ele, "foi ela que esteve ao meu lado nas horas boas e ruins, também estarei com ela". Ele me ensinava sobre reciprocidade e caráter.

Depois que minha avó faleceu, todo sábado à noite ele fervia dois ovos cozidos, cortava um salaminho e preparava uma caipirinha de limão para assistir ao Altas Horas com Serginho Groisman, segundo ele o melhor programa da TV brasileira. E não perdia uma partida de vôlei televisionada, mesmo que fosse passar de madrugada. Acertava o despertador e levantava para prestigiar "os meninos da seleção e o técnico Bernardinho".

Vô "Má" passava horas jogando sozinho paciência com o baralho e nunca incomodava ninguém. Parecia portar dentro de si toda tranquilidade do mundo. Um dia estávamos juntos na formatura do meu primo, reunidos num churrasco, quando ele me disse:

– Pati, tudo que a gente precisa para viver é sol e alegria.

O sol eu já tinha conseguido.

12 de junho

Eu sabia que existiam apenas duas formas de eu sair da UTI: morta ou portando um novo coração que não tinha data para chegar. Diante desse cenário, eu entendi que minha vida não poderia seguir me aguardando do lado de fora da janela, para onde eu nem sabia se voltaria. Se aquela era minha nova realidade e era dentro de um hospital que eu estava, era ali que tinha que ter vida. Tive uma ideia para tentar colocar isso em prática e convidei animada as enfermeiras Geiza e Kelly para conversar:

– Eu chamei vocês aqui porque o Dia dos Namorados está chegando...

Elas me miraram como se aquele fosse um papo meio louco, não entendendo do que eu poderia estar falando.

– Ahn – responderam após um longo silêncio. Não foi um "aham", foi na verdade um "ahn" de quem nem concorda ou discorda e quer ver onde vai dar...

– Eu queria ver com vocês o que a gente pode fazer...

A expressão delas piorou para uma mistura de espanto e incredulidade. Elas se entreolharam e acho que pensaram que eu não havia entendido que estava numa UTI no final das contas.

– Olha, eu já pensei em tudo. Eu só preciso da ajuda de vocês. Vocês conseguem uma cadeira a mais para mim no dia 12? – disse com cara de pidona, tentando convencê-las.

– Uma cadeira?

– Sim, apenas uma cadeira.

– Não dá para garantir, mas podemos tentar, Pati...

– Ok, preciso falar com a nutricionista. Ela está aí?

Elas saíram sem entender o que estava acontecendo e logo a Fernanda, nutricionista, chegou:

– Oi, Pati. Disseram que você queria falar comigo...

– Sim, Fê. Eu preciso de uma ajuda sua... O Dia dos Namorados está chegando...

– Ahn... – respondeu com a mesma expressão de confusão.

– ...e eu queria saber se você pode me arranjar uma refeição a mais no dia 12 – disse, sorrindo.

– Uma refeição a mais? – ela estranhou, afinal eu mal comia o meu prato todos os dias.

– Sim. Eu só preciso de um prato a mais.

– Não posso, Pati. Não tenho como ter um prato a mais para você.

– Pelo amor de Deus, eu preciso disso. Por favor, consegue isso para mim. Eu prometo que como tudo nesse dia! Pode colocar qualquer coisa no prato!

– Ok, vou verificar e te aviso.

E assim fui falando com pessoa por pessoa, até ter todas as liberações. Segundo as enfermeiras Geiza e Kelly, para o meu plano acontecer, eu precisaria da liberação do Dr. André, responsável pela UTI na época. Todos achando tudo meio louco, mas indiscutivelmente emocionante.

Peguei o celular e mandei um WhatsApp:

– Paulinha, amiga, você pode comprar um presente para o Du de Dia dos Namorados?

– Mas, Pati, vou comprar o quê? Nem sei o tamanho dele!

– Qualquer coisa, amiga. É simbólico. Qualquer tamanho, qualquer cor. Não importa. Eu prometo que te pago.

Emprestar dinheiro para quem está no bico do corvo é coisa que só amigos fazem mesmo. Para receber, ela tinha que esperar que eu sobrevivesse primeiro, mas a Paulinha é aquela amiga cheia de amor e carinho para dar.

Na sequência, pedi autorização da equipe para tirar aquela camisola horrorosa do hospital na data, que, além de broxante, era a cara da derrota. Ficamos eu e as enfermeiras pensando o que poderia ser no lugar... Afinal, como cardíaca pré-transplante, precisava ser algo que permitisse abrir o peito e me socorrer rapidamente, caso a emoção fosse forte demais. Chegamos à conclusão de que eu poderia usar uma camisa larga da minha mãe, que estava mais cheinha na época.

Pedi autorização para usar maquiagem também. Deixaram. Estava tudo armado. E eu mal conseguia conter minha ansiedade. Deitada na cama, com a maldita camisola que deixava minha bunda de fora, eu sorria para a parede.

Acordei pegando fogo. Implorei e até chorei para Camilinha, técnica de enfermagem, lavar meu cabelo para o dia D. O turno dela estava supercorrido, coitada, mas eu já estava com cabelo sujo havia uma semana. Imagine a dinâmica necessária para lavar a cabeça deitada na cama, apenas com água de bacia. Os técnicos de enfermagem são verdadeiros guerreiros da força de vontade e eu ficava me perguntando quando a tecnologia iria contribuir para o dia a dia deles.

Ela se sensibilizou e pediu ajuda de outra técnica, a Raquel Moranguinho, que apelidei assim pelo cabelo vermelho e pela doçura. Enquanto elas despejavam a água fria em minha cabeça e meu corpo, eu imaginei que era a Cleópatra num ritual especial de embelezamento de séculos atrás. Fechei os olhos e, pela primeira vez, curti o banho na cama. Deixei elas me prepararem, me limparem e me secarem. Por fim, estava cheirosa e de cabelo limpo e seco.

Minha mãe trouxe uma camisa jeans, com que elas cuidadosamente me vestiram. Minhas maquiagens também já estavam ali. Assistia ao corredor agitado de profissionais indo para lá e para cá com bacias de xixi, toalhas usadas, pastas de exames e minha única preocupação era aplicar corretamente os produtos no meu rosto.

Nesse dia, todos os médicos que passavam para me avaliar, diziam esperançosos:

– Nossa, como você está corada.

– É blush! – respondia, sorrindo.

A Paulinha trouxe o presente conforme combinado e, horas antes do encontro oficial, as enfermeiras Geiza e Kelly entraram radiantes no meu box. "Trouxemos algumas coisas para sua noite, Pati". Geiza estendeu sobre a mesinha de refeição um pedaço de papel crepom vermelho, que faria as vezes da toalha de mesa do restaurante e me estendeu um vasinho de vidro fosco com rosas de mentira e corações de tecido.

– Ganhei esse vaso no meu último aniversário de casamento. Cuide bem dele e espero que te dê sorte.

Na sequência, a enfermeira Kelly me entregou flores de papel crepom rosa claro:

– Contei sua história para Sarinha, minha filha de 7 anos, e ela te mandou essas flores – e então as prendeu na cabeceira da minha cama adornando o ambiente.

Naquele dia, não eram as minhas bochechas que estavam rosa, era a minha vida! E minha casa estava florida para receber o meu amor. A cadeira extra que havia solicitado já estava ali somada à outra que já existia no meu box: uma para mim e uma para ele. Chegou a comida: dois pratos. Tudo posicionado.

Como não queria estar na cama quando ele chegasse, pedi para me transportarem para a cadeira. Me seguraram e, com o cuidado para não puxar os fios que saíam dos meu braços, me levaram até o assento a dois passos da cama.

Pedi para desligarem a luz do box e o ambiente ficou à meia luz, apenas com a lâmpada da cabeceira da cama. Coloquei Jack Johnson para tocar baixinho no celular. E aguardei a chegada dele.

Tudo aconteceu em câmera lenta para mim. O box estava com a porta de correr 70% fechada para que ele não visse de cara a surpresa. Ouvi seus passos se aproximando, ele colocou a mão na porta e a empurrou para abrir, ergueu a cabeça e então me viu.

Se ele achou que ia me encontrar na UTI no Dia dos Namorados com a cara da derrota, se enganou. Seu olhar tentava entender o que estava acontecendo, enquanto eu sorria para ele, orgulhosa. Ele caminhou até mim e disse sorrindo e dando risada ao mesmo tempo:

– O que é isso?
– Feliz Dia dos Namorados!
– Como você conseguiu fazer isso?
– Não importa. Está com fome? Tem carne para você.

Ele se sentou, admirando cada detalhe. O crepom vermelho. O vasinho. De repente, viu a decoração da cama e apontou. E eu curtia cada traço da reação dele. Mostrei para ele a comida. Apresentei o suquinho de maçã de caixinha, nossa bebida da noite, e começamos a comer, enquanto ele me contava o dia dele.

– Eu não sei como você fez isso, mas adorei. Me conta como foi.
– Não posso, senão perde a graça – e dei risada. Ah, tenho uma coisa para você...

Estiquei a mão embaixo da minha cadeira, agarrando o presente, que tinha sido estrategicamente posicionado para eu conseguir alcançar e estendi o pacote para ele.

– O que é isso? Você saiu daqui? – disse com olhos arregalados, totalmente surpreso.

As reações dele eram as melhores! Ele realmente achou que tinha saído da UTI para comprar o presente dele.
- Adoraria, mas não saí. É seu presente de Dia dos Namorados.
- Eu não comprei nada para você – revelou envergonhado.
- Você é o meu presente.

Nossas almas se entrelaçaram pelos segundos que nossos olhares e nossos sorrisos se encontraram. Para mim, eu estava numa cantina italiana, comemorando a data como qualquer outro casal do mundo e aquele momento era o que valia ser vivido.

Ele estendeu a mão até o plástico que envolvia o canudinho do suco de caixinha e cuidadosamente começou a alisá-lo como se o estivesse preparando para algo. Buscou minha mão esquerda e amarrou-o em volta do meu dedo dando um nó.

- Pá... Você aceita se casar comigo? – perguntou, paralisando o mundo todo ao meu redor.

Como num conto de Cinderela, todos os barulhos e apitos de UTI se transformassem na doce melodia de violinos e os velhinhos sedados tenho certeza que teriam aplaudido se estivessem acordados. Acho que revelei para ele todos os sisos que tinha na boca.

- Caso! Espera só eu sair daqui – e rimos juntos.

Nosso jantar não durou muito. Eu nem aguentaria ficar sentada tanto tempo. Logo voltei para cama para descansar e ele ficou ali do meu lado conversando. Quando ele foi embora, meu box virou um enxame de abelhas, com todos os profissionais da UTI querendo saber detalhes do meu encontro.

O ápice foi quando mostrei meu anel de plastiquinho de suquinho de maçã. A plateia foi à loucura! E eu fui dormir feliz. Nem lembrava que estava dentro de um hospital. Estava explodindo de felicidade.

Sábado, 13 de junho de 2015

Meu coração, cadê você? Você precisa me achar. Precisa me encontrar. Logo. Porque preciso de você. Você vai me trazer tanta alegria.
Tanta vida. Tantas risadas. Tanta luz. Tanto. Tanto. Hoje estou presa a fios. Num quarto. As janelas não abrem. Não sinto o ar. Vejo o sol, mas ele não me toca. Ele me procura, mas não me acha. Preciso correr, preciso sair correndo e ficar embaixo do sol, para ele me ver, me tocar. Preciso sentir o ar. E encher meus pulmões e sorrir, e correr de novo, e sentir tudo ao meu redor. Preciso abandonar esses lençóis que já vêm limpos.
Preciso de você para comermos muitas coisas gostosas. Preciso de você para amar, para dar amor, para sentir a pele daquele que eu amo.
Preciso de você, meu coração. Chega logo.

No dia seguinte ao Dia dos Namorados, o Du chegou à visita adiantado, o que estranhei. Em geral, ele demorava uns 5 a 10 minutos do início do horário para despontar pelos corredores. Minutos de pura ansiedade, onde eu ficava me perguntando se alguém tinha ido me ver, enquanto assistia aos outros pacientes recebendo seus entes queridos.

– Você não vai acreditar no que aconteceu, Pá! – anunciou entusiasmado ao se aproximar.

– Me conta!

– Todos os dias, o segurança da UTI libera um box por vez para a visita, para não ter uma manada de pessoas entrando aqui ao mesmo tempo... Chama pelos visitantes do "Box 1", assim que eles entram, chama pelo "Box 2" e assim vai até chegar no seu Box 9...

– É por isso que você nunca chega no horário?

– Eu sempre chego no horário, chego antes até... Mas demoro para ser liberado porque tenho que esperar todo mundo que vem antes entrar...

– Faz sentido...

– Hoje isso não aconteceu! Antes de chamar "Box 1" o segurança chamou "quem está aqui pela Patricia Fonseca?"

– Como assim???

– E quando me apresentei, ele me puxou de lado e disse que "o que a gente tem é muito bonito" e que ele vai nos ajudar!

– Você tá brincando? Como ele sabe quem eu sou? – perguntei espantada.

– Não sei... Acho que foi por causa de ontem talvez...

Eu mal podia acreditar no que estava ouvindo. A gente sorriu um para o outro e se abraçou. Fiquei em êxtase com o gesto daquele homem! Ele era muito mais que um segurança na UTI, ele era um verdadeiro médico e enfermeiro, que estava me tratando com as ferramentas que tinha à disposição.

Ao final da visita, a mesma coisa aconteceu: os seguranças começaram a chamar para ir embora iniciando pelo box 1, pularam nossa vez e, só depois do box 31, voltaram ao box 9 para avisar que nosso tempo tinha acabado. A partir de então, o Du era sempre o primeiro a entrar e o último a sair. E nós tínhamos o máximo de tempo para ficar juntos.

Saber que mais pessoas estavam comigo nessa batalha me deu confiança. A vivência do Dia dos Namorados renovou meu fôlego e me deu forças para seguir lutando.

fila de luta

Todos os dias, uma bengalinha florida atravessava o hospital. Aos 86 anos, minha tia-avó Dalva, a despeito de sua dificuldade de locomoção, pegava um ônibus para me visitar pontualmente às 14 horas. Amava suas visitas pois ela não me olhava com dó como tantas outras pessoas. E assim que me via, disparava sempre a mesma fala:
– Pati, mas você está óptima! Óptima! Eu vim aqui te ver, mas estou tranquila porque já vi que você está óptima!

Me comovia vê-la mentir na minha cara só para me alegrar, mas o entusiasmo dela falando conseguia me contagiar e muitas vezes eu ficava "óptima" só de vê-la mesmo. Sabia que eu aparentava estar mal e muitas vezes não dava conta nem de falar com ela. Por isso, sua segunda fala diária era:
– Eu não quero atrapalhar seu soninho do almoço – o que soava muito mais digno que descansar por estar fraca –, pode dormir que ficarei te olhando e depois vou embora.

Como uma fada madrinha, ficava comigo sempre exatos 15 minutos, nos quais me transmitia suas pílulas de sabedoria e, no silêncio, se levantava e ia embora. Ela adorava me dizer para eu "fazer a minha parte" e "não deixar a peteca cair" e chegou até a me prometer uma peteca para que eu me lembrasse sempre disso. Ainda nas primeiras visitas, me revelou seu hino de independência e manutenção da dignidade: "Pati, nunca deixe que façam por você o que você mesma pode fazer".

Era desafiador seguir isso dentro de uma UTI, mas o pouco que conseguia, tentava manter. Pedia para os técnicos de enfermagem deixarem uma cadeira grudada na minha cama, e ali deixava meus pertences, ao alcance da mão: uma manteiga de cacau, escova e pasta de dente, um fio dental, um pente de cabelo e um espelhinho. E meu celular. Tudo cuidadosamente guardado numa *nécessaire* cinza de companhia aérea. Assim não precisava chamá-los cada vez que quisesse hidratar os lábios, por exemplo.

Mas ainda dependia muito dos profissionais para boa parte das coisas. O simples movimento do encosto da cama me obrigava a solicitar ajuda repetidas vezes. Pedia para levantarem as costas quando chegava a refeição, baixarem quando terminava. Erguer para visita, descer para dormir. E toda hora que quisesse me mover saindo da posição de ameba, tinha que chamar por alguém. Propositalmente, os botões ficavam do lado externo da cama, para o paciente não poder se mexer sozinho, o que era um saco.

Fiquei pensando que tinha que ter um jeito de eu conseguir mexer na cama sozinha. E então, esperei não ter ninguém passando no corredor e enfiei minha mão, que por sorte estava bem magrinha, pelo vão lateral da cama procurando pelos botões. Após alguns minutos e contorcionismos manuais consegui alcançá-los! Mas me dei conta de que, sem saber qual apertar, não adiantava muita coisa. Tentativa e erro era uma opção bastante arriscada na minha situação. E não adiantaria pedir para me ensinarem, que ninguém iria topar. Era muito arriscado para eles.

Tinha que ter outro jeito. "Como eu vou enxergar o que não enxergo?" Fiquei horas e horas pensando... Sempre acreditei que existe uma resposta para tudo. A gente que ainda não descobriu. Até que me lembrei: o celular! Era isso! Uma ideia tão simples, que me senti uma idiota por não tê-la tido antes. Eu precisava apenas de uma foto dos botões. Peguei o aparelho, coloquei a mão pelo vão e fiz uma captura.

Fiquei estudando essa disposição pelo tato enquanto visualizava a imagem na mão esquerda. Isso, claro, quando ninguém estava por perto me olhando. *Voilà!* Acertei como subir e descer as costas. Juro, eu estava quase palpitando de felicidade! Aos poucos, fui pegando os outros botões que erguiam embaixo do joelho. Independência! Os poucos movimentos que eu tinha voltaram a ser meus!

Não contei para ninguém o que aprendi e simplesmente me mexia como queria, quando queria, contanto que ninguém estivesse vendo. E como era maravilhoso ter coisas para esconder enquanto minha vida inteira era vigiada e anotada.

A maca passou devagar empurrada por dois enfermeiros e, como um cortejo, foi sendo saudada por todos ao longo do caminho, que desejavam saúde e sorte ao felizardo da vez. Meus olhos admiraram fascinada por segundos aquela linda cena. Diariamente assistia a alguém da ala da terceira idade receber alta e parava tudo o que estava fazendo – quem eu estou querendo enganar? – para acompanhar.

Na prática todo mundo ia embora, menos eu. Mas eu ficava feliz por eles. Minha vontade era bater palmas e assobiar em comemoração, mas como não tinha condições apenas sorria com a alma mesmo. A rotatividade dos colegas de *front* costumava ser alta. Aprendi com o tempo a preferir o silêncio dos vizinhos entubados, por mais que me sentisse solitária, a testemunhar as crises histéricas dos drogados em abstinência forçada.

Meu colega da frente, por exemplo, gemia no compasso, como um metrônomo impecável. "Ahhh – 3 segundos de pausa – Ahhh – 3 segundos de pausa – Ahhh – 3 segundos de pausa". Nunca perdia o ritmo. Ouvir ele gemer o dia todo era um desafio emocional para mim. Parecia uma tortura chinesa, uma singela gota pingando num balde, a torneira que deixamos aberta do banheiro. Meus fones de ouvido ajudavam bastante nessas horas, mas como a bateria do meu celular não aguentava muito tempo, passava boa parte do dia escutando a triste sinfonia.

Já na hora de dormir, minha colega da esquerda sempre às 21 horas começava a gritar "que não queria morrer" e clamava pelo Henrique, que, fui descobrir só depois, era filho dela. Não sei se ela tinha medo de fechar os olhos e não acordar nem por que ela gritava apenas de noite. Só posso dizer que alguém pedindo para não morrer não era exatamente a melhor canção de ninar para se ouvir.

Por vezes, sozinha com meus pensamentos, era surpreendida por um som uníssono e contínuo que interrompia o ambiente:

"piiiiiiiiiiiiiiiiiiii"

Mal dava tempo de arregalar os olhos e toda a equipe de médicos e enfermeiros imediatamente saía em disparada para a direção de onde vinha o barulho. Eu sabia o que estava acontecendo: era o apito do coração que partia, o último ato da vida que seguia.

Um, dois, três. A cada "piiiiii" que eu ouvia, a coreografia se repetia e a equipe bailava de lá para cá ou de cá para lá. Minha alma fazia silêncio em respeito aos companheiros que pereceram no combate. Eu nunca perguntava quem era, tampouco os profissionais vinham me contar. Era um acordo velado das partes que sabiam o que tinha acabado de se passar ali.

Secretamente eu me perguntava se o próximo "piiiii" seria o meu.

Quarta-feira, 17 de junho de 2015

Está formando chuva lá fora. Aqui dentro não importa o tempo, tudo se mantém igual. Não me senti tão bem na última hora e fico chateada quando isso acontece. Porque simplesmente quero me sentir bem. Meus olhos ficam pesados, fico me sentindo cansada, tenho vontade de deitar mas já não tenho sono. Eu queria agora na minha frente um hambúrguer com catupiry e a fome para comê-lo também. Em vez disso, em poucos minutos vem o almoço por aquela porta. Cada refeição é uma batalha. E não posso me dar ao luxo de não lutá-las. Respiro fundo e me concentro.

Acho curioso que escolheram um nome tão passivo para descrever a experiência dos candidatos ao transplante: fila de espera. Como se tivessem nos dado uma senha e estivéssemos aguardando a vez tranquilamente tomando um chá na recepção. A tal "espera" é extenuante e ativa. Todos os dias, todos os segundos, eu me esforçava para não desanimar, não esmorecer, para estar ali quando o coração chegasse. Eu não estava esperando, eu estava lutando.

A cada amanhecer, eu dizia a mim mesma: "hoje eu vou me manter viva"; e ao dormir, eu mentalizava: "eu vou dormir, mas eu vou acordar". Trabalhava com apenas 24 horas de perspectiva. E sabia que para sonhar com meu próprio cortejo de alta, a alimentação seria uma das minhas maiores aliadas e algo que só eu podia fazer por mim mesma.

No entanto, cada vez que via a bandeja de comida se aproximar, sentia uma espécie de fadiga espiritual. Me perguntava de onde tiraria forças, pois só de sentir o cheiro me dava enjoo. Mas eu precisava comer, senão minhas chances, que já eram baixas, se tornariam nulas.

As refeições eram cuidadosamente programadas pelas nutricionistas e trazidas pela copeira Jô, que por vezes percorria todos os andares do hospital só para achar uma gelatina vermelha para mim. Implorava para não mandarem arroz, pois as paredes secas da minha cavidade bucal atraíam os grãos como um imã, deixando meu céu da boca todo estrelado.

Iniciava meu ritual colocando o fone de ouvido, me concentrava e levava um pouco de comida à boca. Imediatamente vinha o impulso do estômago para colocar tudo para fora. Na tentativa de impedir a tragédia, eu segurava com força nas laterais da cama e chegava a sair lágrimas do canto dos meus olhos, tamanho era o esforço que fazia. Meus lábios tremiam.

"Você é o *meu* estômago, sou eu que mando em você, não você que manda em mim!", repetia mentalmente. Engolia e ficava respirando ofegante por uns 20 segundos até me recuperar. Quando olhava para o prato, lá estava ele inteiro na minha frente me esperando. Juro, minha vontade era de chorar de desespero.

Imaginava às vezes que tomava a pílula do Chapolin Colorado, aquela que faz a gente ficar bem pequenininha. E então mergulhava pelo meu esôfago até cair sentada no meu estômago como quem monta num boi bravo. Ali tentava domar cada reviravolta dele. "Eu não vou vomitar! Eu não vou vomitar!". Ou me visualizava escalando rápido um cipó no meio da floresta, tentando fugir do enjoo.

Cada garfada era uma luta desgraçada e havia excruciantes seis batalhas a serem vencidas: café da manhã, lanche das 10 horas, almoço, lanche das 15 horas, janta e ceia. Segurar o vômito 300 vezes ao dia acabava com meu ínfimo estoque de energia e me deixava literalmente em frangalhos.

Com o tempo, a pílula do Chapolin Colorado, os cipós e as frases de afirmação não pareciam mais funcionar. Então comecei a me transportar para o meu mundo paralelo como estratégia de me desfocar da sensação física do agora. Quanto mais eu acessava esse recurso, mais reais e detalhadas minhas imagens iam ficando. Levei o garfo até a boca:

> *Cavalgava sozinha pelas longas planícies da minha terra com cabelos soltos ao vento. Quando cheguei no alto da montanha, me aproximei do precipício de onde tantas vezes avistei meu povoado. E foi então que vi minha vila em chamas.*
>
> *A fumaça preta denunciava o fogo de horas. Por instantes, imaginei o horror. Soldados mataram e colocaram fogo em tudo. Tudo o que eu conhecia estava destruído. Minha vida, minha casa. Tudo e todos que amava. Nada mais existia e evaporava de mim no ar.*
>
> *Notei que o mesmo perigo me rondava e bati as pernas no cavalo, partindo o mais rápido que podia. Não havia tempo nem para onde voltar. Só restava um caminho. Se por um instante meu pensamento olhasse para trás não haveria lugar para mim no futuro.*
>
> *Vi uma criança chorando perdida na estrada. E soldados a pé me avistaram alguns quilômetros à frente. Precisava alcançá-la antes deles. Gritei para ir ainda mais rápido e apanhei o menino pelas roupas, posicionando suas mãos na crina à minha frente. Presa unicamente por minhas pernas, peguei minhas cordas, uma em cada mão, e com velocidade as girei no ar laçando os dois soldados num golpe só. Não existe precisão de movimento como daquele gerado pelo bafo da morte. Eles vinham para me matar.*

Puxei as cordas com força, levando os corpos ao chão e, quando meu cavalo passou por eles, mantive as cordas em minhas mãos para arrastá-los. A força que eu fazia para segurar as cordas era tão grande que lágrimas de dor desciam impassíveis pelo meu rosto vermelho e meus lábios tremiam, mas eu prosseguia com dentes rangendo até que num chicote soltei as cordas e partimos. Eu, meu cavalo e aquele menino.

Olhei para o prato: vazio. E eu quase sem forças para respirar. Mas havia vencido cada maldito cubinho de chuchu.

A noite começava a avançar madrugada adentro, quando vi justo aquele homem caminhando pelos corredores da UTI. Como ele não costumava ser muito gentil comigo, fingi que estava dormindo e torci para ele seguir em frente e não me notar. Mas, para o meu desespero, ele me viu e imediatamente ajustou a rota.

Olhando nos meus olhos, sem expressar nada, o técnico de enfermagem entrou em meu box e começou a fechar a porta cuidadosamente enquanto me fitava, até a cerrar por completo. Só técnicas mulheres cuidavam de mim e a porta só era completamente fechada na hora do banho. Calmamente ele se dirigiu até uma cadeira próxima, se sentou e permaneceu me encarando até quebrar o silêncio:

– Você tem medo de morrer?

Em plena madrugada, era só o que me faltava. Era pouco provável que alguém se desse o trabalho de abrir um box fechado e tampouco eu teria forças para chamar por alguém. Seja lá o que fosse que estava passando pela cabeça dele, como estava presa, achei melhor entrar no jogo. Baixei o olhar e pensei verdadeiramente sobre a questão que ele me colocou, aquela que eu evitava e ignorava a todo custo nas últimas semanas e, após um longo período calada, respondi:

– Não...

Ele continuou me olhando, até que completei:

– ...Tenho medo de não viver.

Ele fez uma cara pensativa como se estivesse avaliando minha resposta. O que era a morte afinal? O fim? O escuro? O nada? Confesso, que não tinha medo do que vinha depois. Mas sim, tinha muito medo. De não viver, de não conseguir, de não realizar meus sonhos. De ser o ingrediente jogado fora, sem a vida ter feito bolo nenhum de mim. Uma existência desperdiçada. Escapou das minhas mãos. Tinha medo de estar no fim. Não do fim. Tinha medo de estar no fim e não estar percebendo.

– Boa resposta – disse ele.

Acho que passei no teste. Na sequência, ele ficou me contando da vida dele e eu ouvi tudo com atenção. Ao acabar, ele me olhou diferente, pela primeira vez com alguma ternura. Abriu a porta e saiu.

o binóculo google

Minutos pareciam dias, dias duravam meses e os meses contavam como anos. E nada do coração chegar. Angustiada com a demora, decidi fazer o que pessoa nenhuma com problemas de saúde deveria fazer: peguei o celular e comecei a pesquisar. Sempre preferi ouvir apenas meu médico, porque procurar no Google é como ler bula de remédio. Mas, na situação em que eu estava, não dava para ser pior. Digitei: "Doação de Órgãos" e comecei a ler.

Logo parei numa matéria que dizia que 56% das famílias brasileiras autorizavam a doação de órgãos. Oi? Meu coração começou a bater mais rápido e comecei a ficar nervosa. 56%? Que palhaçada é essa? Não deveria ser 100%? Por que quase metade não está doando? É impossível isso...

Não conseguia entender por que alguém negaria a doação. Indignada, chamei a enfermeira Kelly, que coincidentemente passava pelo corredor:

– Kelly, é verdade que só 56% das pessoas autorizam a doação?

Ela me olhou e vi em seu rosto o desconforto em me dar a notícia "você não tem muitas chances":

– Infelizmente nem todo mundo doa, Pati.

– Mas por quê?

– Tem gente que não entende. Não entende que pode salvar outras vidas. A gente tenta explicar.

– Eles preferem enterrar e cremar do que salvar a gente? – perguntei aflita, com os olhos arregalados.

Ela me fitou surpresa, não esperando aquela colocação, mas na prática era aquilo. E eu não podia deixar que jogassem fora a minha única chance de sobreviver. Não ia aguentar muito tempo.

Comecei a pensar no que eu podia fazer. E então cogitei fazer um vídeo para divulgar a doação de órgãos e conscientizar a população. Gravado pelo celular ali da cama mesmo, falando algumas palavras. Pensei em quão ridículo seria. Em quão magra e acabada eu estava. Pensei nas pessoas que conhecia que iam ver e que pensariam que eu era uma coitada.

Nada como estar perto da morte para dar um "foda-se" bem grande para tudo isso. Podia ser ridículo, estava acabada e não sabia o que iam pensar. Honestamente talvez ninguém visse. Mas coitada eu não era. Guardei na minha cabeça a certeza que faria o vídeo.

Porque enquanto tudo isso passava a mil na minha mente saudável, meu corpo não tinha energia nem para virar de lado direito. Precisava de paciência para aguardar a próxima janela de energia, que talvez acontecesse em dias. Pelo menos agora eu tinha algo para pensar que fosse mais concreto do que apenas "sobreviver".

O Du chegou para a visita sorrindo com cara de safado. Aquilo me animou.

– Trouxe algo para você... – disse ele, colocando a mão dentro do bolso do moletom para tirar algo.

Me perguntei por um instante se ele iria promover meu anel de plástico, mas quando vi ele estava tirando um pão de queijo quentinho de dentro da roupa.

– Você contrabandeou pão de queijo para cá? – perguntei extasiada.

– Mas não é para você comer tudo, é só para matar a vontade... Se me pegassem era só falar que era para mim – completou, orgulhoso.

Enquanto ele contava sobre o seu dia e a ideia que teve de passar na lanchonete do hospital para buscar um alento ilegal para mim, eu tirava pequenos pedacinhos da massa e levava-os calmamente até a boca, deixando-os derreter. Tão salgadinho!

Amava quando ele fazia o mesmo em casa e me surpreendia com uma azeitona em momentos em que estava visivelmente fraca. O sal parecia sempre me dar uma reanimada, talvez pela pressão, que ficava artificialmente baixa devido aos medicamentos. Era proibido fazer isso, mas sofrer também deveria ser proibido. Morrer idem.

– Você sabia que boa parte das pessoas não doa? – o interrompi em algum momento.

– De onde você tirou isso? – perguntou, sem estar surpreso com a informação.

– Eu pesquisei...

– Não sei se é uma boa hora para você ficar buscando na internet, Pá. Não vai mudar a situação e pode só te deixar nervosa.

Contei a minha ideia de fazer um vídeo para chamar a atenção para a doação de órgãos. O Du foi contra, achou que eu não deveria me expor assim e que, dependendo do resultado, poderia ficar ainda mais triste. Disse que eu deveria focar em descansar.

– Amor, presta atenção: as pessoas que não doam não devem fazer ideia do quanto a gente aqui dentro está sofrendo e lutando. Preciso contar isso para elas.

Apesar de não concordar, ele entendeu. Assim que ele foi embora, mandei mensagem para as minhas amigas pedindo ajuda. Elas toparam na hora. A Carol, que trabalhava com propaganda e marketing, se dispôs a filmar e a dirigir a humilde produção e a Tatiane, que sempre foi a mais vaidosa de todas, me maquiaria para eu parecer minimamente digna no vídeo. Marcamos para domingo à tarde.

Assim que as meninas chegaram, pedi para fecharem totalmente meu box e ficamos só as três ali. Sabendo que não teríamos muito tempo juntas, elas já começaram a movimentação. Tati foi abrindo a *nécessaire* com seus produtos e a Carol ligou o celular para encontrar um enquadramento bom. Pedi para Tati não passar muita maquiagem, para eu não me cansar limpando o rosto depois.

– Pati, esses fios no seu braço estão todos aparecendo, ok? – avisou a Carol.

Acenei que não tinha problema, já ia gravar usando a camisola da derrota mesmo. Na imagem, eu estava sentada na cama de UTI, com os fios me ligando aos aparelhos que me rodeavam e, ao fundo, uma plaquinha de identificação de paciente pendurada na parede.

A tal plaquinha, que continha meu nome, médico responsável e data de internação, parecia ter como único objetivo me lembrar o provável final da minha história. "Aos 29 anos, com todo um futuro pela frente, a jovem Patricia definhou por meses na UTI na esperança de um coração que nunca chegou." E assim seria rebaixada à lápide. Precisava tentar mudar esse final.

Eu estava nervosa e, por mais que tivesse pensado em algumas palavras, nada mais me vinha à mente. Cada vez que a Carol ameaçava começar a filmar, eu pedia para beber água ou então ria de nervoso. "Espera... só um minuto", e elas aguardavam pacientemente. Acho que bebi uns 20 goles.

O celular estava posicionado. O flash da câmera ligado e aquela luzinha brilhava ininterruptamente bem na minha frente me chamando para começar. Nosso instinto ocular nos faz desviar da claridade excessiva, cerrar as pálpebras, eu fiz o contrário: olhei diretamente para luz e imaginei que ela fosse Deus me ajudando...

Oi, meu nome é Patricia Fonseca, eu tenho 29 anos, sou economista e trato do coração desde que me conheço por gente, desde que tenho 20 dias de idade. Agora eu estou na fila do transplante de coração, esperando um órgão que vai ser uma bênção na minha vida. E, como eu, muitas pessoas estão esperando também um órgão. Eu acho que estou aqui para fazer um pedido, para fazer barulho, para chamar o pessoal para discutir, para a gente falar sobre isso e para lembrar dessa questão tão importante que é a vida, que é a gente que está aqui lutando pela vida. Infelizmente hoje só 56% das famílias estão doando os órgãos. Eu sei que é um momento delicado, em que uma decisão muito importante tem de ser tomada, que é a decisão de salvar outras cinco, seis, sete sei lá quantas pessoas. E eu estou aqui esperando o meu coração maravilhoso que vai chegar, e tanta gente está esperando um fígado, um pulmão, um pâncreas lindo, sabe, para continuar a vida! E eu acho que essa é a ideia, dar continuidade na vida. Então meu pedido é esse: gente, vamos falar disso? Vamos fazer barulho? Se você desenha, faz um desenho. Se você é músico, vamos fazer uma música. Se você escreve, escreve um texto. Se você gosta de aparecer em vídeo, faz um vídeo, passe essa mensagem também. Só 56% das famílias hoje estão doando. E essa espera pode ser tão menor para todos nós que estão aqui numa posição como eu. Eu acho que a gente tem vidas para salvar, eu acho que a gente tem muito para fazer, e eu conto com vocês. Então a gente está começando a campanha #umcoraçãoparapati #continueavida. E vamos embora, que a gente tem muita vida para salvar! E eu conto com vocês!

Assim que acabei de falar as duas comemoraram:
– Amiga, você falou de primeira! Tá pronto!

Nem acreditei, mas fiquei aliviada porque nem teria forças para repetir mesmo. A verdade é que na hora que comecei a falar me veio uma paz e uma certeza. A energia que senti naqueles minutos destoava dos últimos dias em que mal conseguia falar ou sorrir e inclusive dos minutos seguintes em que pedi para as meninas irem embora, pois precisava muito descansar. Eu acredito que Deus me ajudou mesmo.

O vídeo teve ao todo mais de 4 mil visualizações, o que para mim, que me sentia uma anônima matando um leão por dia sem que ninguém soubesse, foi uma verdadeira viralização. Ao menos, poucos milhares de pessoas agora sabiam que tinha muita gente na mesma situação que eu.

um sorriso e
um muito obrigada

Meus padrinhos, tio Nanão e tia Rose, vieram de Minas alguns dias depois me visitar. Inundaram o ambiente com seu carinho e seu otimismo e, ainda nos primeiros minutos da visita, tio Nanão tirou de sua bolsa um papel dobrado e me estendeu:

– Você lembra disso, Pati?

Era uma folha decorada com um arco-íris, uma charrete, uma pomba e um moinho. Cuidadosamente conservada dentro de um plástico transparente. Ao abrir me deparei com uma cartinha que havia escrito para ele 13 anos antes, quando ele lutava contra um câncer. "Ele guardou", pensei comigo surpresa.

No papel, uma porção de frases de incentivo dotadas de uma maturidade que honestamente me surpreendeu. O texto continha até a palavra "iridescência" que eu precisei ler três vezes para entender e nem sabia que eu sabia:

> "...Atualmente você está passando pelo momento mais delicado e mais lindo da sua vida. Infelizmente você ainda não é capaz de apreciar essa beleza, porém daqui alguns meses ou anos você vai entender... Estes são os primeiros passos de uma vida nova, onde o horizonte não brilhará mais

nos fins de tarde, mas o inundará com toda sua plenitude e iridescência... Você está nascendo de novo... Agora sua vida passa por um revolução de sentidos, tudo perde e ganha sentido a todo momento... Desfrute da possibilidade de desbravar novos horizontes, você vai ver que pode chegar muito mais longe do que imaginava..."

Que doideira... Reler aquela cartinha foi de alguma forma como se o meu "eu" do passado tivesse enviado uma cápsula do tempo para ajudar meu "eu" do futuro. Parecia coisa de filme. Como um dos muitos a que assisti por crescer frequentando a locadora do meu padrinho em Minas, a Nanão Vídeo. Ficamos conversando por quase vinte minutos e então eles se despediram:

– Sei que não está fácil o que você está passando, mas vai valer a pena e vai dar certo, Pati, você vai ver! Confia! – me encorajou a tia Rose.

– Não vai dar certo... Já deu certo! Já deu certo! – completou o tio animado.

Adorava como ele trocava os verbos do futuro para o passado, nos dando o gostinho de que já havíamos conquistado o que esperávamos. Inspirada por eles, peguei mais papéis amarelos e escrevi para colarem na parede: "Confia", "Vai valer a pena" e "Já deu certo".

Meu querido padrinho sempre foi assim, resolutamente otimista e portador de uma fé inabalável. Sua alma amorosa conquistava a todos com seu sorriso fácil, seu jeitinho mineiro e sua disposição imediata, por vezes até ansiosa, em ajudar. Tinha um elogio ou um agradecimento "prontin" na ponta da língua. Era ele quem puxava a prece antes da ceia de Natal em família, dando graças pela saúde e pelo bem-estar de todos, no aniversário de Jesus.

"Vós sois o sal da terra... Vós sois a luz do mundo", é um dos meus trechos favoritos da Bíblia, presente no Evangelho do apóstolo Mateus. De que serviria o sal senão para dar gosto em outra peça? E de que serviria a luz guardada dentro de uma gaveta? Entendemos nosso propósito na Terra à medida em que somamos e iluminamos as vidas ao nosso redor.

E lá estava eu jogada numa UTI sem utilidade alguma. Nunca entendi por que Deus me prendia numa cama e, às vezes, confesso que me perguntava porque ele não queria minha ajuda. Estava olhando intrigada para aquela detestável plaquinha pendurada na parede que tristemente continha meu nome, quando me lembrei das palavras da Sônia nas palestras de terça à noite no Centro Espírita: "ninguém é tão pobre que não tenha nada para dar" ou, no meu caso, tão doente que não possa ajudar.

Um clarão inesperado se fez em mim e uma luz se acendeu como uma pequena lamparina no box 9. Mirando o inanimado pedaço de plástico na parede, eu repeti a mim mesma: "Eu tenho para dar... eu ainda tenho algo para dar!" E decidi que, já que não podia sair dali, minha nova meta secreta seria que todo mundo que entrasse no meu box, de algum modo, sairia de lá melhor do que entrou.

Aguardava ansiosa a primeira participante involuntária do meu incomum desafio pessoal, até que uma técnica de enfermagem apareceu para checar os equipamentos, mas não puxou conversa. Fiquei cuidadosamente prestando atenção em cada detalhe dela, até que reparei uma novidade e exclamei: "Cortou cabelo? Está linda!". Ela se surpreendeu com a minha fala e saiu de lá sorrindo. 1 x 0 para mim.

O próximo a entrar foi um médico cardiologista. Ele me auscultou, perguntou como eu estava e, no meio da rápida conversa, eu lancei, sorrindo: "Adorei a gravata, doutor". Ele passou a mão no tecido dizendo: "Eu também gosto muito dessa" e saiu sorrindo. 2 x 0 para mim.

A terceira participante foi mais desafiadora, pelo simples fato de que ela foi lá para tirar meu sangue. Ela não tinha cortado o cabelo, não usava brinco e vestia o mesmo uniforme de sempre. Ao final da coleta, nos últimos minutos do segundo tempo, eu disse: "Nossa, como você é delicada, não doeu nada". Tinha doído, mas ela sorriu para mim e ficou feliz. Eu já estava sofrendo tanto... que uma picada a mais não fazia diferença.

As posições naquele tabuleiro se inverteram à medida em que eu me dei conta de que podia fazer as pessoas à minha volta mais felizes. Podia diverti-las e fazê-las rir. Eu podia ser a leveza. E passou a ser assim para tudo.

Cada vez que trocavam o curativo do meu Picc ou chegava a comida. A cada exame ou procedimento. Tomava banho passando frio e batendo os dentes: "Ai que delícia de banho, muito obrigada, foi tão bom". Já tinha passado tanto frio que não me importava mais, mas com o agradecimento eles se sentiam realizados, notados e especiais, o que de fato eram e eu mostrava isso para eles. Dava a eles o melhor de mim, o que eu já tinha aprendido, minha colaboração.

Nem todos saíam sorrindo quando elogiados, é verdade. E, mesmo tentando puxar papo, esses daí me cortavam. Eram os mesmos que, por sinal, me desanimavam com suas palavras dizendo que eu estava "ectoscopicamente" mal, que meu pulmão estava tão fraco que não aguentaria a operação ou eram brutos nos procedimentos.

Mas eu estava decidida a me manter no desafio, então em vez de falar, comecei a perguntar sobre eles e suas vidas. "Você tem filhos?", "Você é daqui de São Paulo?". Aos poucos, bem aos poucos, eles foram me abrindo suas histórias e então eu vi que no fundo aqueles que me machucavam apenas não sabiam o que fazer com suas próprias feridas.

E assim algo curioso começou a acontecer. De tanto agradecer a delicadeza, os profissionais passaram a ser verdadeiramente mais atentos e delicados e pararam de me machucar. A água do banho estava mais quentinha e chegou a um ponto em que as pessoas pareciam gostar de cuidar de mim, pois era divertido e era leve. Não era essa a intenção inicial, mas acabou acontecendo. O que eu fazia para os outros passou a voltar como um bumerangue para mim.

O meu desafio me despertou para o fato de que não importa quão mal ou quão no fundo do poço estejamos, sempre existem oportunidades reais de ajudar ao nosso redor e nós sempre temos algo para dar. E de quebra aprendi como podemos transformar toda nossa vida com um simples sorriso e um "muito obrigada".

Ao final de cada dia, olhava de volta aquela placa bege como quem estava dando o troco e dizia para ela: "Eu sou uma história feliz e vou tirar meu nome daí".

pedalando por aí

Marcel adentrou meu box para a sessão de fisioterapia da noite e chegou carregando uma espécie de pedal para próximo da minha cama.

– Pati, isso aqui é um ciclo, algo parecido com uma bicicleta. Vou te sentar na cama e você vai tentar movimentar os pedais, ok?

Era um verdadeiro desafio, considerando meu estado de cansaço, e ele também não sabia se eu iria conseguir. Pediu para depois eu providenciar um chinelo que prendesse atrás do pé, visando dar mais estabilidade ao movimento. Ele sinalizou que eu poderia começar, mas antes eu perguntei:

– Onde vamos pedalar?

Ele riu sem entender.

– Em que lugar vamos pedalar? Eu preciso saber – provoquei sorrindo.

Ele sorriu de volta entendendo a brincadeira.

– Na Paulista.

– Ah, eu não quero pedalar na Paulista. Tem muita poluição.

– Então, no Ibirapuera, pode ser?

– Pode!

Me concentrei e comecei a movimentar muito lentamente as pernas. Me imaginei no Ibirapuera. Imaginei um dia lindo de sol em que estaria cercada de árvores e tentei lembrar do cheiro do verde. Conseguimos pedalar por 30 segundos e ao fim parecia que eu tinha tentado escalar o Pico da Neblina com quatro crianças nas costas.

– Muito bom, Pati. Para começar está ótimo. Numa próxima vez, tentaremos fazer um minuto.

– Posso pedir um favor?

– Pode.

– Da próxima vez me traz uma conchinha?

– Uma conchinha?

– Sim, quero pedalar na praia ouvindo o mar.

Sexta-feira, 26 de junho de 2015
Ainda estou aqui. E estou morrendo de saudades de sentir a água do mar. De sentir o sol. De sentir o ar. Nossa, que saudade imensa e que vontade imensa. Ai, como eu quero acordar nos meus lençóis. Na minha cama. No meu quarto. Na minha casa. Na minha vida. Como eu quero pegar meu próprio copo d'água, ir ao banheiro sozinha, tomar banho em pé, escolher um biquíni, andar descalça, caminhar na grama, ouvir o mar, chupar um picolé, andar... simplesmente andar... andar é maravilhoso! Quero simplesmente viver minha vida. Voltar para minha vida.

Não me sinto coitada. Não tenho pena de mim. Sou forte. Sou filha do Norte. Vem, coração. Estou te esperando. Te quero. Te espero. Quero viver. Quero pular. Quero dançar. Quero fazer esportes. Quero transar. Quero viajar. Quero tudo. Posso tudo. Mereço tudo.

Frequento o litoral paulista de areia escura batida e mar com ondas turvas desde criança. Lembro-me de quando avisava para o meu pai que "ia andar na praia" e voltava depois de 50 metros. "Desistiu, Patricia?", ele perguntava assim que eu me sentava de volta na cadeira. "Não tava com tanta vontade", respondia. Mas no fundo era o cansaço que me trazia de volta.

Mas naquele dia não havia cansaço algum e enquanto empurrava a bicicleta ao lado do Du em direção ao mar, experimentava a alegria de sentir minhas mãos segurando o guidão e as moléculas de oxigênio invadindo meus pulmões. A praia estava quase vazia e nós partimos juntos em direção à montanha. Notava como as minhas pernas faziam aquele movimento arredondado sem dificuldade alguma e, por vezes, dirigia a magrelinha pertinho das últimas ondinhas só para ouvir melhor o barulho do mar.

"Será que consigo ficar sem mãos?", gritei para o Du. Sempre achei tão lindo e libertador aquelas cenas das pessoas andando de bicicleta de braços abertos. Sentia a brisa batendo no meu rosto e sorria para cada pedacinho do cenário como se eles também fizessem parte de mim. Comecei tentando tirar a primeira mão... e, indo e voltando de forma um pouco desengonçada, tirava a segunda, negociando constantemente com a gravidade. Até que consegui seguir quase 50 metros com as mãos livres no ar. Eu me sentia tão mágica como o ET e o Elliot pedalando em direção à lua. O Du ria das minhas palhaçadas.

Então, voltei a mão para o guidão e tentei acelerar a velocidade, pedalando com toda minha força. O vento encontrava minha face com cada vez mais intensidade e o som se distorcia num chiado em meus ouvidos. E cada vez eu ia mais e mais veloz como se meu corpo gritasse sua liberdade e eu quisesse quebrar a barreira de um feixe de luz deslizando no vácuo do cosmos. Só para saber quão rápido eu era capaz de ir. Até que o Du gritou de longe, me chamando para voltar para Terra e eu desacelerei, abrindo um sorrisão para as nuvens brancas do céu, totalmente inebriada com aquela energia.

Acho incrível o quanto ainda não sabemos do Universo e de nós mesmos. Das leis que nos regem, dos nossos limites enquanto existência e do que somos capazes. Meu amigo Nando sempre me disse que eu era feita de pó de estrelas. Isso porque somos um conjunto de átomos, de matéria que nunca se perde e apenas se transforma, originária de astros brilhantes que se romperam numa explosão.

Segundo ele, parte de mim podia já ter sido a tromba de um elefante, uma folha ao vento ou um cometa viajante. Estava dedicando meu tempo a essas questões essencialmente mais interessantes, quando minha atenção foi desviada para a minha bunda que estava doendo muito. Como a lei da gravidade não deixava de atuar na UTI, a contínua posição horizontal a que estava submetida, só revezando com períodos sentada no mesmo local, não estava dando tréguas para as minhas nádegas que eram pressionadas ininterruptamente.

Sabe a sensação de ficar mais de 12 horas na mesma posição dentro de um carro ou avião? Agora multiplique isso por semanas, em vez de horas. Era esse tanto que meu bumbum doía. Mas, naquele dia em específico, me parecia estar pior, eu sentia que algo me cortava.

Cheguei a passar a mão embaixo de mim para ver se tinha algo, mas não encontrei nada. Pedi para as enfermeiras esticarem bem o lençol para retirar qualquer dobrinha, sem resultados. Estava ficando incomodada não só com a sensação, mas com a situação. Tinha que ter uma explicação, não poderia ser só da minha cabeça. Chega uma hora que você começa a duvidar de si mesmo ali. "Será que a minha mente está criando? Será que eu já estou ficando perturbada?"

Tentei mais uma vez passar a mão bem devagar, fazendo uma busca meticulosa no meu bumbum, até que senti algo! E puxei um fio de cabelo DE DENTRO da minha pele. Não conseguia acreditar naquilo... Eu estava sendo cortada por um fio de cabelo! Não era uma faca ou um bisturi. Mas aquele mísero e ínfimo fio de cabelo, com a força do meu corpo sobre ele por um longo período, me cortou.

Fiquei apreciando o significado filosófico e físico daquele frágil fio enquanto o segurava em minhas mãos. "O famoso ditado então é verdade", pensei. Água mole em pedra dura tanto bate até que fura. Entendi ali que nada é frágil ou impossível se adicionarmos a variável tempo na equação. Aquele fio se tornou para mim a maior prova que era preciso persistir e resistir. Tempo é força.

Segunda-feira, 29 de junho de 2015
Hoje faz um mês que estou aqui. Um mês de hospital. 28 dias de UTI e dois dias de quarto entre as UTIs. Ao todo, 28 banhos na cama e dois banhos sentadas. A bunda dói, me sinto cansada, meus braços estão ardendo e tenho que fazer xixi num potinho de alumínio. Não sinto o ar, o sol, o frio, o vento. Estou presa por fios que saem dos meus braços. E não há nada, absolutamente nada que vá me convencer de que a vida não é boa. A vida é muito boa, sim, e eu vou lutar com todas as minhas forças para voltar para o ar, o sol, o frio e o vento.

novos ares

Tecnicamente promovida em minha patente hospitalar como mais um benefício de paciente de longo prazo, fui transferida para a UCO – Unidade Coronariana do hospital. No começo, fiquei um pouco receosa com a mudança pois onde estava já tinha feito vários amigos, mas a informação de que nessa nova UTI teria mais privacidade e também a possibilidade de receber mais visitas, acabou me cativando a aceitar o remanejamento.

Minha maca foi recebida pela enfermeira Gilda, de cabelos loiros e lisos, sorrindo de bochecha a bochecha, e de cara ela foi me contando que era também advogada e pilota de avião. Achei aquilo bastante inspirador, impressionante, e a considerei a verdadeira versão brasileira da Mulher Maravilha. Só diferindo que, no caso dela, salvar vidas não era identidade secreta, mas ela voava igual.

Conheci também o Dr. Antenor, cardiologista residente que parecia ter a minha idade mais ou menos e me chamava de "Doutora" a cada pergunta. Ele tinha um ar sério que era desmentido pela humanidade dos seus olhos e me senti bem com o tom de leveza que ele trazia ao ambiente. Foi como quando conheci a Kessy; o Dr. Antenor parecia se importar. No meio da nossa conversa, alguém o chamou:

– Não sai daqui, tá? – disse apontando o dedo para mim.

– Pode deixar – e ri. Como eu iria sair dali? Se soubesse como, já teria fugido faz tempo.

Fiquei feliz por conhecê-los. Esperava que esses novos ares pudessem me trazer sorte.

Descansava sozinha num final de tarde quando visualizei o Dr. Victor surgir pelos corredores, retornando de uma viagem que me pareceu infinita. Ele havia participado de um Congresso de Cardiologia, e assim que saiu do aeroporto, foi direto para o hospital me ver. E depois de checar que sua paciente ainda estava viva, me presenteou com um CD de óperas italianas calmantes.

Agradeci e, apesar de não ter aparelho para tocar as músicas ali, achei extremamente carinhoso ele ter se lembrado de mim. E então ele me trouxe uma notícia inesperada:

– Patricia, um coração apareceu para você... – eu abri um sorriso assim que ouvi essas palavras e então ele continuou – mas infelizmente não havia logística disponível. O helicóptero Águia da Polícia Militar não voa de madrugada e tudo aconteceu nesse período. Mas achei que gostaria de saber que tivemos uma primeira doação compatível com você.

Naquele momento eu me senti como um cientista ao descobrir uma chance de água em Marte. A mera possibilidade, um parco aceno do Universo sussurrando uma promessa já me pareceu sensacional. Só escutei "tivemos uma doação compatível com você" e fiquei feliz. Foi como quando estamos dentro de um estádio lotado e a bola bate na trave. "Uhhh! Foi quase!". Fiquei com aquele gostinho de esperança vindoura de gol e pensei: "O coração está chegando... ele está chegando!".

A mudança para a UCO foi realmente uma decisão acertada e a liberação para receber mais visitas ajudou a me distrair nessa espera. Meu pai, que detinha o recorde existencial de ter tido "resfriado" em todas as semanas desde que me levara para o hospital, assumiu proativamente a organização e programação do revezamento de visitas.

Tia Rose veio de Minas e passou os primeiros dias comigo. Toda segunda-feira a Jô, uma alma sábia que conseguia sorrir com o rosto todo e não apenas com a boca, me visitava para a leitura rápida de uma mensagem espiritual. Tia Dalva seguia me brindando com seus 15 minutos diários. E diferentes amigos e familiares puderam, a partir de então, dar uma passada rápida no hospital para me ver. Era gostoso ver pessoas diferentes e ouvir histórias novas.

Quando eles chegavam, eu logo dizia: "Me conta as novidades", até porque eu não queria desperdiçar muita energia falando. Mas percebia que eles ficavam envergonhados de fazer qualquer reclamação para mim naquele estado. Então eu complementava: "Tudo que eu quero saber é dos seus problemas... já to cansada dos meus". Eles riam e começavam a falar.

Acabei virando nessa fase uma espécie de conselheira de beira-leito. Teve indeciso que começou a namorar, deprimido que voltou a passear. Em meio aos apitos do coração no monitor e ao barulho das gotinhas de medicamento que desciam pacientes até minhas veias, eles pareciam abandonar com mais facilidade os medos, receios e dúvidas de se jogar na vida. Acho que ali eles mais que entendiam, eles viam, com os próprios olhos, que a vida é um sopro.

A visita mais marcante que recebi foi do meu Tio Júlio, amigo de infância do meu pai. Ele entrou na UCO e me confessou que, após vários casamentos, já havia vivido tudo que queria e realizado todos os seus sonhos. Disse que havia investigado que eu tinha o mesmo tipo sanguíneo que ele e que estava disposto a doar *literalmente* o coração dele para mim se os médicos aceitassem. Vi em seus olhos que ele estava falando muito sério.

– Tio... você tem muito para viver ainda e nem eu aceitaria seu coração... – expliquei com carinho.

Ele ficou triste de não poder me ajudar e eu impactada com o tamanho do carinho dele.

Os pais do Du, Sonia e Walter, também apareciam de vez em quando para me visitar e conversavam comigo como se estivéssemos na sala do apartamento deles, o que eu adorava. Numa dessas vezes, eles estavam já se despedindo para ir embora quando eu os peguei de surpresa ao dizer sorrindo: "Fiquem tranquilos que eu vou enterrar todos vocês" e eles foram embora satisfeitos.

Quarta-feira, 8 de julho de 2015
No fim do dia, entre mortos e feridos, todos se salvaram. Pelo menos é assim que minha mãe fala quando, apesar dos acontecimentos, o dia termina bem. Mais uma vez foi um dia longo. Os dias estavam sendo mais normais já. Se voltaram a ser longos é porque meu nível de ansiedade aumentou. Preciso resolver isso. Andei chateada porque meu aniversário está chegando. Que problema mais banal. O que é o aniversário? Uma data em que comemoramos a vida? Pois bem, tenho motivos

para comemorar a vida todos os dias. Repito para mim várias vezes ao dia que não sou uma história triste. E não sou mesmo. Acho que é isso que me mantém firme e digna. Se eu tiver dó de mim ou me achar uma coitada aí que o negócio desanda. Mas não sou mesmo. Aliás, nem sei o que estou fazendo aqui. Porque espiritualmente e mentalmente sou super-saudável. Tá bom, eu sei o que estou fazendo aqui.
Uma recauchutagem. Para que possa viver tudo aquilo que nunca vivi, para que possa dançar. E pular. E viver. E viajar. E aproveitar ao máximo essa vida maravilhosa! Absolutamente maravilhosa!

contos, encantos e profecias

Todas as manhãs, a fisioterapeuta Maíra irrompia como um furacão pelo meu novo box, disposta a me tirar da cama e me fazer caminhar alguns passos apoiada nela e no suporte de medicação. E à tarde, era a disciplina nipônica da fisioterapeuta Regina que assumia o comando, forçando meu alongamento de velha coroca como uma rigorosa professora de *ballet* e ignorando completamente meus gritos de "ai, ai, ai".

Elas sabiam que eu precisava estar forte para receber um novo coração e se esforçavam para preparar e sustentar meu corpo que perecia à medida que o tempo passava. Também recebia diariamente em meu box a faxineira Josy, que vinha fazer a limpeza do chão e logo que me via afirmava com a certeza que os médicos não podiam me dar:

– *Minina lindja,* você vai ficar boa! – dizia com seu sotaque baiano e sorria para mim – Guardei um *mop* novinho só para você!

Eu achava aquilo mágico. E confesso que aguardava ansiosa todos os dias ela aparecer para me dizer que iria ficar boa com seu maravilhoso esfregão de condão. Não me importava que ela não tinha como saber. Me importava que ela dizia e eu precisava ouvir aquilo de alguém. A certeza sem fundamento dela impactava diretamente o meu bem-estar. E ela me salvava todos os dias um pouquinho.

Nicole adentrou meu box toda alegre, trazendo consigo um enorme saco de plástico branco que ela tentava fingir que não estava lá. Ela já namorava meu irmão havia dois anos e era o tipo de pessoa que parecia saída de um conto de fadas: doce, boa e agradável. Impossível um ser vivente desse mundo ou de outros reinos tão tão distantes não se encantar com ela.

– "Cunha", eu tenho um presente para te dar! – anunciou empolgada.

Enquanto eu me perguntava o que podia ser num saco tão grande, ela puxou dali um enorme coração vermelho de cartolina adornado por bordas de papel crepom vinho. Um coração era realmente tudo que eu precisava! Faltava só a magia de fazê-lo bater.

Mas havia mais... Dentro dele, havia uma colagem de fotos... DO MEU FUTURO! Enquanto a Nicole ria, explicando as imagens, meus olhos percorriam extasiados cada detalhe: tinha foto minha e do Du dentro de uma casinha; um avião com o meu rosto e de minhas amigas em cada janelinha; eu nadando no Rio de Janeiro; passeando feliz pelo mundo dentro de um balão colorido, e até pedalando na neve!

Ela, a irmã e amigas – que nem me conheciam – passaram a madrugada imprimindo imagens minhas e colando em fundos diferentes. Fotos de sorrisos, desses que fazia tempo que eu não dava. Em lugares lindos, desses que fazia tempo que eu não ia. Feições de completude, de paz, de quem estava naquele momento por inteiro. Havia muito tempo eu não estava completa. É preciso um mínimo de saúde para sentir paz. Olhava as paisagens e podia quase sentir o cheiro daqueles lugares, sentir na pele o vento que balançaria as palmeiras e o meu cabelo.

– Fizemos para você lembrar que você tem muito a viver ainda... – disse ela, com carinho.

Tolos pensariam que aquilo não passava de um pedaço de papel, mas aqueles que tivessem alma nobre enxergariam o poderoso portal que foi pendurado com um barbante na parede da UTI.

"Espelho, espelho meu, me mostre meu futuro..."

Pequeninos flocos de neve desciam do céu de Nova York na primeira quinzena de janeiro. Encapotada com duas meias, polaina, roupa térmica, casacão e cachecol eu caminhava, sem cansaço algum, fascinada por aquele cenário de filme dos anos 80 com suas calçadas perfeitamente concretadas e seus táxis amarelos.

De vez em quando, eu baforava só para me divertir com o ar gelado que saía da minha boca. Pouco antes de chegar à estação de metrô da Rua 14, comprei um chocolate-quente na Starbucks. Acho que a cena oficial seria com café, mas nunca tomei café por causa do coração. Desci as escadas rapidamente com o copinho na mão, passei meu bilhete e me senti uma verdadeira cidadã do mundo enquanto esperava, ao lado de tantos estranhos e ao som de um artista de rua, os vagões chegarem.

Foram mais ou menos dez minutos de viagem em pé até chegar na Rua 42, onde os imensos outdoors coloridos não me deixaram dúvidas: eu estava na Broadway! Devorando tudo com os olhos e me segurando para não ir pulando que nem carneirinho pelo caminho, me encaminhei para o Teatro Broadhurst onde assistiria ao musical "Anastasia".

Duas ucranianas se encontravam à minha frente na fila e me perguntaram quanto havia pago pelo bilhete. Ao informar o valor, elas afirmaram que eu havia pago muito mais caro que elas e ficaram me olhando cheias de dó. Nem liguei. Difícil explicar para elas que eu pagaria todo o dinheiro do mundo para simplesmente estar ali: de pé, na fila, passando frio, esperando para ver um musical. Nem precisava entrar de verdade.

Mas eu entrei e fui surpreendida pela incrível história da jovem princesa russa que precisava atravessar uma sangrenta revolução até sua promessa de vida nova. Quanta confusão, quanta dor, quanta beleza. Chorei quase o tempo todo e me identifiquei completamente. Aquela história de certo modo refletia meu próprio passado.

Mais tarde, me encaminhei até Wall Street para visitar o búfalo do mercado financeiro e meus olhos brilharam mesmo quando vi a pequena estátua de bronze da menina destemida, que com as mãos na cintura enfrentava corajosamente tudo aquilo que parecia muito maior do que ela. Mas só parecia. Sorri para a escultura e mais uma vez me identifiquei completamente. Eu também já havia sido aquela pequena menina.

Era uma vez um lugar distante no tempo. Nos fundos da casa tinha um quarto. Neste quarto uma penteadeira e no armário de madeira dois vestidos de baile. "Você quer o rosa ou o azul hoje?", me perguntava a Tia Maria Luiza e então, com inúmeros grampos de varal, o ajustava pelas costas em meu corpo infantil e na sequência fazia um penteado bem bonito usando pentes e tiaras. Eu gostava de quando ela mexia no meu cabelo.

– Prontinho. Agora desfila até a sala para todo mundo ver – dizia colocando uma música enquanto a plateia já esperava batendo palmas.

Essa cena se repetia toda vez que a visitávamos. A Tia Maria Luiza era uma mulher delicadamente independente e dotada de um saudosismo imperial. Uma fã de carteirinha da feirinha de antiguidades da Praça Benedito

Calixto, em Pinheiros, onde arrematava xícaras, pratinhos e enfeites antigos para decorar sua casa.

Ela foi me visitar na UCO – sua pequena princesa não tinha exatamente uma vida de contos de fadas – e me levou de presente uma almofadinha azul em formato de carneirinho, para aliviar a dor da minha bunda. Quando eu me sentava nela, parecia que tinha matado o pobre animal, ficava só a cabeça e as patinhas para fora. Me levou também uma capa de feltro vermelha para me proteger das rajadas de ar condicionado que faziam parecer que estava nevando no corredor nas sessões de fisioterapia. E me encantou ao mostrar um punhado de papeizinhos brancos que continham frases já escritas por ela.

Eu não sabia que ela gostava de poesia e foi justamente uma dessas novas citações que ela carinhosamente me trouxe que se transformou no meu novo lema da vitória. Era um trecho de um poema de Mário Quintana, que dizia apenas:

"Eles passarão... Eu passarinho!"

A partir de então, antes de cada exercício com a Maíra e a Regina começar, eu olhava para o meu mural com fotos do futuro e buscava inspiração e motivação me concentrando no meu novo papelzinho favorito: "Eles" para mim eram as dificuldades, a guerra que estava lutando; eu era o passarinho, que iria bater asas e sobrevoar a batalha travada ao chão. Os problemas iriam ficar para trás e eu, leve e nova, iria voar por cima deles e seguir livre adiante. Era isso que mentalizava no esforço de cada passo dado e ao longo de cada série.

A cada sessão, avançávamos mais um tiquinho e Maíra bradava, balançando os braços como boa italiana: "Sucesso total e absoluto, Pati!!!". Aquilo estava me empolgando tanto que comecei a devolver para ela como resposta: "E um dia vamos voar pelos céus da cidade!". E ríamos juntas. Regina também foi evoluindo meus alongamentos para exercícios com pesinhos leves e suas séries estavam tão famosas que até minha mãe estava tentando replicar em casa. O Du chegou à noite para me visitar e contei para ele que Maíra e eu tínhamos conseguido chegar juntas andando – ainda que parando, sentando e respirando ao longo do caminho – no posto de enfermagem que ficava a 10 metros de onde me encontrava. Ele mal estava acreditando na nossa façanha e então eu anunciei:

– A tartaruga ainda vai passar o coelho.
– Será? – disse ele, desafiando.
– Você vai ver.

Segunda-feira, 20 de julho de 2015
Às vezes acho que vou ficar louca com tantos pensamentos que passam pela minha cabeça. Preciso dominar minha mente, mas enquanto isso, raios estouram de todos os lados. Numa tempestade em 360 graus. Eu atiro em mim mesma. Eu mesma sou atingida. Eu mesma me levanto. Eu mesma me defendo. Eu mesma me ajudo e me ataco. Quão louco não será isso?

Só sei que esse negócio de transplante é muito doido. Se você parar para pensar mesmo é muito doido. Sorte. Acaso. Destino. Programação espiritual. Missão. Nova chance. Recomeço. Recompensa. Qual destas palavras o define melhor? Todas as palavras que saíram, curioso, foram boas, apesar de na pele eu sentir como uma espera torturante. Será um parto? Estou parindo esse coração? Quanto tempo mais? E depois? Quanto tempo mais? O pior é que não tenho respostas para essas perguntas e elas não impactam apenas na minha ansiedade, mas também no meu físico.

Não saber são agulhadas, não saber é luta, não saber é todos os dias cumprir um cronograma esperando estar o melhor alimentada e nutrida possível, esperando estar o melhor exercitada e em forma possível. Escolho o que como, mas não como o que gosto. Gosto de exercícios, mas não faço quando quero. Tudo aqui tem horário. É sacramentado, anotado, registrado, como num quartel, numa prisão. Sou constantemente vigiada. Vigiada com muito amor. As pessoas tentam me ajudar, me dar liberações, atenuantes, permissões que façam com que eu me sinta em liberdade. Liberam meu violão. Liberam mais visitas. São carinhosos e queridos. Em tese, nem isso eu teria.

Mas eu queria mais. Eu queria tudo, a liberdade plena e integral de ir e vir. E de ser. E de respirar onde eu quiser. E de ser como eu quiser. E de ser onde eu quiser. E de realizar minhas vontades em meu tempo e hora. Levantar e simplesmente, simplesmente me levar onde quisesse.

Existe uma esperança. Uma promessa. Um dia. Não sabemos qual. Numa certa data e hora. Não sabemos qual. Tudo mudará. Os relógios se atiçarão. Os corpos abrirão caminho. O meu vai passar. E dali em diante será uma retomada crescente de toda minha liberdade. E MAIS, ainda MAIS liberdade do que sequer um dia tive! Meu corpo conseguirá proezas que antes talvez não conseguisse.

Hoje não vou aonde quero. Mas meu limite seria aonde posso. Um dia irei aonde quer que queira porque poder não será mais uma limitação. Eu poderei tudo.

E um dia, um dia, voarei. Sobre os céus da cidade.

a ansiedade é uma panela de água fervendo

As semanas foram passando e aquele feito de chegar ao posto de enfermagem andando nunca mais foi repetido. Teve dias em que não pude sair da cama porque o coração piorou, o que me deixava triste. Quando falta pouco para o fundo do poço, qualquer piora gera um certo desespero dentro de nós.

Parei também de receber as visitas da tia Dalva, pois ela tinha sido atropelada. E, por ironia do destino, atropelada indo me ver. Os 15 minutos diários com ela me faziam falta. E além disso, eu andava chateada que meu aniversário estava chegando. Não qualquer aniversário, meu aniversário de 30 anos. E lá estava eu estava internada, presa numa cama de hospital.

Voltei com isso a pensar sobre porque o coração estava demorando. Uma segunda e uma terceira ofertas de doação de coração compatível comigo haviam aparecido, mas os órgãos não estavam bons segundo a equipe médica. Apenas a primeira oferta teria sido viável e foi apenas semanas depois daquele encontro com o Dr. Victor que eu realmente prestei atenção em suas palavras: "Um coração apareceu para você, Patricia, mas infelizmente não havia logística disponível..."

Como assim "não havia logística disponível?", pensei comigo num estalo. Chamei meus cirurgiões para conversar, questionei o Dr. Victor e saí investigando com todo mundo que cruzava pelo meu box.

E foi então que descobri que não bastava existir um coração compatível aprovado no *tinder* da doação com *match* em dezenas de critérios. Não bastava a família autorizar a doação, num cenário onde quase metade não o fazia. O coração ainda tinha que encontrar uma forma de chegar até mim no espaço!

Enquanto eu acreditava que meu coração viria "de algum lugar do Brasil", aprendi que o tempo de isquemia desse nobre órgão é de apenas quatro horas, ou seja, ele dura apenas quatro horas fora do corpo do doador. Por isso, nem com um jatinho, um coração do Ceará ou do Rio Grande do Sul chegaria até mim, em São Paulo, a tempo.

Mas não era só isso. As opções logísticas que existiam na prática eram apenas o tal helicóptero Águia, que dormia de noite, e transporte via ambulância, que no caso só conseguia viabilizar a tempo dentro de um raio de 100 quilômetros. O que me deixava numa área com Campinas, Santos e Guarujá, nada muito além disso. "Minhas chances são infinitamente menores do que eu pensava."

Perceber que uma oportunidade real de ser salva existiu e foi desperdiçada porque "não havia transporte" me deixou muito abalada. Muito nervosa. Com medo real de que tudo que eu estivesse fazendo não valesse coisa alguma. E se a chance que eu tinha já havia sido perdida? O que me sustentava a cada dia era pensar que o coração estava próximo de chegar, mas e se não estivesse?

E nada mais me fazia dormir. Rivotril, Zolpidem, Dramin na veia. Todos ao mesmo tempo. Eu não dormia. E suava. Suava a noite inteira e camisetas precisavam ser trocadas diversas vezes. E minhas costas travavam de tensão e doíam. E eu chorava de dor e de sono e de cansaço e de tristeza. E de desespero. E chamava as técnicas de enfermagem a noite inteira. Cada hora por um motivo.

A única pessoa que conseguia me relaxar era a técnica de enfermagem Fernanda. Que, como um anjo, massageava minhas costas, citando Buda, e no fim dizia "Patroka, eu te amo!". E então, horas depois, eu estava suando, chorando e chamando de novo.

Quinta-feira, 23 de julho de 2015

Meu Deus do céu. Quero levantar e sair andando. Mas não é uma boa ideia. Meu nível de ansiedade está no limite. E nem sei por quê. Por que está tão mais difícil agora que antes? Não sei. Preciso respirar. Preciso ir. Essa espera está me consumindo. Preciso ir embora tipo agora. E aí me pergunto, onde está minha Fé? Minha certeza de que estou sendo amparada e olhada e ajudada? Eu tenho essa certeza e converso com Deus. Quero subir numa bicicleta agora. Quero nadar agora. Ser feliz agora. Ir para praia agora. Mas a espera tem motivo, estamos falando de esperar meses para anos de vida. E aí, vale a pena? Vale, claro que vale. Mas também estou falando dos prodígios de Deus e, se ele quiser, não há espera, há o milagre agora e pronto. Então, por que alguém não entra pela porta e simplesmente diz que chegou a hora? Cadê?

"Eu vou embora", foram as minhas palavras para o Dr. Victor naquela manhã. Eu já tinha essa carta na manga fazia algumas semanas. Vi uma juíza barraqueira se dar alta e, para minha sorte, ela me ensinou, aos berros, todos os códigos sobre o direito de ir e vir da pessoa humana. Ainda naquela tarde assisti à maca dela saindo pelo corredor e os médicos contrariados. "Funcionou", constatei surpresa e guardei aquele supertrunfo debaixo do travesseiro.

– Ah é, Patricia? E para onde você vai? – perguntou, curioso.

– Eu vou para a praia. Vou colocar o pé na areia, vou sentir as ondas do mar. Eu sei que vou perder meu lugar na fila de espera, mas eu vou embora.

Ele me fitou por um segundo percebendo do que se tratava. Não riu nem desdenhou das minhas palavras. Como médico, ele devia saber que eu precisava muito da cabeça para esperar o coração. Conversou comigo por um tempo com sua calma estratégica e conseguiu por fim me convencer a permanecer internada.

Mas detalhes que nunca imaginei que iriam pesar começaram a me perturbar. "A falta de mudança de temperatura", por exemplo. Todo dia a mesma temperatura. Todo dia. Todo dia. Não tem calor. Não tem frio. A mesma temperatura. O ar condicionado da UTI fica sempre no mesmo nível.

Passei então a implorar para os enfermeiros pelo menos me tirarem da UTI um pouco e levarem para qualquer lugar diferente, nem que fosse o xerox do hospital. Simplesmente me colocar numa cadeira de rodas e andar comigo. Mas escutava sempre a mesma resposta: "não podemos, Pati... protocolo de UTI... você está com drogas vasoativas..."

Certa noite, angustiada sem conseguir dormir, eu puxei todos os fios que saíam do meu braço até o limite e deitei com a cabeça virada para os pés tentando ao menos mudar de posição. Se alguém aparecesse poderia se assustar, mas quando a porta se abriu, quem entrou foi meu avô Júlio com um jaleco branco e duas mulheres também de jaleco branco ao lado dele. Fiquei tão feliz quando o vi que gritei "Vô!!!". Eu só tinha me esquecido que ele já havia morrido.

Vô Júlio faleceu quando eu tinha sete anos de idade de câncer no cérebro. Ficou anos acamado olhando para parede sem conseguir se mover. Quando não tinha ninguém por perto, eu ia até seu quarto e dizia para ele: "Vô, eu gosto muito de você, eu sei que você está me ouvindo". Mas ele continuava olhando para parede e eu continuava fazendo isso quando ninguém via.

Nortista de Belém do Pará, meu avô tinha olhos azuis penetrantes e era um homem ousado e divertido. Reza a lenda familiar que quando eu ainda era bebê, ele me pegava no colo orgulhoso e levava até o bar para apresentar aos amigos, onde molhava o dedinho mindinho de pinga e me dava para mamar. Benefícios de primeira neta. Nem preciso dizer que minha mãe cancelou nossos passeios quando descobriu isso.

Na sala ampla com portas e janelas de ferro retorcido, sentado em sua cadeira de balanço de madeira, ele anunciava o campeonato de grito que estava prestes a começar – para desespero da minha avó. Todos os netos no chão ao seu redor preparavam a garganta enquanto ele fazia calmamente a contagem... 1, 2, 3 e já! Essa é minha lembrança favorita: aqueles segundos estridentes em que nossas pequeninas vozes se digladiavam no ar.

Quando a enfermeira Angela entrou no meu quarto, não deu tempo nem de racionalizar, um impulso maior tomou conta de mim e imediatamente comecei a gritar enquanto me estapeava com as duas mãos no rosto:

– Eu sou uma plantinha!!! Eu sou uma plantinha!!! Eu preciso de ar, eu preciso de sol! Eu sou uma plantinha!!!

Angela era a chefe da enfermagem na UCO e tenho certeza que naquele momento ela deve ter pensado: "Houston, perdemos a paciente".

– Calma, Pati, calma – disse, segurando com delicadeza meus pulsos. – Eu prometo para você que vamos avaliar um jeito de te tirar daqui, ok? Fica calma.

Foram três dias de estudo com toda a equipe até que recebi a aguardada notícia que havia sido finalmente liberada para um passeio de 10 minutos de duração, mas não me contaram onde seria. Uau! Naquele momento, aquela era a maior aventura da minha vida e eu mal podia acreditar que ia passar por aquela porta!

A enfermeira Rose e a Maíra foram designadas como fiéis escudeiras e iriam comigo. Na segunda-feira de manhã, elas ajeitaram a cadeira de rodas, me agasalharam bem e checaram as bombas de medicação que foram colocadas num pedestal junto ao assento. Tudo certinho.

A cadeira começou a se mover e eu me sentia num kart, tamanha era a adrenalina. Descemos de elevador e, a cada curva, novos corredores se revelavam, até que chegamos numa porta de vidro que dava para o mundo exterior... E, assim que meus olhos pousaram no nosso destino final, as primeiras coisas que eu vi foram as cores: Rosa... Verde...

Um jardim esquecido no tempo num canto do hospital se desenhava à minha frente. Folhas e flores caídas ao chão faziam um tapete lindo e um banco cinza de cimento contornava os arbustos com azaleias cor-de-rosa. Elas conseguiram destrancar a porta de vidro e, assim que a cadeira entrou no jardim, eu senti o ar. O ar! Ele acariciava meu rosto e entrava em meus pulmões. Não era ar condicionado. Era ar. Ar de verdade!

E então o sol tocou a minha pele. Ele me encontrou. Viu que ainda estava viva. Elas ajeitaram a cadeira para estacionar e subiram a barra da minha calça e a manga da blusa para eu pegar um pouco de vitamina D. Estava um dia lindo e eu fiquei quietinha em silêncio, absorvendo tudo que eu podia daquele ambiente para minha fotossíntese.

Elas colocaram uma flor atrás da minha orelha e rimos juntas. Eu estava emocionada e elas também. Era sublime. Observava a folha que voava ao vento, o pássaro que cantava, a risada das pessoas. Apenas assistia ao mundo e extraía alegria de suas maravilhas. Quando não somos mais o eu, ou o ego, e sim apenas a luz que anima aquela massa, a eternidade é a experiência.

Rose informou que o nosso tempo tinha acabado e eu disse que tudo bem. "Foram os melhores 10 minutos da vida", respondi. Na volta, o quarto até parecia mais iluminado e eu me sentia em paz.

a despedida

"Você sabe o que está acontecendo, não sabe?", perguntei com carinho. Lá no fundinho, confesso que às vezes me sentia meio culpada por torcer pelo transplante, pois era de certo modo como abandonar quem sempre esteve comigo. Mas voltei tão bem do passeio no jardim que tomei coragem para ter aquela conversa.

Foram tantas as vezes que pedi para o meu coração aguentar firme. Numa rampa, numa escada, num momento difícil. Ele sempre foi o meu guerreiro. Eu dizia que ia ser bom para nós dois, que tudo que eu vivesse ele vivia junto, que cada alegria que eu sentisse, ele sentia junto, e que tínhamos muitas coisas para viver ainda. Que iria valer a pena ele aguentar pois iríamos ser muito felizes. Foi assim a vida toda. Agora estava prestes a me separar dele. Como?

Mas eu via que estava cada vez mais fraca, que aquele momento estava se aproximando e eu precisava explicar isso para ele. Eu disse que não queria me separar dele e que o amava muito. Ele disse que me amava também, mas que eu precisava seguir, pois ele já não estava aguentando e eu tinha mais coisas a viver.

Nessa conversa, eu entendi que o coração também estava em paz e nós nos despedimos. A maioria das pessoas vai achar isso mentira ou loucura.

Não ligo. A loucura também salva. Naquele dia, eu chamei meu médico e disse que queria que meu coração fosse doado para pesquisa. Não queria que jogassem ele no lixo. Queria que ele servisse para ajudar a estudar a cardiopatia que eu tinha e que era rara. "Que ele possa ajudar a salvar outras pessoas, como ele me salvou".

Tia Rose veio de Minas para ficar alguns dias comigo. Chegou com seu sorriso sincero e sua malinha pequena, trazendo palavras cruzadas, um livro e outras distrações. E como católica praticante, me sugeriu começarmos a rezar para Santo Expedito, santo das causas impossíveis, o que me pareceu uma escolha bastante adequada.

– Minha linda, se você quiser ficar quietinha, a gente fica quietinha; se quiser falar, a gente fala. Tô aqui para você, tá bom?

Sua companhia era leve e amorosa e me fazia sentir protegida como se Maria estivesse jogando seu manto sobre mim. Ela me dava todo o acalento e acolhimento que precisava e à noite voltava para dormir na casa dos meus pais.

– Pati, eu vejo que você está lutando. O esforço que você faz para comer. Meu Deus! Se quiser ficar quietinha, a gente fica quietinha. Mas tô aqui para você, minha linda. Pode falar com a tia, se quiser. Pode colocar para fora. Eu estou aqui para te ouvir.

Eu estava num modo automático de luta já. Lutava cada dia, cada minuto, cada segundo. Lutava porque era a única opção. Não havia espaço para grandes questionamentos. Se eu me permitisse questionar, tinha medo que as perguntas me sugassem para um buraco negro difícil de sair. Mas, por algum motivo, me senti à vontade para compartilhar com ela e me surpreendi ao perceber como, naquela pessoa reservada com quem tantas vezes partilhei a mesa ou abracei ao fim da prece de Natal, existia tanta luz, força e serenidade. Nossos dias juntas foram marcados por papos existenciais e pelas suas palavras precisas, fruto do aprendizado de suas próprias experiências.

É curioso notar como raramente acessamos os poços de sabedoria que vivem tão próximos de nós. Vivemos em geral na superficialidade dos papos triviais e das manchetes de jornal e com isso falhamos em perceber que estamos tão perto das respostas e soluções que buscamos e que se escondem na alma alheia. Cada pessoa com quem convivemos ou com quem cruzamos em nosso caminho é uma biblioteca inteira e tem muito mais a nos ensinar do que podemos imaginar. Bastaria o interesse genuíno em conhecer sua história para toda essa bagagem e entendimento se descortinar.

Bem-aventurados os que compartilham sua luz e amor, pois deles será o Reino dos Céus. E bem-aventurados os que enxergam a centelha divina que habita ao nosso redor e humildemente bebem dessa fonte, pois a vida fica mil vezes mais fácil aqui na Terra.

O aniversário da minha mãe chegou e ela disse para todos que não queria comemoração, desejava apenas passar o dia comigo no hospital. Como o aniversário dela cairia num sábado, o Du também estaria lá. Assim que ele chegou, decidimos fazer um parabéns surpresa para ela.

Ele saiu para comprar um bolo numa padaria próxima ao hospital e eu decorei a mesa do parabéns com o que eu tinha à disposição: bolacha maizena, bolacha de leite e duas águas de coco. Coloquei uma foto minha e dela no celular e apoiei o aparelho na caixinha do suplemento que eu teria de tomar mais tarde. A mesa me pareceu linda e colorida. Colocamos o bolo no meio e aguardamos ela chegar.

Quando ela viu a surpresa e começamos o parabéns, ela mal podia acreditar! Eu fingia que batia palma e não cantava para não cansar. O Du e a técnica de enfermagem Kelly que cantaram basicamente. Na hora de assoprar a velinha, para não colocar fogo na UTI, peguei um frasco de álcool em gel no formato de elefantinho que acendia a luz, apertei a luzinha para piscar e, quando ela assoprou, apertei para desligar. Minha mãe adorou a surpresa e eu, o fato de proporcionar isso para ela. Nós não precisamos de muito para demonstrar amor e, na verdade, nem fazemos ideia de quando serão nossas últimas oportunidades de fazê-lo.

Eu sempre profetizava que a cura do câncer estava chegando. "Mãe, nós duas vamos vencer, você vai ver". Mas a gente ainda não sabia que esse era o último aniversário que passaríamos juntas.

Estava ouvindo música e me imaginando dançando, quando a técnica de enfermagem entrou no meu quarto. Em algum momento, afirmei olhando pela janela: "O dia está lindo". A profissional mirou o céu e estranhou "está todo nublado". E eu devolvi: "Sim, o dia nublado é lindo, não? É um céu todinho de algodão doce".

Faltavam três dias para o meu aniversário. O Du chegou para a visita, me contou o dia dele e eu contei o meu. Estávamos felizes. A gente já não percebia que estava num quarto de hospital, aquela havia se tornado nossa rotina, nossa vida. Já tinha existido uma outra, mas ela estava tão distante que já havíamos nos esquecido dela.

Na hora de rezar algo então aconteceu. Combinamos de, pela primeira vez, não pedir a Deus uma doação. Cansamos de pedir e cansamos de esperar. "Vamos apenas agradecer pelo dia de hoje", foi o que combinamos. Entregamos as expectativas, os sonhos e as vontades. E decidimos aceitar, como na prece de que tanto gosto de São Francisco de Assis. "Senhor dai-me... resignação para aceitar o que não pode ser mudado..."

Ainda tínhamos uma hora por dia juntos na visita da UTI. Tínhamos a agradecer. Era isso que iríamos viver, todos os dias, sem reclamar. E eu também não iria mais me assustar a cada vez que abrissem a porta do box, achando que era o coração.

Ficamos leves e rimos juntos como se não houvesse fios e máquinas ao redor de nós. Aceitamos. Não existia mais espera.

PARTE IV

meu
presente
de
aniversário

Três décadas de vida. Contra todas as possibilidades e expectativas, lá estava eu. Não era bem meu plano passar meu aniversário de 30 anos numa UTI, é verdade. Tinha idealizado algo ligeiramente diferente. Mas também não conhecia ninguém que tivesse celebrado o aniversário em uma UTI. Olha só que oportunidade única. E, se era lá que eu estava, então era lá que iria comemorar. Decidi que eu iria fazer uma festa de aniversário para mim.

Um comitê organizador se formou ao redor da minha cama com as enfermeiras Rose, Gilda e Vivi, onde apresentei para elas minha ideia. Todas adoraram e fui informada que basicamente a única coisa que daria para ter na prática era um bolo, mais ou menos como na experiência do aniversário da minha mãe.

– Só tem um detalhe – disse para elas –: eu faço questão que tenha bolo para absolutamente *todo mundo* que está cuidando de mim...

Era com eles que eu vivia todos os dias. Eram eles que lutavam ao meu lado, que me davam banho e limpavam minha bunda. Era com eles que eu queria comemorar. Tinha que ter bolo para todos os enfermeiros, técnicos de enfermagem, médicos, fisioterapeutas, nutricionistas, psicóloga, copeiras. Para os quatro turnos: manhã, tarde, noite e noite do dia seguinte. Porque os turnos noturnos se revezam, e eu não poderia me esquecer de quem não estaria ali trabalhando no dia 29 de julho.

Tinha que ter bolo para a faxineira Josy, que separava o *mop* novo para usar pela primeira vez no meu box – e eu não consigo achar palavras para descrever a riqueza daquele gesto. Para o técnico de raio X Márcio, que sempre tentava fazer minha chapa de madrugada sem me acordar e, ao final, sussurrava no meu ouvido: "Durma com os anjos".

Para as nutricionistas Rafaela e Fernanda, que inventaram pizza sem sal e tantas outras coisas para tentar me ajudar a comer. Para o meu amigo cardiologista, Dr. Antenor, que me trazia músicas inspiradoras e fotos de gravatas para escolher. E todo mundo tinha que poder repetir o pedaço de bolo!

– Vocês me ajudam a fazer essa conta?

Haja bolo! Pelos cálculos da enfermeira Vivi, eu precisava encomendar 17 quilos de bolo. As nutricionistas não ficaram muito felizes quando souberam disso, porque elas nem sabiam onde iam guardar tanto bolo.

Pedi para me liberarem mais visitas nessa data também. A equipe ficou receosa, pois poderiam tanto me cansar quanto atrapalhar a rotina da própria UTI. Imagine uma manada de pessoas entrando juntas, fora o que os outros pacientes poderiam pensar...

– E se forem visitas curtinhas, espaçadas ao longo do dia? Tipo de 10 minutos... Outras de 5 minutos... O pessoal vai respeitar, prometo!

– Só se for assim: visita rápida, para você poder descansar, se alimentar tranquila, não perder os exercícios...

Yes!!! Vai ter aniversário, vai ter bolo e vai ter convidados!!! Comecei a falar com os amigos pelo WhatsApp e todos queriam vir à minha festinha. Comecei a pensar na minha roupa – que, por óbvio, não poderia ser a camisola da derrota – e nos preparativos.

No dia anterior, minha mãe trouxe minhas maquiagens, uma *legging* e uma camisa dela. E a minha prima Natália, muito caprichosa desde criança, comprou pratinho e garfinho de bolo vermelhos, confeccionou sozinha uma decoração linda de corações e ainda encapou cuidadosamente um caderno com os dizeres "Festa na UTI", para que quem passasse para pegar bolo deixasse uma mensagem de aniversário para mim.

Já estava tudo combinado para o dia seguinte: às 12 horas, meu irmão viria me ver com minha cunhada. Às 16 horas, minha mãe, tia e avó. Às 18 horas, quatro amigas poderiam entrar por 10 minutos. E, às 21h30, mais seis amigos poderiam entrar com o Du por 15 minutos. O pessoal estava muito empolgado e eu estava ansiosa e animada para minha festa, me sentindo orgulhosa. O pouco de vida que eu ainda tinha, eu estava vivendo.

Na véspera, dia 28 de julho, eu fui dormir feliz, pois sabia que o dia seguinte seria meu aniversário e seria especial. Iria ter bolo de doce de leite com coco na UTI. E, pela primeira vez na internação, adormeci sem dificuldades.

29 de julho de 2015

No meio da madrugada o telefone toca, horas antes de um novo alvorecer. O plantonista da Central de Transplantes de São Paulo anota cuidadosamente as informações, deixando de lado seu cafezinho recém-retirado da máquina. Uma possibilidade pulsa e quase pode-se ouvir o som esperançoso de uma flauta doce iniciando a melodia.

    Assim que finaliza a ligação, anuncia para toda equipe que corre para a frente do computador e, com o olhar aguçado, começam a cruzar os dados, listando os pacientes compatíveis. Esse complexo sistema de saúde trabalha integrado e comprometido 24 horas por dia, 7 dias por semana, 365 dias por ano, como uma orquestra perfeita onde nenhuma nota pode sair fora do tom para a música da vida continuar a tocar. "É uma menina."

    O telefone do Dr. Victor toca. E, enquanto escuta a mensagem, encaixa os óculos em seu rosto já desperto e telefona imediatamente para o Du, que, assim que desliga, liga para o meu irmão. Meu irmão achou a notícia tão boa que pensou estar sonhando e voltou a dormir.

    O cirurgião levanta, a enfermeira levanta, o anestesista levanta. A equipe transplantadora corre para o hospital e se divide. O ronco do avião. A sirene da ambulância. O cronômetro é ligado.

Eu estava dormindo ainda quando a enfermeira Bárbara, cabelos loiros compridos, entrou no quarto de manhã e me estendeu o telefone celular sem dizer nada. Ainda era cedo e a única coisa que eu pensei enquanto segurava o aparelho em minhas mãos foi "quem quer me dar parabéns tão cedo?".

Ao atender a ligação, notei que era o meu médico, o Dr. Victor, e o segundo pensamento que cruzou minha mente num milésimo de segundo foi "que bonitinho, ele quer ser o primeiro a me dar parabéns"...

– Alô, Patricia...
– Oi, Dr. Victor. – respondi, ainda sonolenta.

E, com a mesma voz que não desacreditou de mim ao olhar meus exames naquela primeira consulta, com a mesma voz que me convenceu a não desistir e me acolheu com carinho em tantos momentos, ele disse:

– Patricia, aguenta firme! O CORAÇÃO CHEGOU!

Meus olhos se arregalaram e eu simplesmente congelei. Foi como se meu corpo não estivesse mais na Terra, mas num universo paralelo onde tudo havia congelado por instantes. Como se por alguns milissegundos os planetas tivessem cessado de girar.

– É mentira... – foi a primeira coisa que disse, enquanto meu olhar estava perdido em algum lugar do quarto.
– É verdade, Patricia.
– É mentira... – repeti, já chorando.
– É verdade – e riu.

Nem sei por que disse isso. Estava totalmente em choque. "O coração chegou mesmo???" Comecei a chorar sem parar, porque aquilo era tão bonito, mas tão bonito, que eu só conseguia chorar. Chorar de alegria, de emoção, de agradecimento. Era tão lindo, que eu não conseguia acreditar que aquilo estava mesmo acontecendo.

Ganhar um coração, depois de tudo que eu passei, lutei, enfrentei, aguentei, bem no dia do meu aniversário. Aquilo era a coisa mais linda que eu já tinha visto acontecer. De pernas cruzadas, sentada na cama de UTI, eu chorava e ria ao mesmo tempo, buscando olhares que compartilhassem comigo o milagre que estávamos vivendo.

A notícia se espalhou como pólvora pelo hospital, pelo Ipiranga, por São Paulo, Minas Gerais, pelos Estados e cruzou as fronteiras do país. Ligia estava na sua casa quando soube e caiu de joelhos na mesma hora com os braços levantados ao céu e gritou "OBRIGADA, MEU DEUS!!!". Anninha já estava no trabalho e não parava de chorar dizendo em choque: "o coração chegou, o coração chegou!!!". Ninguém entendia nada. Então, todos se reuniram ao redor dela, que explicou a história e, logo, todo o Tribunal de Justiça de São Paulo estava chorando pelo coração da menina que nem conheciam.

Como lâmpadas que se acendem no meio da noite, pessoas em lugares distintos, iam entrando nessa energia. Numa só comunhão de agradecimento. Igrejas celebraram missas e pessoas abandonaram as sacolas no chão do supermercado para ir rezar. A certeza do milagre, a conexão com algo maior. Todos escutavam em alto e bom som a melodia de Deus. Como se ele tivesse guardado o dia certo só para dizer: "Minha filha, esse é o MEU presente".

A UTI inteira chorava junto. Todo mundo sabia que era meu aniversário por causa do bolo de 17 quilos que tinha encomendado. Parecia o céu na Terra.

– Pati, o que vamos fazer com esse bolo todo agora? Você está em jejum para a operação e não pode comer... – perguntou a enfermeira Vivi.

– Mantém os planos! Vai todo mundo comer o bolo e comemorar que o coração chegou! – e rimos juntas de alegria.

Era o dia mais feliz da minha vida! "Eu vou viver!!!". Meu pai foi o primeiro a chegar. A equipe toda de profissionais veio até meu quarto para cantar parabéns e eu fiz um discurso para cada um deles. Eu agradeci por tudo que fizeram por mim naquele pré-transplante. Peguei na mão da nutricionista e agradeci por cada nutriente e vitamina que ela me ajudou a ganhar para estar forte para essa operação. Ela só chorava.

Peguei na mão da fisioterapeuta e agradeci cada músculo que ela me ajudou a ganhar naquele preparatório pré-transplante e que seria tão importante para eu aguentar a cirurgia e o pós-operatório. Ela também só chorava. Agradeci os enfermeiros, os técnicos, disse que estava muito feliz porque meu coração tinha chegado. Todo mundo só chorava.

Meu amor chegou. Minha mãe chegou. Tia Rose chegou. A Ligia chegou. Todos inebriados por essa alegria forte e contagiante. Era a mesma alegria de quando nasce um bebê, mas ali era eu que iria renascer. Me prepararam e me encaminharam para o Centro Cirúrgico.

Saíram comigo da UTI o Du e minha mãe. E juntos, foram os técnicos de enfermagem Orlando e Tati, que sempre cuidaram de mim com muito carinho. No caminho, eu tinha vontade de bradar aos sete ventos e anunciar para a ascensorista: "Meu coração chegou!!!", mas acho que ela não iria entender. Apenas sorria para ela como se estivesse entrando na nave do *Xou da Xuxa*. Estava radiante.

No momento em que chegamos à porta do Centro Cirúrgico, a maca parou e comecei a me despedir de todos. Me despedi do Du:

– Nosso coração chegou, meu amor! Eu te amo demais!!!

– Chegou!!! Já deu certo! Fica tranquila que já deu certo! – respondeu ele, me beijando.

Enquanto acariciava meus cabelos por cima da touca, minha mãe disse:
– Minha filhinha, vai com Deus! Vai dar tudo certo, viu, meu amor!? Te amo, pimpolhinha.

Me beijou na testa e, num olhar, capturamos a luta de uma vida toda. Se eu estava viva era porque aquela mulher havia me levado até aquele exato momento. Foi ela. Que me gerou, me sustentou e me carregou a vida toda pelas dificuldades e espinhos. A gente entendia a importância daquele momento. Falamos com os olhos.

– Te amo, mãe! – e me despedi com a gratidão e alegria da noiva que vai para o altar.

Enquanto isso, Orlando e Tati esperavam. Olhei para o Orlando. Quantas vezes ele não tentou me animar? Negro, forte e cheio de energia boa, ele me pedia sempre para eu desenhar algo para ele ver, mas eu desenhava tão mal e não gostava dos meus desenhos. De tanto ele me cobrar o desenho, eu disse: "Orlando, eu não vou desenhar porque não sei desenhar, mas vou fazer uma poesia para você". Ele concordou com a troca. Mas eu nunca tinha entregado a poesia.

– Orlando, eu nunca te disse sua poesia porque nunca terminei ela. Mas eu tenho uma estrofe. Seria a estrofe final e eu vou falar ela aqui: "Sua amizade e seu carinho, valem mais do que mil passarinhos".

Era uma referência à lenda japonesa do Tsuru, o origami de pássaro sagrado, em que sei que ele, como messiânico, acreditava. Aquele homem forte chorava como uma criança. Olhei para Tati, que cuidou de mim tantas vezes. Baixinha, loira, de sorriso contido. Foi com ela que contei por diversas tardes. Com lágrimas descendo pelo meu rosto, eu disse com força:

– Você nunca viu alguém mais feliz passar por essa porta!

O rosto da Tati parecia uma broa de milho de tanto que chorava. Me despedi de todos e minha maca adentrou a tão sonhada Porta da Esperança. Feliz. Radiante. Alegre. Agradecida. E achando tudo incrível. Essa é uma experiência que só o parto e o transplante podem te dar: você vai feliz para o Centro Cirúrgico.

Quando você precisa fazer uma operação, por mais que você tenha medo, você respira fundo, toma coragem, marca uma data e vai. No transplante, não. Não tem data. Você espera. Aguarda. Torce. Reza. Você quer com todas as suas forças. E quando chega o momento, todas as células do seu corpo celebram!

No parto, nós não sabemos ainda o que é a vida, e vamos descobrindo aos poucos, à medida que crescemos e os anos passam. Já no transplante, nós sabemos exatamente o que estamos indo fazer ali. Transplantar é nascer com consciência.

Cheguei ao Centro Cirúrgico mais feliz que pinto no lixo e minha vontade era falar que nem precisava de anestesia. Contava que tinha bolo na UTI. Eles sorriam, achando engraçada a minha empolgação. E eu, que já tinha visto aquela sala fria e apática tantas vezes, achava agora ela absolutamente linda. Tudo prateado, brilhando. Limpinho. Que lugar lindo! Exatamente onde eu queria estar: naquela maca gelada, pelada, cheia daqueles barulhinhos de monitoramento.

– O bolo é de doce de leite com coco! Passem lá na UTI e peguem um pedaço para vocês!

Então, ouvi a voz da médica anestesista em algum lugar:

– Bolo na UTI? Não vou nem ver cheiro disso...

– Vai sim! Vou pedir para mandarem um pedaço para você, doutora!

– Promessa de Centro Cirúrgico? – disse rindo. – Nunca vi alguém pagar.

– Doutora, qual seu nome?

– Dra. Adélia.

Estendi minha mão para trás.

– Dra. Adélia, me dá sua mão.

Ela pegou na minha mão estendida.

– Meu nome é Patricia Fonseca e eu cumpro as minhas promessas. Você vai receber seu bolo.

Depois disso, eu não me lembro mais de muita coisa. O que vou contar a partir desse momento só sei porque mais de três membros da equipe que estavam no dia me contaram.

Depois de falar que eu cumpriria minha promessa, a Dra. Adélia disse para equipe "Vamos apagar essa menina que ela fala demais" e me anestesiaram. O problema é que foi aí que eu não parava mais de falar. A anestesia deu efeito rebote. Eu adormecia e voltava a acordar:

– Posso pedir um favor?

Alguém da equipe vinha perto de mim.

– Pode. Pode falar.

– Quando o coração chegar, fala para ele que ele é muito amado? Você fala para ele?

– Falo, falo sim.

Eu adormecia de novo. E acordava de novo:

– Posso pedir um favor?

– Pode.

– Quando o coração chegar, fala para ele que o pulmão e todos os órgãos estão muito felizes, muito felizes, que ele está chegando! Fala para ele?

– Falo, sim.

Adormecia. E abria os olhos de novo.

– Posso pedir um favor?
– Fala.
– Quando o coração chegar, fala para ele que ele é muito bem-vindo?
– A gente fala. A gente fala.

E assim continuava. Acordando e adormecendo. Pedindo para que, quando o coração chegasse à sala de cirurgia, falassem para ele o quanto ele era amado, o quanto ele era bem-vindo, o quanto eu havia esperado por ele, o quanto o pulmão estava feliz que ele tinha chegado, o quanto todos os órgãos estavam felizes. A equipe conta que isso criou uma energia tão positiva e tão gostosa na sala, que todos estavam torcendo muito para tudo dar certo.

Eu fui para o Centro Cirúrgico lá pelas 13 horas, exatamente o horário em que nasci. Meu médico mandava notícias em tempo real de dentro da sala de cirurgia para a minha família, enquanto eles aguardavam do lado de fora. Foram quase 12 horas de cirurgia e acabou depois da meia-noite. Só o Dr. Diogo ficou quase duas horas me fechando, pontinho por pontinho, para deixar a cicatriz o mais perfeita possível. Afinal, como ele gostava de dizer, ele só trabalhava com "coisa fina". A última mensagem recebida foi "A operação foi um sucesso".

Meu coração antigo e guerreiro foi tirado de mim. Chegou o momento da separação. Fomos melhores amigos, fomos guerreiros e lutadores. Nunca abaixamos a cabeça. Desaceleramos o passo quando foi preciso. E foi preciso muitas vezes. Mas nunca paramos. Caímos feio. Doía quando isso acontecia. Mas levantávamos. Eu o respeitava e ele me respeitava. Uma vida de histórias, amores, conquistas, alegrias, aventuras, superações que nós dois vivemos juntos. Por várias vezes pedi perdão a ele por ter passado do ponto e prometia cuidar melhor dele. Ele cuidou de mim o melhor que pôde. Todas as vezes em que pedi para ele aguentar, ele aguentou.

Agora nossos caminhos se separavam. Ele precisou partir para eu ficar. Era hora de eu aprender a amar um novo amigo. E eu precisava muito desse novo amigo. Ele não me conhecia ainda, mas iria gostar muito de mim, pois eu já o amava muito. Como um filho, eu o amei e o esperei, antes mesmo dele chegar. Dizem que o coração é de outra pessoa. Era mesmo. Antes de mim, ele havia feito feliz outra pessoa. Agora ele era colocado em meu peito e assim se tornava meu coração.

Em algum lugar, em alguma cidade, alguém, alguma família disse "SIM" para a doação de órgãos. Eles não precisavam dizer. Podiam ter dito "não". E se tivessem dito "não", nada teria acontecido. Mas aquele coração, que já não mais seria utilizado, aquele coração que havia feito alguém feliz, que permitira a alguém viver, alguém andar, alguém falar, poderia salvar a vida de outro alguém. O filho de alguém poderia ser salvo. O pai de alguém poderia ser salvo. O amor de alguém poderia ser salvo. Eles não precisavam dizer "sim". Mas eles podiam. E podendo, disseram. E quando disseram, me salvaram. Era eu. A filha da Consuelo e do Julinho. A irmã do Eduardo. O amor do Du. A neta do Waldemar, da Dalcy, do Júlio e da Celina. A amiga de tantas pessoas. Era eu.

    A gratidão da vida que um dia foi recebida ao nascer seguia como gesto de amor e generosidade para alguém renascer. A vida recebida um dia foi passada adiante, como quem agradece a Deus pelo presente e amando o próximo estende a mão. Eu recebi com toda minha força. Com toda emoção e gratidão. Eu, receptora de amor. Eles, em algum lugar, doadores de amor.

é tempo de água

Ainda estava anestesiada e entubada quando os técnicos de enfermagem Lucas e Amigon entraram delicadamente no meu box. Caminharam até o topo da minha cama, agacharam próximo dos meus ouvidos – um de cada lado – e ali, envergonhados, mas cumprindo a promessa que haviam feito a mim, cantaram juntos um hino de vitória. Eu disse para eles que iria ouvir.

    Deixei tudo cuidadosamente esquematizado semanas antes sobre como gostaria que fosse meu pós-cirurgia. Disse que não queria que me deixassem sozinha abandonada no silêncio. Os instantes entre o final de uma operação e a volta da sedação podem passar despercebidos para a maioria, mas eu sabia que ali meu corpo ainda estaria lutando.

    Pedi para o Du colocar músicas alegres para eu ouvir, como as que eu adoro do Rei Leão (*Circle of Life* e *They Live in You*) e a música *Flores*, da minha banda preferida Titãs, entre outras. Pedi também para o pessoal da UTI falar palavras bonitas ao meu ouvido. Eu queria que me chamassem para acordar para a vida.

    Quando tentei abrir lentamente meus olhos, já era noite. O sono ainda era muito forte e me puxava de volta. Notei que o Du e meu irmão estavam ao meu lado e, com uma voz bem grogue, a primeira coisa que eu disse foi:

– Dudu, pode comprar um biquíni para mim...

– Biquíni? Para que você quer biquíni? – perguntou sem entender.
– Eu vou aprender a surfar... Eu quero um biquíni de surfista...
Eles riram.
– Calma. Melhora primeiro. Depois te dou o biquíni...
– Eu vou surfar.... vou surfar... – e apaguei de novo.

A sedação só passou por completo quase 30 horas após o término da operação. Dessa vez, quando abri meus olhos, já era dia e eu tinha plena consciência que um novo coração batia em meu peito. "Se eu estou acordada, é porque deu certo", pensei instintivamente.

Ainda estava admirando meu próprio despertar quando as técnicas de enfermagem vieram me dar "bom dia" alegres e, nesse mesmo momento, meus cirurgiões Dr. Paulo Pêgo e Dr. Ramez, praticamente adivinhando que eu acordaria, entraram no meu box da UTI. Todos me perguntavam como eu estava e a segunda coisa que disse depois do transplante foi:

– Estou com fome... – e abri um sorriso surpreso para eles.

Aquela era a frase mais emocionante que alguém que viveu tantos anos com insuficiência cardíaca poderia dizer. Eu tinha fome! Fome de verdade! Que nem gente normal. Parecia um sonho aquela barriga doendo pedindo comida.

– Pati, mas temos uma má notícia para você... Você está de dieta líquida o dia todo – disse o médico, se desculpando.

Nesse mesmo instante – juro, parecia um musical todo orquestrado –, a Jô, copeira do hospital, entrou no box com o café da manhã. Meus olhos se arregalaram! À minha frente, tinha uma bandeja com dois copos de suco de laranja, dois iogurtes de morango, uma água de coco e um chá. "Tudo isso é para mim?", perguntei, não acreditando. Eles se divertiam com a minha alegria. Eu estava com fome e minha dieta era toda líquida. Era como ganhar na loteria duas vezes! Olhei para eles e brinquei:

– Isso aqui está parecendo comercial de fim de ano da Globo...

Eles não entenderam a piada então complementei:

– "Hoje é um novo dia, de um novo tempo, que começou!" – respondi cantando, e todos rimos juntos.

O primeiro papelzinho amarelo, daqueles que eu colava na parede da UTI, que se realizou foi "RECUPERAÇÃO RECORDE". Afinal, para que pedir uma "boa" recuperação se podemos pedir uma recorde, certo? Ainda na fase da espera, Dr. Victor havia me explicado que eu ficaria no mínimo 15 dias na UTI no pós-transplante, muito provavelmente podendo ser mais tempo. Mas tudo evoluiu muito mais rápido e melhor do que eles esperavam. No terceiro dia de transplante, eu já estava de pé.

"Não quero gente deitada de coração novo", disse meu cirurgião. "Vamos botar esse coração para trabalhar." E orientou que eu deveria ficar em pé uma vez ao dia e solicitou uma poltrona para que eu passasse boa parte do tempo sentada. "Cama é só para dormir". Eu me animei com aquelas palavras.

Estava sentadinha, relaxando e não mais descansando, quando a técnica de enfermagem abandonou suas anotações, largou os papéis na cadeira e se aproximou de mim com olhos aguçados de curiosidade:

– Me diz uma coisa, você está sentindo alguma coisa?

– Como assim?

– Está lembrando nomes, sentindo algo diferente, vontades que não tinha...? – perguntou pausadamente como se tentasse me sugestionar.

Ela, que tantas vezes tinha cuidado de mim, me olhava agora como se eu fosse algo diferente, algo estranho e curioso. Eu entendi o que ela estava querendo dizer e não estava acreditando que estava ouvindo aquilo. Decidi saciá-la:

– Sim, estou me sentindo... – e chamei com a mão para ela se aproximar como se fosse revelar um segredo.

– O quê???

– SAUDÁVEL.

Ela ficou frustrada com minha resposta. O que ela esperava? Que eu me tornasse outra pessoa só porque trocaram meu coração? Que doidera! Eu continuava pensando como Patricia, amando como Patricia e sentindo como Patricia. Nada havia mudado. Ou melhor, tudo havia mudado.

Eu tinha um novo coração que veio cheio de amor de uma doação, o que me fazia mais feliz, mais saudável, mais viva. Mas, ainda assim, não me fazia menos eu. Meu espírito estava fortalecido e cheio de gratidão. A força que meu novo coração me trazia me permitia ser mais eu.

Se, no terceiro dia de transplantada, eu ouvi um absurdo desses, fiquei imaginando o que as outras pessoas pensavam. Será que elas achavam que a pessoa muda só porque trocou o coração? Mas deixei para lá, porque eu estava tão feliz que não valia me abalar. Me considerei uma prova viva experimental de que o que somos está no espírito, na alma, não está no corpo.

segue em frente

Tudo estava acontecendo tão rápido que eu mal podia acreditar. Estava acostumada com aquele tempo que não passava, com aquela vida em que nada acontecia, com minutos que duravam anos e dias que duravam décadas. E, de repente, num solavanco, ajustaram os ponteiros do meu relógio e me cuspiram de volta para vida. O tempo passou a correr como corre para as outras pessoas: com o dia passando e, quando você vê, tudo aconteceu e o dia terminou. O coração chegou e, cinco dias depois, eu estava recebendo alta da UTI e indo para o quarto. Simples assim.

Dr. Antenor chegou à entrada do meu box para se despedir com a discrição de um agente secreto. Encostou no batente da porta de costas para mim e, vigiando o corredor, anunciou baixinho: "Tenho dentro do meu jaleco uma barra de chocolate branco". E então deu uma espiadinha em mim e sorriu.

– Você não vai entrar? – perguntei, dando risada.

– Se você me convidou, agora eu posso – e veio se sentar próximo da minha cama. – Você quer um quadradinho do chocolate?

– Eu posso?

– Perguntei se você quer. Se quiser, tem que enfiar inteiro na boca para ninguém ver.

– Quero!

Eu detesto chocolate branco. Nunca contei isso para ele. Mas enfiei o tablete inteirinho na boca só pela farra e deixei ficar derretendo.

– Tirando o chocolate, você está bem? Como está se sentindo?

– Eu estou ótima... Sabe, doutor, depois de tudo que aconteceu, eu acho que entendi o significado da vida... – falei, querendo dividir algo com ele também.

– Profundo isso, doutora... Qual o significado? Me conta que eu ainda não sei...

– Eu estava pensando sobre isso logo depois que acordei do transplante. A vida é como um rio: a água de um rio não volta para trás, a água de um rio não anda de lado... Um rio segue em frente. E é isso que temos que fazer sempre, seguir em frente. Às vezes, vai ter uma montanha e o rio a contorna e segue em frente. Às vezes, vai ter um vale e o rio vai enchendo-o de água, formando um lago e segue em frente. Pode demorar mais? Pode. Mas ele, com paciência, vai desviando dos obstáculos e desenhando assim seu rumo. Não temos que olhar para trás na vida e nem para os lados, só temos um rumo e é para frente. Temos que seguir em frente como um rio. Só isso.

– Muito bonito isso, doutora.

Fizemos um silêncio como se estivéssemos refletindo e filosofando sobre o que eu tinha acabado de falar. "Não posso ficar muito tempo aqui, pois você está com restrições... Já engoliu o chocolate?". E eu respondi, mostrando com a língua o que sobrava. "Engole isso logo!" E saiu sorrindo pela porta.

O quadradinho de chocolate ainda derretia na minha boca quando as técnicas de enfermagem colocaram meus pertences junto do meu prontuário em cima da cama e começaram a movimentá-la. Depois de tanta dor, luta e sofrimento, um silêncio se fazia no campo de batalha. O rio da minha vida seguia em frente e eu tentava entender e acompanhar essa nova realidade.

Segunda-feira, 3 de agosto de 2015
A guerra acaba quando o último homem do inimigo cai ao chão.
Olhava ao redor e não via mais ninguém. Tudo era cinza, preto e branco. Corpos estendidos na neve. A samurai caminhava devagar por entre os corpos com a espada abaixada, buscando o perigo no horizonte. Mas não havia nada. Ouvidos atentos e respiração curta. Uma volta de 360 graus confirmava: não havia mais ninguém.

De cima do cavalo, Sara cavalgava rápido, abaixada. Não ouvi mais nenhum barulho além do casco do meu cavalo. Eu fugia rápido, mas talvez já não houvesse do que fugir. Talvez o inimigo já tivesse ficado para trás.

*Olhei ao redor e também não vi nada. Respirei por um instante,
mas não parei. Segui cavalgando rápido para onde a estrada iria me levar.*

*A negra rezava ajoelhada na terra batida de olhos fechados. O escuro
não parecia mais tão escuro. Ergueu devagar sua cabeça e abriu os olhos,
avistando os primeiros raios vermelhos no horizonte. O sol queria nascer.
A noite estava passando.*

a aprendiz

Renascer é começar de novo. Literalmente, do zero. Como um bebê que se diverte ao descobrir o próprio pé e fica apreensivo frente a um inofensivo móbile colorido. Tudo é empolgante e ao mesmo tempo um pouco intimidador. No entanto, nessa segunda vez, vivemos o paradoxo de sermos os pais de primeira viagem de nossa própria existência.

Tia Rose veio de Minas ser minha acompanhante nessa fase de descobertas e estava ao meu lado quando o enfermeiro Márcio chegou no quarto para nos dar as primeiras orientações. Ele explicou que a máscara deveria ser usada tanto por mim quanto pelas visitas – que, por sinal, seriam restritas – e que eu poderia tirá-la apenas na hora de me alimentar. E salientou que todos deveriam higienizar as mãos com sabão ou álcool em gel antes de se aproximarem de mim.

Assim que ele terminou, eu perguntei se alguém poderia me trazer uma comadre, pois eu precisava fazer xixi.

– Comadre? Aqui no quarto tem banheiro – estranhou ele.

– Mas eu não consigo ir sozinha.

– Então vou arranjar uma cadeira de rodas para você. Aqui não tem comadre para quem tem coração novo...

Em segundos, ele chegou com a tal cadeira que tinha assento de privada e a estacionou ao lado da minha cama me lançando um olhar desafiador.

– Você me levanta? – perguntei.
– Não.
– Mas eu não consigo levantar sozinha.
– Então temos que reaprender. Olha para mim. Presta atenção nos meus movimentos. Você vai cruzar os seus braços e tentar jogar seu tronco para frente colocando a força no abdômen...
– Mas eu não tenho força em lugar nenhum...
– Pati, eu sei que você passou por muita coisa e está com medo. Mas agora precisamos reaprender tudo, ok?

Ele começou a me contar sobre algumas filosofias da luta que ele praticava e me pediu para respirar, me concentrando apenas no meu movimento. Com o peito remendado, eu cruzei os braços lentamente, tentando proteger a cicatriz e olhei o espaço vazio entre eu e a cadeira como um precipício a saltar.

Fiz exatamente como o mestre havia orientado e, quando ele viu que cheguei o mais longe que conseguia, antes que meu corpo voltasse com tudo para trás, sua mão generosa respaldou minhas costas, me ajudando a sentar na cadeira. Ali quebramos juntos a inércia.

Tia Rose estacionou a cadeira de rodas em cima da privada e em seguida se retirou. Depois de tantos meses, me vi pela primeira vez rodeada por quatro paredes sem mais ninguém ao redor. "Estou mijando sozinha!", constatei admirada. Sorrindo para os azulejos que não me sorriam de volta, eu fiz meu primeiro xixi ao som poético da queda livre da minha urina, demorando de propósito só para saborear todos aqueles metros cúbicos que tinha só para mim.

Na tarde seguinte, o fisioterapeuta Lucas chegou no meu quarto com sua alegria maranhense, anunciando a meta do dia: "Bora andar, mulher?". Ele me explicou que trocar o coração era como colocar um novo motor de BMW dentro de um fusca. E que precisávamos trabalhar para recuperar a carcaça antiga, judiada pelos anos de dificuldades, pois o novo motor não estava acostumado a trabalhar num sistema tão fraco.

– Primeiro, quero que tu te levantes sozinha e fique em pé. Depois vais caminhar até a porta do quarto, erguendo os braços intercalados enquanto caminha...
– Você está me zoando, né? Até a porta é muito longe...
– Não estou, não... Vai e volta e depois vamos sentar na cadeira. Tu vais te sentar sozinha também.

Enrolei uns vários minutos tomando coragem para ficar em pé sozinha. Enquanto isso, a tia Rose, que era a testemunha ocular e cinegrafista familiar desse período, preparou o celular para registrar tudo e minha mãe poder acompanhar cada acontecimento, mesmo de longe.

    Dizem que a gente nunca esquece como andar de bicicleta, mas curiosamente esquecemos como andar. Comecei com passos inseguros e duros, indo bem devagar. Ao mesmo tempo, meus braços iam subindo e descendo intercalados. Respirava totalmente concentrada como se estivesse correndo muito rápido e, ao mesmo tempo, com medo de cair para o lado. Quando cheguei perto da porta abri um sorriso largo para a tia e para ele.

    – Estou parecendo um zumbi andando –brinquei.

    – Está ótima! Falei que tu conseguias! Agora é só voltar... Presta atenção no teu equilíbrio...

    Voltei devagar até ficar na frente da cadeira. Respirei. Sorri para o vídeo. E devagarinho fui me sentando com os braços cruzados na frente como o Márcio havia me ensinado, usando a força do meu próprio abdômen e coxas enquanto sorria de emoção. Quando minha bunda tocou o assento, os dois comemoravam como se eu tivesse feito o gol que decide a Copa do Mundo.

    A partir de então, todos os dias, a fisioterapeuta Laurinha vinha até meu quarto me levar para caminhar alguns passos no corredor do hospital. Quando chegava, em boa parte das vezes, ao me ver, dizia: "O que é essa cara? Eu não faço exercício em gente feia. Pode se arrumar, passa um batom, que eu volto depois". A Tia Rose se divertia. E então eu fazia uma trança de lado, passava um batom mesmo sabendo que ia colocar a máscara e saíamos juntas para caminhar.

    A sensação de olhar outras pessoas de igual para igual, na altura do olho, depois de tanto tempo deitada, de onde via todo mundo de baixo, era algo realmente incrível. Se tivesse consciência, tenho certeza que todo bebê concordaria comigo: o mundo é completamente diferente de pé. E uma das coisas que eu mais gostava era de observar os lençóis remexidos da cama de hospital sem eu estar ali. Ver aquela cama vazia era para mim um sinal de vitória.

Despertei sozinha ainda cedo e, quando olhei para o lado, vi que a tia ainda dormia no sofá. Mas, estranhamente, eu não me sentia cansada nem tinha vontade de voltar a dormir. Fiquei fitando o teto branco naquele silêncio matinal até que notei um barulho. Um ronco. Era eu! Me diverti ao ver que minha barriga já estava com fome. Na sequência, senti outra coisa... Era vontade de fazer xixi, mas eu não havia tomado diurético...

    "Os rins estão funcionando!", conclui esboçando um sorriso. Naquela manhã de agosto, eu percebi quão mágica é essa máquina humana. Basta adicionar a peça faltante que toda a engrenagem volta a trabalhar como se não houvesse passado décadas e décadas na escassez. Sentia como se todos os meus órgãos, como se todo meu sistema estivesse se religando numa sinfonia.

Raios de luz entravam pela janela à minha direita e eu me sentia completa e cheia de energia. Não faltava mais nenhuma peça. E então, por pura felicidade, decidi tentar cantar baixinho para mim mesma minha música favorita. A voz saía fraca e rouca.

"Olhei até ficar cansada... de ver os meus olhos no espelho.
Chorei por ter despedaçado... as flores que estão no canteiro"

Só ali eu me dei conta de quantos anos fazia que eu não ouvia minha própria voz. É preciso forças para cantar. Cantei sorrindo para o teto branco, enquanto lágrimas desciam quietinhas pelo canto do rosto.

"Os punhos e os pulsos cortados... e o resto do meu corpo inteiro
Há flores por todos os lados... Há flores em tudo que eu vejo"

Cheia de gratidão, eu curtia o dia que nascia.

mas nem tudo são flores...

Como disse, renascer é vivenciar tanto a experiência do bebê que redescobre o mundo, quanto a insegurança dos pais que veem diante de si os desafios e as responsabilidades nessa fase frágil da vida. Queremos saber se tudo está dando certo, se o novo órgão está saudável, se está sendo bem aceito pelo organismo.

A mesma aflição dos progenitores ao ver um filho não conseguir mamar e pegar peso, sentimos nós transplantados relativa à adaptação com a imunossupressão. Não basta nascer, é preciso nutrir. Da mesma forma, não basta transplantar, é preciso imunossuprimir. É o que a História nos ensinou.

Em 1967, o cirurgião sul-africano Christiaan Barnard realizou o primeiro transplante de coração no mundo. Um feito inédito e revolucionário na história da Medicina. Contudo o paciente viveu apenas 18 dias com o novo coração. Cinco meses depois, em 1968 aqui no Brasil, a equipe do cirurgião Euclydes Zerbini repetiu a façanha no Hospital das Clínicas em São Paulo, com o famoso paciente "João Boiadeiro", mas ele também viveu apenas 28 dias após o transplante. Foi só na década de 1980, com o avanço dos medicamentos imunossupressores – que reduzem a imunidade artificialmente para que o corpo não entenda as células do novo coração como "invasoras" e as ataque – que os transplantes puderam realmente ser retomados.

Antes de eu receber alta da UTI, Dr. Victor já havia me contado que suspeitava que meu corpo estivesse metabolizando o medicamento e jogando fora, pois apesar de eu estar com dosagens altas para o meu peso, os exames não o detectavam no sangue. A suspeita dele foi confirmada pelos resultados da minha primeira biópsia, onde foram coletados quatro pedacinhos do coração para que as células fossem analisadas em laboratório. Minha primeira biópsia veio "Nível 2", em uma escala que vai de 0 (sem rejeição) a 3 (rejeição extrema), o que não era nada bom.[10]

Comecei a pedir para todas minhas amigas rezarem para o meu corpo assimilar o medicamento e o Dr. Victor aumentou os remédios para a dose máxima. Mentalmente conversei com meu novo coração e disse para ele: "Eu já te amo muito e não te largo nunca mais. Com ou sem remédio você fica comigo, ok? Agora somos só nós dois".

Com o passar dos dias, comecei a ter fortes dores de cabeça, que foram aumentando progressivamente. As enfermeiras me perguntavam "qual era o nível de dor numa escala de 1 a 10" e eu respondia sempre "2" ou "3" mesmo doendo bastante. Até um dia que chorando eu implorei ajuda e remédio: "Está 7, está doendo 7!". Elas me medicaram e eu dormi.

Era manhã do Dia dos Pais. Meu irmão foi me visitar e o Du aproveitou que ele estava lá para tomar um banho. Estava sentada e comecei a ver pontinhos pretos na parede, que foram aumentando, aumentando, até fecharem minha visão por completo. Dali em diante, se eu disser que me lembro do que aconteceu, será mentira. Tenho flashes apenas.

Eu entrei em convulsão e meu irmão assustado saiu gritando por ajuda porta afora. O Du assim que ouviu saiu correndo quase pelado do banheiro. E a dois passos, literalmente dois passos do meu quarto, estava meu médico naquele domingo de Dia dos Pais. Ele poderia não ter ido me ver, com todo o álibi do mundo, pois tinha trigêmeas o esperando em casa, mas ele foi. E lá estava ele quando meu corpo principiou a convulsionar e meu irmão a gritar.

Disseram que foi tudo muito rápido. Dr. Victor largou os papéis que assinava no ar e correu direto para o quarto. A equipe de enfermagem foi imediatamente atrás, com o carrinho. Quando ele bateu o olho em mim, gritou

---

10 Nível "0" seria o que os médicos chamam de "biópsia limpinha" com zero rejeição. Nível "1" significa baixo nível de rejeição e em geral não gera preocupação num primeiro momento. Nível "2" seria rejeição e precisaria ser tratado com corticóides e medicamentos. E nível "3" é rejeição nível *hard*, quando o corpo está atacando e expulsando o novo órgão. Essa pessoa precisaria de um retransplante, ou seja, achar um novo órgão urgente para trocar. Se não é fácil achar um coração, imagine dois.

pelo medicamento. A seringa foi colocada na mão dele e, em instantes, ele a aplicou. Tudo não durou dois minutos.

Meus flashes são da maca se movendo depressa pelos corredores. Da voz da Laurinha dizendo "fica calma, Pati, vai dar tudo certo". E de eu puxando meus olhos como japonesa e dizendo "não tô vendo nada, não tô vendo nada", mesmo de olhos abertos.

Quando acordei e percebi que estava dentro da UTI, tomei um susto. O Du estava ao meu lado.

– O que eu estou fazendo aqui? Por que me trouxeram para cá? – perguntei, nervosa.

– Você não lembra de nada?

– Lembro da Laurinha... Cadê ela?

– A última vez que você viu a Laurinha foi ontem... Você não lembra de nada?

– Ontem?

– Você teve três convulsões ontem. Uma no quarto, uma na tomografia e uma quando chegou na UTI. E parece que está com um sangramento no cérebro...

Dr. Victor ficou sabendo que eu tinha acordado e foi direto me ver.

– Menina, que susto, hein!? Acho que suas amigas rezaram demais – disse brincando. – Você teve uma intoxicação pelo imunossupressor e isso deve ter causado o sangramento no cérebro que gerou as dores de cabeça e as convulsões. Vou mudar seu medicamento, pois você não está se adaptando. E vamos acompanhar com um neuro.

Saber que as coisas não estavam dando certo me abateu profundamente. "Cadê meu comercial de fim de ano da Globo?" Olhei ao meu redor e vi a comadre, os acessos me ligando às máquinas, a monitorização. Não era para eu estar ali... Eu estava tão bem... Era como se um redemoinho tivesse me puxado para trás justamente quando estava tão perto de tocar o meu sonho dourado. Voltar para UTI foi um verdadeiro soco no estômago.

Não bastasse o remédio que é fundamental para eu permanecer viva não estar dando certo, eu ainda tinha um novo problema grave no cérebro agora. Vieram me buscar para uma nova tomografia e me colocaram na cadeira de rodas. Eu estava vestindo o quê? A camisola da derrota do hospital. Até para ela eu tinha voltado.

Me ver naquela cadeira, com a camisola da derrota, sendo empurrada pelos corredores, me fez pensar que talvez eu nunca fosse realmente sair dali.

Vai ver eu havia me iludido. Talvez não fosse dar certo. Vai ver a minha história era sobre a tentativa e não o sucesso. Tinha ido o percurso todo cabisbaixa e desacreditada, me sentindo triste e impotente. Deixando a cada metro todos aqueles pensamentos ruins me levarem para o fundo do poço, onde eu mesma já estava me enterrando. A cadeira estacionou na frente do elevador, numa ala por onde só quem está internado passa. Estar ali já era um fracasso.

Até que minha cabeça então se levantou. "Está difícil? Está. Parece improvável? Parece. Estou cagando! Estou cagando para tudo isso!" Como uma mãe que assume as rédeas da situação na luta pelo filho, eu desenhei uma porta imaginária num muro cinza. "Eu vou sair daqui, sim! Sabe por quê? Porque eu quero! Eu não sou isso. Minha história não é essa. E eu vou sair daqui simplesmente porque eu quero! Eu sou a diretora da minha vida e eu escrevo a história que eu quiser!" E então a porta do elevador se abriu.

você não é o seu passado, você é o seu futuro

É curioso observar como resistimos a aceitar a dinâmica ondulatória da existência. Nos assustamos com as quedas porque idealizamos sempre o caminho da cura ou do sucesso como algo linear: "O coração chegando, tudo se resolve". Quando, na verdade, os acontecimentos parecem funcionar na vida de forma muito mais cíclica.

Altos e baixos. Altos e baixos. Mais uma vez como a Economia. Dificilmente as polaridades são unicamente positivas. Esperar não ter percalços, desvios, atrasos, sustos talvez seja apenas uma ilusão fruto da nossa própria projeção. Muito mais importante é que nosso rumo esteja certo e que as curvas ruins estejam ficando cada vez mais curtas e suaves, enquanto as boas, cada vez mais longas e intensas.

Defini como única meta de vida conseguir sair do hospital e, para que essa curva indesejada fosse o mais breve e amena possível, estabeleci três frentes de trabalho. Decidi, em primeiro lugar que, tirando os medicamentos para o coração transplantado – os quais tomava sempre com muita alegria –, não pediria mais remédio algum para as enfermeiras. Dor de cabeça, dor nas costas? Eu passei a aguentar. Além disso, cada vez que a bandeja de comida chegava no quarto, eu faxinava absolutamente tudo o que as nutricionistas tivessem enviado nela, mentalizando: "meu alimento é o meu remédio".

Para receber a tão sonhada alta, segundo as equipes, eu precisaria provar ser capaz de fazer tarefas básicas sozinha, como andar e tomar banho. Por isso, as sessões de fisioterapia viraram o terceiro ponto central do meu foco. Sugava o ar do triflo, aquele aparelho de bolinhas, concentrada como uma verdadeira atleta hospitalar; cumpria cada série com afinco, e caminhava várias vezes ao dia no corredor, de onde visualizava o átrio do hospital e as pessoas passando lá embaixo. Queria meu corpo limpo para se recuperar o mais rápido possível da intoxicação e ficar o mais forte que pudesse para sair logo dali.

Nesse meio tempo, aproveitei para pagar a promessa que fiz à anestesista da minha operação e encomendei um bolo de quatro quilos que enviei para o Centro Cirúrgico com um cartão endereçado à Dra. Adélia. Fiquei sabendo que a recepção do carinho foi uma sensação por lá. Não só por ser a primeira promessa feita na hora da faca que havia sido paga, mas porque quase ninguém lembra de enviar carinhos para o pessoal do bloco cirúrgico e da hemodinâmica.

E, claro, passei também a informar às minhas amigas os valores exatos que o Dr. Victor queria ver nos exames, para elas rezarem de forma direcionada. Afinal, não custava, né!?

Com um mês de transplante e os testes finalmente acusando o medicamento no meu sangue, o Dr. Victor decidiu me dar alta e me deixar ir para casa. "Se prepare para sair do hospital em dois dias, Patricia", e saiu sorrindo do quarto. Eu mal acreditava que esse dia estava realmente chegando.

Começamos a maior movimentação na minha família. Eu não podia ir para a casa da minha mãe porque ela tinha uma cachorrinha e eu não deveria ter nenhum contato com animais nos primeiros seis meses de transplante. Então teria que ir para a minha casa, mesmo ela não sendo mobiliada. Mas minha amiga Natália, que é arquiteta, conseguiu um sofá que ficava em exposição numa loja, por um preço maravilhoso, o que já garantiu nosso conforto e minha dignidade de não ter que ficar só na cama.

Na data combinada, eu acordei, tomei café e arrumei meus pertences. Eu observava aquelas malas prontas em cima do sofá de couro marrom como o símbolo de uma promessa. O sol brilhava do lado de fora, iluminando um caminho que estava para começar. A alta já estava assinada.

Diversos profissionais passaram para me dar as orientações que eu deveria seguir em casa. Nutricionistas, psicólogos, farmacêuticas, fisioterapeutas e enfermeiros. Alguns se emocionaram. Era uma despedida, mas como se despedir de quem lutou comigo a maior batalha da minha vida? Faltavam palavras que expressassem o que eu sentia por eles e o que eles significavam para mim.

Escrevi uma carta para mandar para o pessoal da UTI e da UCO, pois não podia partir sem me despedir deles. Dobrei o papel e pedi que o entregassem. Eu estava pronta. O Du aguardava em pé do lado de fora junto das malas. Caminhei até a metade do quarto. Até que me virei para a enfermeira que nos acompanhava e perguntei:

– Você me empresta sua caneta?

Ela hesitou um instante sem entender, mas pegou o canetão preto que carregava no jaleco e entregou na minha mão. Eu voltei até o quadro branco pendurado na parede do quarto, apaguei o que tinha escrito ali – "risco de queda" e "pós-transplante cardíaco" – e escrevi em letras garrafais, curtindo cada letra:

"THE DOG DAYS ARE OVER"

Olhei para eles. Acabou. Eu estava indo embora. Era verdade. O Du deu um grito de alegria, comemorando comigo aquele momento e os olhos da enfermeira se encheram de emoção. Caminhei até a porta, onde tinha uma cadeira de rodas me esperando.

– Vamos embora, Pati? – disse meu amigo e parceiro que por várias vezes me transportou no hospital para fazer exames.

– Quem vai aí são as malas. Eu vou andando! – e todos riram.

Descemos pelo elevador e, quando chegamos ao térreo, a ampla porta de vidro deixava entrar toda a claridade do dia. Era tanta luz que eu já não estava mais acostumada. Diversas pessoas passavam, iam e vinham ao nosso redor sem ter ideia do que representava para nós aquele momento ou passar por aquela porta. Pela primeira vez, olhei o átrio do hospital de baixo para cima e não mais de cima para baixo, como quem está internada nos quartos. E contemplei a imensidão que eu deixava para trás.

Paramos alguns metros antes. Eu e o Du nos olhamos. De mãos dadas cruzamos juntos a porta de entrada do hospital e eu apenas sorria. Sorria para vida e engolia com meus olhos cada detalhe extasiada. Era como se eu respirasse por todos os poros da minha pele e estivesse vendo o mundo pela primeira vez. Via as pessoas caminhando e achava incrível todo aquele barulho. Até do barulho da cidade que pulsa vida eu estava com saudades.

Entramos no carro, abri a janela e deixei o vento me atravessar como um raio. Colocamos a música *Dog Days are Over*, da banda britânica Florence and the Machine, e cantei. E chorei. E sorri. E curti. E fazíamos selfies para comemorar. Quando chegamos na porta de casa, me senti literalmente como num desses filmes de realidade paralela.

Parecia que não havia passado um dia sequer e que, ao mesmo tempo, havia se passado anos. Era como se existisse toda uma vida em outra realidade, com outros personagens, outras rotinas que eu estava prestes a abandonar. Do outro lado, me aguardava não um outro espaço, mas um novo tempo.

Eu era o soldado que voltava da guerra, a menina cuja vida naquele local havia sido interrompida, os pais com o recém-nascido no colo. Presente, passado e futuro se confundiam num só instante dentro de mim, naquela que foi uma das sensações mais loucas da minha vida.

Estiquei a mão até o portal de tinta branca, toquei a maçaneta prateada e a girei, adentrando numa viagem em meu buraco de minhoca particular.

Eu estava de volta... à minha nova existência.

"lar doce lar"

Já tinha 12 anos de idade completos quando li pela primeira vez "O mundo de Sofia", de Jostein Gaarder. Mergulhada nas páginas encorpadas do exemplar que tenho até hoje, lembro de ter sido capturada pela célebre frase do filósofo pré-socrático Heráclito de Éfeso e achei curiosa sua afirmação de que "ninguém pode entrar no mesmo rio uma segunda vez". Pois, segundo ele, depois da experiência, nem nós e nem o tal rio éramos mais os mesmos. Acho que foi mais uma pista – ou bilhetinho carinhoso – que o Universo me deixou disfarçado no cenário.

Assim que a porta se abriu por completo, revelando aos meus olhos minha antiga casa, me deixei levar pela correnteza quente que me esperava ansiosa, do lado de dentro, para uma pequena surpresa:

– Bem-vinda, meu amor!!!

Meus pais, meu irmão, tia Maria Luiza e minha prima Natália estavam presentes, rodeados por balões de coração espalhados pela casa e frases em papéis amarelos penduradas na parede. "Daqui para frente tudo vai ser diferente". "Coração 100%". "Eu voltei e agora é para ficar, porque aqui, aqui é meu lugar".

Abri um sorriso e apreciei encantada cada detalhe desse carinho preparado pela minha prima Natália. Havia comida, torta e bolos servidos na mesa e minha mãe correu para me mostrar orgulhosa a geladeira abastecida e as toalhas e lençóis recém-lavados. A casa havia sido cuidadosamente limpa e preparada para minha chegada.

Igualmente presente estava também o novo sofá comprado pela minha amiga arquiteta, que inclusive acabou sendo o papo do momento. Todo mundo sentava, levantava e deitava para avaliar a novidade. Ele era enorme, super confortável e inacreditavelmente da mesma cor marrom-claro do chão da sala, o que me fez apelidá-lo carinhosamente de "meu barco azul no mar azul".

Entre uma conversa e outra, e em meio aos semblantes de felicidade, fui reparando que todas as minhas coisas tinham ficado ali, exatamente no mesmo lugar que havia deixado, me esperando. As plantinhas na varanda, os porta-retratos no criado-mudo, meu violão no canto da sala. Estava tudo igual, e ao mesmo tempo, diferente. Minha pequena casa parecia gigante para quem antes só tinha uma cama e eu ainda a observava com a admiração de uma visitante.

Pouco tempo depois, todos foram embora para não me cansar e ficamos apenas eu, o Du e os balões de coração. A tarde caiu e o pôr-do-sol foi simplesmente inesquecível nesse dia, em tons de laranja clarinho, amarelinho e azul claro. E da varanda de casa, abraçados, nós dois assistimos a ele, contemplando a pintura daquele dia.

Sábado, 22 de agosto de 2015

Acho que ainda está caindo a ficha. Já estou em casa desde ontem mas parece que não aterrissei ainda. Acho que foi muita coisa. Acho que foi muito intenso. Foi verdadeiro de um jeito tão entregue que foi quase uma ilusão. Foi tão surreal em alguns momentos, que voltar foi como acordar de um sonho. Puft. Acabou. Eu lutei com todas as armas. A cada segundo. Empunhei um sorriso e minhas melhores armaduras. Não sabia o quanto as batalhas iam durar. Quantas cicatrizes iam ficar. Fui para luta de peito aberto e coração entregue. Me doei. E a vida me devolveu sua resposta. Para cada investida minha, um anjo ela enviava me protegendo. E eram anjos da floresta. Eram pássaros e avisos. Fui sozinha para luta com apenas minha coragem e, quando vi, havia um exército ao meu redor. E lutamos todos. Lutamos juntos. E eu dancei. E flutuei. Sorri e me sorriram de volta. E foi mais fácil no final, apesar de em alguns instantes ter sido eterno. Vivi a eternidade em segundos e, de repente, voltei para casa. Puft. Uma felicidade imensa e gigantesca invade minha alma por estar de volta. Totalmente proporcional à eternidade dos segundos que vivi.

O toque suave da roupa de cama na minha pele. O silêncio da ausência de monitoração cardíaca e da movimentação nos corredores. Assim que despertei na manhã seguinte e confirmei que estava mesmo em minha própria cama e em meus lençóis, respirei profundamente aliviada e só agradeci por isso. Nem eu sabia que gostava tanto daquele cheiro de amaciante.

Em seguida, me dei conta de que pela primeira vez em tantos meses, o café não iria chegar na cama, ninguém me daria banho ou viria me dizer o que fazer. Agora a responsabilidade era toda minha e um inesperado sentimento de insegurança me bateu. "Será que vou dar conta?"

Caminhei sem pressa até o banheiro para tomar meu primeiro banho. Fechei a porta e fui tirando a roupa devagar, prestando atenção no meu equilíbrio e com cuidado, pois o movimento do tronco ainda estava limitado.

Antes de entrar no box, me olhei no espelho e vi um corpo jovem se desenhando à minha frente. Não tinha deixado tirarem o curativo da cicatriz no hospital porque achava que ele a protegia, mas já estava liberada para fazê-lo. Enquanto ainda olhava para o espelho, fui puxando a bandagem devagarinho e então vi se revelar a cicatriz que tinha mais de 20 centímetros e cortava meu peito bem no meio.

Passei os dedos curiosa por ela, para senti-la. Ela era linda. E me achei linda com ela, uma guerreira com sua verdadeira marca de guerra. Comecei a brincar com os cabelos, tampando os seios com minhas mechas e assim ficava apenas a cicatriz se destacando. Sorri para a imagem que se revelava.

Na sequência, entrei no banho, calculando os movimentos e a fim de evitar que a corrente forte do chuveiro caísse com pressão sobre a recém--descoberta cicatriz, peguei com cuidado o chuveirinho e fui virando-o até seu jato encontrar a minha pele.

Quando as gotículas de água começaram a escorrer alegremente pelo meu corpo com a magia da gravidade, senti toda a poesia daquele momento e deixei ela me inundar: eu estava de pé, sozinha, tomando um banho, em minha própria casa!

Chorava e ria pela vida que iria ter, pelos sonhos que iria realizar. Por tudo que iria viver. Aquele banho lavava também a minha alma.

Redescobrir aquele mesmo apartamento sem o cansaço de outrora, foi algo realmente delicioso. Lavava a louça brincando com a água e, por vezes, caminhava pela sala encantada, só para testemunhar meus pés flanando independentes pelo chão da moradia. Reclinada em meu barco azul no mar azul, imaginava coisas simples como a alegria de montar minha árvore de Natal sozinha. "Esse ano vou decorar toda a casa no Natal, vai parecer lojinha de R$1,99." E sorria para esses pensamentos com minhas bochechas gigantes, crédito dos corticoides que tinha que tomar.

No entanto, misturada a essa imensa alegria, existia também uma ligeira sensação de desnorteamento. Como se eu tivesse acabado de me salvar de um afogamento e retornado à superfície ofegante. E me visse rodeada por 360 graus de água a perder de vista no horizonte. "Meu pai do céu... para onde eu vou nadar agora?" O problema da metáfora filosófica do rio é que ela supõe que é a gente que vai entrar no rio duas vezes, mas às vezes é o rio que entra na gente, bagunçando tudo ao nosso redor.

Eu não cabia mais na minha antiga narrativa e no roteiro vivido por 30 anos. Não era mais a menina do coração fraco, a paciente do Box 9 ou o soldado com uma guerra por travar. Me sentia literalmente como uma página em branco, parte de uma realidade que ainda não sabia exatamente qual era. Da janela de casa, visualizava um mundo inteiro que me convidava a pertencer.

Eu não estava acostumada com tantas opções, por tantas vezes sonhei com um caminho e ele me foi tolhido e agora me via com todas as possibilidades à minha frente. Eu sabia ser limitada, tão pequenina quanto uma ideia presa na mente. Mas não sabia ser livre. Descobri que a liberdade é algo absolutamente desconcertante.

O rio que me invadiu não era exatamente um riachinho límpido e cristalino, mas um verdadeiro mar de águas turvas e confusas, como nosso grande Rio Amazonas. Foi também só quando cheguei em casa, que percebi o quanto estava adaptada à minha "vida hospitalar". Certa vez, o técnico de enfermagem Gilson veio colher meu sangue e, assim que a agulha me picou, eu comecei a chorar. Então, ele delicadamente veio até meu ouvido e sussurrou: "Pensa que você só veio aqui fazer novos amigos" e eu parei de chorar na hora.

Foi exatamente isso. Eu tinha saudades das conversas com o Dr. Antenor, dos passeios com a Laurinha, dos exercícios com o Lucas e de tanta gente, mas todos eles estavam distantes agora. Navegava entre a alegria, a saudade e as dúvidas existenciais, quando o Dr. Victor aproveitou nossa primeira consulta do pós-transplante para fazer uma sugestão:

– Patricia, se possível, tente fazer duas sessões de reabilitação cardíaca por semana no hospital por um período de três meses. A ideia é tentar te ajudar a retomar mais rápido suas atividades diárias, numa continuação e evolução do trabalho que a equipe de fisioterapia fez contigo no pré e no pós-transplante.

Abri um sorriso largo para a sugestão dele e abracei a ideia imediatamente. Motivada unicamente pela oportunidade de matar as saudades dos meus amigos e sem sequer imaginar que estava prestes a encontrar as primeiras pistas das respostas que tanto procurava.

elefantinhos e aves raras

Calçando um tênis rosa da minha mãe – que era dois números maior do que eu calçava e me exigiu colocar duas meias grossas para firmar no pé – e usando a máscara facial, eu parti na companhia da tia Maria Luiza rumo ao hospital para minha primeira sessão de reabilitação.

No percurso, cheguei a notar algumas pessoas me olhando estranho por conta da máscara, como se eu tivesse algo que elas pudessem pegar, quando na verdade eram elas é que tinham muitos vírus e bactérias, dos quais eu estava me protegendo. Mas honestamente nem liguei para isso, usaria até um capacete e macacão impermeabilizados contanto que tivesse saúde para vesti-los sozinha.

Entramos juntas pela porta da frente do hospital - não mais pelos fundos no Pronto-Socorro –, o que já me deixou feliz e, enquanto caminhava até o segundo andar do edifício, imaginei que a tal sessão de "reabilitação" seria algo muito parecido com os exercícios que os fisioterapeutas faziam comigo quando estava internada no quarto.

Quando cheguei na entrada de vidro fosco do Centro de Reabilitação CardioPulmonar, dei o comando num grande botão para abrir as portas automáticas, e então meus olhos se arregalaram com a imagem completamente idílica que mais parecia o Baú da Felicidade do Silvio Santos: à minha frente, esteiras e bicicletas ergométricas; à direita, aparelhos de ginástica desses de gente normal; à esquerda, pesinhos de todas as cores, elásticos e bola de treinamento funcional. Tudo numa grande sala contornada por paredes de vidro e paisagem verde.

– Isso aqui é tipo uma academia!!! – exclamei boquiaberta assim que vi o Lucas, que deu risada da minha empolgação.

Aqueles aparelhos eram para mim um enorme símbolo de saúde e algo tão distante da vida que eu conhecia com o coração antigo. Ainda era adolescente quando meu sonho de consumo era simplesmente poder correr na esteira, tomando Gatorade, usando uma faixinha atoalhada na cabeça – a parte da faixinha, no caso, é onde a gente delata que nasceu nos anos 80. E então lá estava eu, prestes a fazer parte de tudo isso.

Idosos caminhavam de um lado para o outro naquele espaço, cheios de energia e fazendo séries de exercícios. Tão diferentes dos senhores entubados que me acompanhavam outrora na UTI. "Pelo visto estou com a ala saudável da terceira idade agora", concluí radiante.

"Bora fortalecer esse coração, mulher?", me chamou o Lucas enquanto ajustava as máquinas de membros inferiores para ficarem sem carga alguma. Sentei na cadeira futurista que mais parecia brinquedo da Disney e, a cada movimento, minhas pernas tremulavam de tão fracas. Ainda estava com minha carcaça de fusca.

Na sequência, ele me levou até a esteira e caminhamos a 2 km/h por apenas alguns minutos. Ele pausou o aparelho, trouxe uma cadeira para eu descansar cinco minutos e, na sequência, retomamos a caminhada. Avançava no rolo preto tão devagarinho, que se colocassem um jabuti ao meu lado, tenho certeza que ele me passaria.

Duas vezes por semana, lá estava eu de volta naquele que passei a considerar um verdadeiro Templo de Saúde e Bem-estar. Lucas me explicava em nossas sessões que o coração trabalha num trio "coração-pulmões-músculos" e, quanto mais fortes estiverem pulmões e músculos, mais tranquilo o coração poderá trabalhar. Mas confesso que não foi exatamente fácil ou intuitivo assumir o comando do meu corpo.

Faltaria ainda nessa equação dele uma variável importante: a mente. Para praticamente todo exercício que ele me indicava, por mais que quisesse fazer, eu reagia automaticamente na defensiva: "Tem certeza que posso fazer? Não está muito pesado?". E no dia seguinte às sessões, vivia o desafio emocional de lidar com o "cansaço de treino".

Não é de se admirar, contudo, que depois de escutar a vida toda para "diminuir, frear, descansar e preservar", moldada pelo medo de "passar dos limites", que eu me comportasse como o elefantinho que cresceu acorrentado à estaca. Tive que ouvir do Lucas infinitas vezes: "Pati, é um novo coração, pode confiar, ele aguenta". E escutei do meu médico igualmente: "Patricia, todo mundo fica cansado, esse cansaço que você sente agora é normal".

Aos pouquinhos, fui experimentando me afastar do cercadinho. Não demorou muito para que eu começasse a colher os primeiros frutos da reabilitação na minha vida cotidiana. Certa tarde, fazia calor em meu apartamento e eu tive vontade de tomar um suco de laranja. Havia laranjas na fruteira de casa. Fiquei olhando aguçada para aquelas bolinhas amareladas de pele rugosa... Antes, se eu quisesse um suco, eu teria que pedir a alguém. Até para abrir garrafa de água antigamente eu pedia ajuda.

Levantei da cadeira, peguei as laranjas na minha mão, cortei-as ao meio com uma faca grande e com a força dos meus próprios braços – graças às séries de membros superiores com pesinhos coloridos – eu espremi meu próprio suco orgulhosa, me sentindo literalmente que nem o Rocky Balboa.

É tão incrível as coisas das quais a gente descobre que é capaz quando fica mais forte. E, claro, quando se tem um coração.

> **Segunda-feira, 21 de setembro de 2015**
> *...Estou cada vez mais adaptada. Cada vez mais inserida no cotidiano daqui, cada vez mais relaxada. A cada dia melhor e aproveitando mais. Às vezes não parece que vivi tudo que vivi, que sofri tudo que sofri há tão pouco tempo. Já estou tão bem, tão feliz. Puft, cheguei. Puft, passou. Mas quando vem uma visita (e é engraçado porque a maioria ainda nem veio, pois estamos tendo que segurar todos), mas enfim, quando vem alguém e vamos conversar sobre o que aconteceu ou contar alguma história, volto a me dar conta da magnitude do que vivi. Do quanto foi especial. Do quanto foi abençoado...*

Por conta da alta dose de imunossupressores que recebemos nos primeiros meses de transplante, e da consequente imunidade reduzida, não estava autorizada ainda a frequentar lugares públicos e seguia unicamente liberada para sair de casa para as sessões de reabilitação. No entanto, desde que transplantei, todos nossos amigos queriam ir nos visitar. Ainda mais depois de terem rezado e torcido tanto para o coração chegar, acho que queriam ver com os próprios olhos que eu estava viva de verdade.

Montamos então uma programação com vários "minigrupos" de amigos, apenas quatro pessoas por vez, e orientamos que só poderiam ir se tivessem a certeza de que não estavam resfriados nem com suspeita. Pouco antes deles chegarem, toda contente eu ajeitava nossa mesa de bar na varanda de ladrilhos coloridos e preparava quatro tigelas de porcelana com tudo que eu sabia fazer: amendoim japonês, azeitonas, queijo mussarela com orégano e patê de atum servido com torradinhas. Achava tão prazeroso pensar que agora era eu quem servia as pessoas.

Assim que a campainha tocava, ao lado do Du, eu recebia as visitas animada com um pote de álcool em gel empunhado em mãos:

– Bem-vindos! Só entra em casa depois de lavar a mão! – e saía pingando uma porção generosa na palma de cada um.

Para garantir, ficava de máscara e evitava beijos e abraços. A primeira frase que, em geral, eu escutava assim que me viam era que eu "estava ótima", acompanhada de uma expressão de surpresa. Reparei que, como transplantada, eu passei a gerar nas pessoas a mesma curiosidade que uma dessas aves raras que vemos nos documentários de sexta à noite: "Transplantados. O que comem? Onde vivem? Hoje, no *Globo Repórter*". Eu era o uirapuru dos seres humanos. A maioria deles nunca tinha se deparado cara a cara com um transplantado.

Todo mundo queria saber histórias do hospital e escutar em mínimos detalhes sobre o dia em que chegou o coração. O ápice era quando o Du relatava o passo a passo da correria logística que havia trazido o coração até mim. A ligação. O avião. A ambulância. A plateia ouvia vidrada. E cada vez que narrávamos a história, a gente revivia todas as emoções.

Percebia também pela expressão das pessoas que para maioria era muito doido – e meio mágico – pensar que estava viva com um coração que antes estava em outra pessoa. Era doido mesmo. E lindo, emocionante, surreal, divino. Eu entendia a curiosidade. Eu estar viva era um milagre e cada transplantado é em si um pequeno milagre vivo existente através da união perfeita de amor e ciência.

Sem amor não há doação e sem ciência não há transplante. Renascemos apenas quando o melhor do ser humano é exercido, e há uma certa utopia realizada nisso, como se cada transplantado carregasse consigo uma semente, uma prova real do mundo que tanto desejamos ser e viver. Algo tão belo e fascinante quanto o canto melodioso do uirapuru da Amazônia.

Reza a lenda da floresta, contada pelos nativos, que toda a mata e os animais silenciam para ouvir o pássaro mágico flautear. No meio da estonteante selva latifoliada, da maior biodiversidade do planeta, o silêncio precede o canto, exatamente como no transplante. E quando a pequena ave de plumagem pardo-avermelhada canta, uma promessa de felicidade fica suspensa no ar.

Eu podia ouvir esse som. Eu era um uirapuruzinho. Tão recente passarinho, prestes a sair do ninho para aprender a voar.

liberdade

O primeiro trimestre do pós-transplante passou voando. Foram meses de intensa gratidão. Voltamos à consulta com o Dr. Victor para uma avaliação. Ele me auscultou e checou os exames.

– É, menina, você está ótima! – disse, surpreso com as próprias palavras enquanto anotava nos papéis.

– Sabe, doutor, eu já sei o que aconteceu com a gente... – comentei, reflexiva.

Ele levantou a cabeça e se ajeitou na cadeira, querendo escutar a resposta. O Du também voltou seu rosto para mim.

– Nós vivemos a maior aventura de nossas vidas!!! – anunciei sorridente e todos demos risadas.

Ao mesmo tempo, dava para ver que, para cada um de nós, um filme se passava à frente. Para o Du, todas as vezes em que ele foi visitar a namorada na UTI, todas as vezes em que chorou na cama sozinho por medo, todas as vezes em que me abraçou e disse que tudo ia dar certo mesmo sem saber. Para o Dr. Victor, a paciente que chegou tão fraquinha que mal conseguia falar, a menina que parecia que não iria aguentar a espera longa do coração, a paciente que não estava se dando bem com a medicação vital para o transplante. E eu lembrava de quantas vezes tinha escolhido ter fé mesmo quando tudo desmoronava e naquele momento finalmente sentia o chão firme sob mim.

– Patricia, já se passaram os três primeiros meses de transplante, você está oficialmente liberada para sair de casa. Só evite ainda lugares públicos que sejam muito fechados como shows, cinemas ou metrô até atingirmos os primeiros seis meses, ok?

O Du e eu comemoramos a notícia inesperada e assim que saímos do consultório nem deu tempo de chegar no elevador e ele lançou animado:

– Vamos sair, então?

– Você diz hoje? – perguntei surpresa.

– Agora... Nada mais nos impede.

Me senti como naquele dia em que minha amiga Michelle me chamou para passear, depois de quase um ano reclusa em casa na época da faculdade. Uma empolgação e um frio na barriga me tomaram por inteira e eu topei na hora. Porque, afinal, a liberdade não é algo que se dá, é algo que se toma.

Paramos em um grande supermercado que ficava na rota de casa e de mãos dadas nós passeamos pelos corredores coloridos como se estivéssemos em Hollywood. Acho que as pessoas ao redor nem entendiam nossa felicidade em comprar papel higiênico e garrafas de água. A gente cantava e girava que nem em cena de musical adolescente.

Minha mãe também ficou tão feliz quando soube que eu já podia sair de casa, que organizou um jantar em família para o dia seguinte no Outback do Shopping Mooca. A última vez em que estive naquele restaurante, estava tão fraca que o simples barulho das pessoas falando me esgotou e tivemos que ir embora sem comer.

Inspirado nos famosos centros comerciais americanos, o Mooca Plaza não possuía estacionamento coberto, mas apenas um amplo nível térreo de vagas que rodeavam o edifício. Assim que desci do carro, olhei para cima e vi aquele imenso manto celeste cor de jabuticaba, brilhando negro sem nenhuma estrela, no melhor estilo paulistano de ser.

Sentamos na mesa: eu, o Du, minha mãe, meu irmão, Nicole e minha prima Natália. A atendente não demorou a chegar e perguntou quais bebidas iríamos pedir. Pela primeira vez, eu percebi, enquanto todos me olhavam, que eu poderia pedir bebida também. E anunciei orgulhosa para moça:

– Eu quero uma Coca para mim!

A parte mais especial dessa frase era o "para mim". Eu não daria mais apenas um gole na bebida do Du, poderia ter meu próprio copo e beber tudo! Pedimos as famosas cebolas empanadas, batatas-fritas com cheddar, *quesadillas* e mini-hambúrgueres. Foi a festa do sódio também. Curtimos, comemos, demos risada, tiramos fotos.

Até que a atendente retornou um tempo depois e se direcionou justamente para mim:

– Refil, senhora?

Eu congelei por uns instantes. Era a coisa mais linda que eu poderia escutar.

– Sim!!! – disse com olhos arregalados e sorrisão.

Todo mundo riu. E eu fiquei admirando o significado poético daquele copo cheio na minha frente. A vida estava me oferecendo refil e eu pretendia saborear até a última gota.

Devia estar nos últimos semestres da faculdade, dentro do recém-inaugurado prédio de Ciências Sociais do Mackenzie, quando fui apresentada às inovadoras ideias do economista indiano Amartya Sen sobre liberdade. Defensor dos sistemas públicos de saúde e ganhador do Prêmio Nobel de Economia em 1998, Sen argumentava que uma sociedade desenvolvida não seria aquela que tem mais bens materiais, mas sim aquela em que seus cidadãos são dotados de mais liberdades individuais. E afirmava que ter saúde, vista por ele como uma capacidade humana ampliada, era também um exercício de liberdade.

Nunca concordei tanto com ele como no meu pós-transplante. Eu podia sentir visceralmente sua lúcida teoria. A verdadeira riqueza não está em se ter muito, mas em poder ser e viver exatamente aquilo que se quer. É sobre liberdade de escolha real e àquela altura dos acontecimentos, capacitada pelo meu novo coração, tudo que eu queria era ir para praia.

Descemos para um fim de semana no litoral pouco tempo depois da liberação do Dr. Victor. Ouvindo Jack Johnson em todo percurso da Rodovia Rio-Santos e curtindo de vidros abertos o frescor da Mata Atlântica. Minha mãe fez questão de ir junto conosco também, apesar de saber que não poderia sair ao sol por causa da radioterapia.

Me fez companhia enquanto eu espalhava generosamente protetor solar no corpo todo e me assistiu aplicar a proteção com carinho na cicatriz, deixando-a toda branquinha, como fazíamos no passado. Tive tanta sorte que exatamente no ano do meu transplante entraram na moda aquelas partes de cima de biquíni enormes, os chamados *cropped*, o que foi uma mão na roda e tampava todinha a cicatriz que ainda era recente, protegendo-a ainda mais.

Parti ansiosa rumo ao elevador e, pouco antes da porta se fechar, minha *mamita* acenou sorrindo satisfeita com as duas mãos:

– Aproveita muito, pimpolhinha!!!

Era exatamente o que pretendia fazer. Havia sonhado tanto com aquele dia quando estava internada. Era lá que me imaginava cada vez que queria fugir da cama que me segurava e dos fios que me limitavam. Era lá. Fechava meus olhos e imaginava a areia fazendo cócegas nos meus pés e o cheiro do mar.

Abri o portão branco envidraçado e, naquele sábado, cada passo que dei em direção à praia foi um fragmento de uma experiência verdadeiramente singular. Tão surreal quanto girar a maçaneta da minha casa. Sentia o calor dos raios de sol em minha pele, a grama recém-cortada sob meus pés, o mesmo vento que balançava as palmeiras acariciando meu rosto. A metros de mim, já podia avistar a areia fofinha quase intocada e o mar calmo rolando carneirinhos. Tudo que sonhei havia se tornado real. Meus olhos estavam abertos. Eu realmente estava lá.

– Está feliz, Pati? – perguntou minha cunhada, me chamando de volta para a Terra, onde tanta gente ao meu redor curtia aquele momento comigo.

Apenas acenei com o rosto sorrindo. Ao som dos gritinhos dos quero-queros misturados ao barulho das ondas, eu caminhei hipnotizada de uma vez só até o mar e, quando as ondas enfim bateram no meu pé, o que eu senti poderia iluminar o mundo todo. Me sentia do mesmo tamanho da montanha. Do mesmo tamanho do mar. Do mesmo tamanho da imensidão de areia. Éramos todos uma coisa só.

Fazia exatos 15 anos que eu havia pulado aquelas mesmas ondinhas e feito esperançosa o meu único pedido. Por que será que a gente acredita que desejos de ano-novo tem que se realizar necessariamente no ano seguinte? Talvez eu não tivesse pulado aquelas ondinhas tão errado, talvez tivesse apenas demorado um pouco mais.

Meu querido pedido, formulado com a ingenuidade de uma menina de 14 anos, me encontrou. Nem eu saberia colocá-lo tão bem em palavras naquela época. Mas era em essência exatamente isso.

A saúde recebida me ampliou e, por fim, me libertou.

lakshmi em flor

Estava com seis meses de transplante quando o câncer da minha mãe alcançou seu pulmão. Ela passou a precisar de suporte de oxigênio e a força que ela havia encontrado para vencer a doença por 13 anos, por algum motivo, parecia não estar mais lá. A cada mês, eu ficava mais forte e ela mais debilitada.

Passei a dar banho nela e secava seu corpo delicadamente com a toalha. Aprendi a fazer o curativo nas feridas da pele e me arrisquei na cozinha com a receita de sardinhas ao molho de coentro da Bela Gil. Tudo para abrir o apetite dela e colocar um sorriso em seu rosto, agora tão cansado.

Era manhã de segunda-feira quando meu celular tocou e ouvi a voz do meu pai exasperada: "Patricia, sua mãe precisa ir para o hospital agora!". Troquei de roupa no susto e fui num pé de vento para a casa deles para partirmos a todo vapor por socorro. O carro avançou três quarteirões e, de repente, o trânsito de São Paulo travou em pleno horário de rush da manhã. Todo mundo estava indo para o trabalho.

Minha mãe pedia a todo tempo para eu aumentar o oxigênio do cilindro que estava no banco de trás comigo. "Vou aumentar, mãe", respondia. Mas já estava no máximo e ela já não conseguia respirar. O farol abria e fechava e o congestionamento continuava. Desci do carro quase chorando e, batendo de janela em janela em cada veículo à nossa frente, eu implorava: "Minha mãe precisa ir para o hospital. Pelo amor de Deus, abre espaço!". Fiz isso em cada semáforo do Ipiranga ao Paraíso, até conseguirmos chegar.

Ela foi internada com urgência e lá dentro vi a cena se repetir: "Patricia, pede para a enfermeira aumentar o oxigênio, não estou conseguindo respirar". Acenava que sim e, quando saía do quarto, eu encostava na parede e chorava porque não havia mais o que aumentar. O oxigênio hospitalar estava no limite. Enxugava as lágrimas e retornava: "Mãe, já pedi e elas disseram para você aguentar só meia horinha que elas já vêm aumentar".

As equipes de saúde nos explicaram que ela estava sofrendo muito e que por isso seria sedada. E não acordaria mais da sedação. Eles queriam amenizar sua dor. Eu fui imediatamente a favor de explicar para ela o que estava acontecendo, para que ela tivesse direito a dizer suas últimas palavras, mas toda a família foi contra. Ela acharia que ia dormir, mas nós sabíamos que ela não iria mais acordar. Ela estava partindo.

Assim que voltei ao quarto, pedi que todos saíssem e ficamos apenas nós duas naquele quarto de hospital, como tantas vezes ficamos, uma vida inteira. Sentei na cama, peguei em sua mão delicada segurando as lágrimas e disse:

– Obrigada por tudo, mãe. Você foi a melhor mãe do mundo.

– Não... – respondeu se esforçando para as palavras saírem. – Você que foi... a melhor filha do mundo.

– Te amo para sempre, minha estrelinha – disse com toda a força do meu coração.

E, já sem forças, ela respondeu num sussurro:

– Para sempre...

Eu não podia dizer para ela o que estava acontecendo. Mas eu me despedi e talvez ali ela tenha entendido. Logo depois, ela foi sedada e nunca mais acordou.

Quarta-feira, 16 de março de 2016
Hoje poderia ser um dia triste. Mas não é. Não tenho do que me queixar.
Por 30 anos tive a melhor mãe do mundo. Foi uma honra! Poderia me
desesperar, mas ao invés disso sinto paz. Alguns vão pensar que ela partiu,
que não está mais entre nós. Mas é um engano. Ela está entre nós.
Tão viva e tão presente como sempre. Quando sentirem saudade dela,
me procurem. Procurem o meu sorriso, pois foi ela que me ensinou a alegria
de viver. Procurem ela nos meus carinhos, pois foi a mão dela que me ensinou

como é bom se sentir amado. Procurem ela na minha força, pois foi ela que sempre acreditou em mim e me disse para seguir em frente. Ela estará em cada gesto meu de bondade, em cada palavra amiga, em cada olhar. Não se enganem. Ela vive em mim. Vive no meu irmão, em sua paciência e serenidade. No seu gigante coração. Vive em todos aqueles que se deixaram ser tocados pelo seu exemplo e foram inspirados a ser pessoas melhores. Ela não vive nas palavras. Nem nas lágrimas. Mas nos gestos. Porque falar é fácil e chorar é passageiro. Ela vive em tudo que sou. Em cada semente de amor que eu plantar, não se enganem, ali está ela.

Minha mãe faleceu na segunda à noite e o velório aconteceu apenas na quarta pela manhã, pois autorizamos a doação de órgãos. Suas córneas puderam ser doadas e hoje alguém, em algum lugar do Brasil, enxerga as cores da vida por causa dela.

Lutamos uma vida inteira juntas por acreditar na beleza desse mundo e no quanto isso tudo vale a pena. E esse caminho continua aqui para eu seguir e é isso que ela gostaria que eu fizesse. Saudade vai bater sempre, é claro, mas vivo ela em formato de sorriso, porque pessoas que só foram amor e alegria não merecem ser lembradas com tristeza.

o giro de 180 graus

Já estava de volta à minha rotina de trabalho e, aos fins de semana, Du e eu éramos figurinhas carimbadas em todos os eventos sociais e encontros com amigos. Dois meses depois da partida da minha mãe, chegou o aguardado dia do casamento da Ligia. Um evento que tinha um significado especial para mim, não só por termos crescido juntas e por ter sido minha primeira amiga. Ou por todas as vezes em que ela audaciosamente se disfarçou de branco e, com um livro na mão, informava que era "visita espiritual" e assim conseguia entrar na UTI a qualquer hora do dia só para me alegrar.

Mas especialmente pelo quanto me marcou um diálogo que tivemos enquanto eu ainda esperava o coração em casa. Toda animada e radiante, ela se ajoelhou ao pé da minha cama e, depois de me contar sobre os preparativos da festa, disse:

– Pati, eu quero te dizer que faço questão que você seja minha madrinha de casamento! Nem que você vá para o altar de cadeira de rodas! – disse toda empolgada.

Lembro que fiquei muito incomodada com aquelas palavras na época, até porque eu acreditava que iria melhorar e ela só iria casar dali um ano e meio. Não entendi porque ela estava falando aquilo.

– Eu vou andando – respondi séria.

– Amiga, o que eu quis dizer é que faço questão que você esteja lá...
– Eu vou A N D A N D O – repeti mais alto.

No dia do seu casamento com o Marcel, eu estava tão feliz e ansiosa para a cerimônia que levei para o cabelereiro dois vestidos, um rosa e um verde, pois ainda não havia me decidido sobre o que usar. Fiquei o dia da noiva todo com ela e testemunhei a transformarem numa verdadeira princesa, com seu vestido ombro a ombro e uma longa trança embutida em seu cabelo loiro.

A música de entrada dos padrinhos já ecoava nas abóbadas iluminadas quando chegou a minha vez de entrar com o Du. Naquele momento, atravessando a nave central da Igreja São José confesso que só havia um único pensamento vitorioso em minha mente: "Eu estou andando, eu estou andando!!!". Emocionada e de pé no altar, pude assistir à minha irmã de alma se casar.

Eu dancei tanto naquele dia com ela, tio Gelson e tia Maria Amália e pulei tanto. Quando tocou na pista a música *Dog Days are Over*, eu peguei uma garrafa vazia de uma mesa próxima e fingi que era um microfone num show particular. A energia foi tanta que uma caixa de som estourou me impedindo de terminar a performance. Fui a última a sair do buffet junto com a própria noiva e cheguei até a ajudá-la a guardar os docinhos que sobraram. O dia já estava clareando.

Nas imagens do casamento, lá estou eu, de vestido verde e sorriso amplo. Agora não falta mais o meu rosto nas fotos com minhas amigas e eu não perco mais os eventos de família nem os momentos importantes das pessoas que amo. Minha vida deu literalmente um giro de 180 graus. Eu não aguardo, eu faço. Eu não peço, eu ofereço. Eu posso cuidar, como minha mãe cuidou de mim um dia, como milhares de pessoas cuidaram de mim ao longo de 30 anos. E cuidar é verdadeiro um privilégio.

Mas não era só para mim que as coisas pareciam diferentes... Todos os dias após o trabalho, o Du irrompia pela porta de casa agora animado e bem-humorado. Notando a visível mudança em relação ao seu comportamento passado, um dia não me aguentei e lhe perguntei:
– Não está pegando mais trânsito, amor?
– Estou, bastante – e riu.

Achei estranha aquela resposta. Antes ele entrava em casa e mal falava comigo. De cara amarrada por conta dos congestionamentos paulistas, dizia apenas "me dá 10 minutos", o que significava que, se eu fosse inteligente, não deveria dirigir a palavra a ele nesse ínterim.
– Eu nunca mais vou reclamar do trânsito – disse me olhando. – Antes eu

pegava trânsito para ir para o hospital te ver na UTI. Agora eu pego trânsito para vir para casa e você está bem. Não tenho do que reclamar. É um problema "bom".

A gente sorriu e imediatamente se abraçou. A partir desse dia, toda vez que acontecia qualquer coisa inesperada como quebrar um cano na cozinha e inundar tudo, bater o carro ou algo assim, passamos a chamar de "problema bom". A gente nem se abala mais, olha um para o outro, sorri e diz: "ah, é problema bom!".

Problema bom é aquele que tem solução. São coisas da vida, do cotidiano, desafios para aprender e respostas para descobrir. Fazem parte do pacote "viver". Depois de tudo ficar por um fio, nossa sensação é que havíamos ganhado areia extra em nossa ampulheta. Minutos preciosos para viver e apenas agradecer.

Quarta-feira, 15 de junho de 2016
As lágrimas foram muitas esse ano. A maioria de felicidade. Nos momentos tristes eu não chorava. Olhava quietinha apenas para parede cheia de palavras e frases que simbolizavam o futuro que eu desejava.

Chorei quando lavei a louça. Chorei quando pisei na areia. Chorei quando senti a onda do mar bater na minha canela, porque foram muitas as tardes em que tudo que eu fiz foi imaginar aqueles momentos. Chorei quando apertei a tecla da esteira e mandei ela aumentar a velocidade. E sorri com o olho marejado quando, sem o instrutor ver, dei uma corridinha sapeca. Assim, como quem só quer mostrar para o resto dos órgãos que agora tá tudo em cima.

Sorri quando entrei em casa. E chorei quando peguei no volante e acelerei meu carro, com música alta e vidros abertos do jeito que gosto. Sorri quando passei da rasteirinha para o salto alto. Sorri decorando minha casa de Natal. Sorri quando cortei a laranja e espremi ela na mão. Fiz meu próprio suco. Sem pedir amém para ninguém. Amém só no final das preces que fiz com tantas pessoas para agradecer as bênçãos desse ano, e chorei em todas elas. Chorei sorrindo, de olhos fechados e olhando para cima. Como quem diz: meu Pai, OBRIGADA!!! "Tamu junto"!!!!

Chorei quando andei na calçada, vendo as casas, sentindo o vento, observando o mundo ao meu redor. Um dia a chuva começou, eu não acelerei o passo, ao contrário, andei bem devagar, para sentir cada gotinha que respingava. Minhas lágrimas se misturaram às lágrimas do céu, ambas eram de felicidade. Eu, por estar com elas, e elas, por estarem comigo.

Apesar de não ter ainda as respostas para tantas perguntas que o pós-transplante me trouxe, cada dia continuava a ser uma descoberta, uma novidade e uma alegria. Seguia frequentando religiosamente a reabilitação cardíaca no hospital duas vezes por semana e o Dr. Victor chegou até a me perguntar "Patricia, você sabe que não precisa mais ir lá, né? Você já pode frequentar uma academia comum...".

Eu sabia sim, mas eu amava ir lá. Adorava rever os meus amigos e me sentia segura para evoluir nos exercícios naquele ambiente. E, com a ajuda deles, fui conseguindo abandonar os velhos hábitos de elefantinha. Se eles diziam que eu podia, eu acreditava e fazia.

Com um ano e quatro meses de transplante, o Reginaldo, educador físico e instrutor do Centro de Reabilitação do hospital, disse que eu estava pronta para minha primeira corrida de rua. E prometeu correr ao meu lado para me dar segurança.

O evento escolhido por ele foi a corrida noturna Rolling Stones Music & Run, pensando que o ambiente mais fresco exigiria menos de mim. Seria um percurso de 5 quilômetros, o que me parecia uma distância enorme para percorrer mesmo de carro. Quando meus amigos e familiares souberam da novidade, todo mundo quis participar junto. Até quem nunca havia corrido na vida.

Chegamos com antecedência ao Memorial da América Latina, local do evento, e achei incrível estar naquele ambiente com tanta gente usando tênis e shorts esportivo. O combinado era que esperaríamos passar alguns minutos da largada oficial e depois intercalaríamos tiros de corrida com caminhada, acompanhando de perto o batimento cardíaco.

Quinze minutos antes da largada, a Tati olhou para mim e disse sorridente:

– Pode tirar essa camiseta, você vai correr com outra!

E então, meus amigos sacaram dezenas de camisetas vermelhas de um saco preto enorme que estava escondido e todo mundo foi se uniformizando para nosso sábado à noite especial. Na frente da blusa, estava estampado "Sou Doador. Seja você Também. Você pode fazer a diferença" e atrás "Comunique sua família".

Uau!!! Se já era especial participar da minha primeira corrida de rua, levar no peito a causa que me salvou elevava a experiência ao cubo. Eu pulava de felicidade! Todos os vermelhinhos estavam preparados e, assim que o pelotão inicial já tinha ido, nós partimos. Larguei focada e prestando atenção na minha respiração.

O Reginaldo à minha esquerda perguntava o tempo todo: "Quanto está o coração?". E, assim que eu respondia a frequência cardíaca, ele emendava: "Aguenta um pouco mais?". E assim seguíamos. Meus amigos iam e vinham se revezando ao meu redor. A Carol, que naquela altura da vida já era maratonista e que me disse infinitas vezes, querendo me animar no hospital, que "um dia iríamos correr juntas", parecia uma pipoca no Carnaval de tão feliz. Corria de cabelos soltos e – acredite – de costas só para ficar me admirando de camarote.

Eu quis ouvir a mesma *playlist* que escutava na UTI durante a corrida. Era algo especial e simbólico para mim, correr com as mesmas músicas que me fizeram suportar e chegar até ali. Mas desta vez eu não estava mais em uma cama, desta vez minhas pernas me levavam aonde eu comandava.

Quando alcançamos o elevado do Minhocão eu comecei a passar algumas pessoas e o Reginaldo vinha acompanhando minha costura junto comigo. A sensação de estar no alto e a energia de estar correndo me fizeram lembrar das palavras proféticas minhas e da Maíra e eu queria poder gritar bem alto para ela:

– Maíra, eu estou voando!!! Voando pelos céus da cidade!!!

Explodia naquele momento uma sensação indescritível de que acreditar vale a pena e que lutar compensa. Segui sem caminhar pelos 2 quilômetros finais e, metros antes do pórtico de chegada, a pedido da Carol, escuto o locutor oficial anunciando:

– É ela!!! Lá vem ela! Patricia Fonseca! Transplantada de coração! Vem, Patricia! Vem, Patricia! Vem, Patricia!!!

E ali eu cruzei com tudo para a próxima fase da minha vida.

PARTE V

eu,
(tri)
atleta

Nascer. Crescer. Envelhecer. Supostamente, esse é o ciclo natural pelo qual todos passamos na vida. Mas não foi exatamente assim comigo. Tem gente que vive uma vida longa sem nunca saber como é estar numa UTI. Eu nasci e já fui direto para ela. Eu sei o que é ficar cansada por subir poucos degraus. Eu sei o que é precisar de cadeira de rodas, ficar presa numa cama, não ter forças para falar. Eu sei o que é depender dos outros para limpar sua bunda de cocô.

Eu conheço a velhice, já passei por ela. O que eu absolutamente não conhecia era a juventude. O vigor e a vitalidade. Essa tomada invisível que parece abastecer automaticamente nosso corpo todos os dias. A energia que eu sentia depois do transplante, eu nunca tinha sentido antes. E, contrariando curiosamente todas as leis da vida, à medida que o tempo passava, eu só parecia ficar mais jovem.

A cada treino, a cada sessão de exercícios, eu tentava correr 100 metros a mais ou pegar um pouco mais de peso. Assistir a meu corpo responder aos estímulos que meu cérebro enviava estava se tornando algo absolutamente viciante. Eu achava tão mágico o processo envolvido entre dormir cansada de um treino e acordar renovada. Antes não importava o quanto eu dormisse, estava sempre cansada.

"Então era isso que as pessoas sentiam...", pensava comigo mesma, admirada. O milagre noturno da regeneração fazia eu me sentir no que eu chamava de "Disney da vida". Todas as noites, um encanto acontecia e, quando amanhecia, eu voltava a brincar no *playground*.

Aguardei ansiosamente a liberação dos meus treinadores para eu iniciar a natação também e, assim, com um ano e meio de transplante, eu já estava correndo e nadando. Dizem que a prática de atividade física, principalmente a aeróbica, induz o nascimento de novos neurônios e acredito que foi uma dessas novas conexões neurais cultivadas que resgatou num dia qualquer uma memória já arquivada de antes do transplante.

Paulo César era um engenheiro químico de cerca de 40 e poucos anos de idade, com andar decidido e semblante generoso. Entrou no meu quarto de hospital a pedido do meu médico – numa de minhas muitas internações – para compartilhar sua experiência como transplantado de coração e, implicitamente, me incentivar a entrar na fila de espera.

Me contou que sua casa era um sobrado e que antes ele dormia na sala por não conseguir subir os degraus. Certo dia, farto desta situação, ele pegou o travesseiro e decidiu dormir na sua cama, mas na metade das escadas já não tinha forças para subir nem forças para descer. Então, apoiou o travesseiro no meio da escada e dormiu ali mesmo. Na época, eu me identifiquei muito com aquele relato. Em seguida, ele me contou sobre sua vida, comentou a título de curiosidade sobre a existência das Olimpíadas dos Transplantados e seguiu explicando sobre o nível sérico dos imunossupressores.

Dois anos após nosso breve bate-papo, estava organizando a casa quando meus olhos arregalaram com aquela lembrança. Um arrepio percorreu meu corpo e foi como se minha mente dissesse em uníssono: "É isso, Patricia!! É isso!!!". Incrível como algumas pessoas parecem cruzar nosso caminho para nos trazer informações que só farão sentido para o nosso "eu" do futuro. "Olimpíadas dos Transplantados!". Pensei que aquele era exatamente o *gran finale* que minha história merecia.

Na sessão seguinte de reabilitação, entrei no ambiente com passos ansiosos e juntei meus treinadores Lucas, Márcia e Reginaldo, para dar a grande notícia: "Eu quero participar das Olimpíadas dos Transplantados!". Mas, após alguns segundos de silêncio, vi em seus rostos que eles não faziam a menor ideia do que eu estava falando. Nem eles nem ninguém do hospital. "Será que o tal Paulo viajou no que disse?"

Inconformada, comecei a procurar na internet e não achei nada sobre o assunto também. "Não é possível! Eu lembro, ele disse algo desse tipo..." Continuei pesquisando por semanas, até que finalmente encontrei uma matéria num jornal de Recife mencionando o nome de Dinael Wolf, transplantado renal que havia participado da tal competição.

Levei mais um tempo para conseguir descobrir o contato do Dinael, que prontamente me respondeu: "Somos seis atletas: eu e Edson, de São Paulo; Haroldo, de Brasília; Devanir, do Paraná; Liège, de Porto Alegre; e Marcelo, do Rio de Janeiro". Cinco transplantados renais e uma transplantada pulmonar. A edição seguinte do evento seria dentro de um ano, em 2017, na cidade de Málaga, na Espanha.

Havia tempo suficiente para o treinamento e planejamento. E, dentro de mim, eu carregava a lição que minha avó Dalcy havia me passado, também numa visita ao hospital, mas dessa vez no pós-transplante. Sentada ao lado da minha cama, me fazendo companhia numa tarde, ela deixou de lado suas palavras cruzadas por um instante e me surpreendeu com sua praticidade ao dizer:

– Patricia, eu me dei conta que, se eu morrer, ninguém nunca vai saber minha história.

Num primeiro momento, achei curioso ela pensar isso olhando para mim, e depois imaginei que todos nós na família sabíamos sua história. Mas, em seguida, ela desabafou que tinha o sonho de ser desenhista da indústria têxtil. Chegou a ser contratada por uma grande empresa, mesmo numa época em que pouquíssimas mulheres trabalhavam, e viu seus traços começarem a virar estampas em tecidos.

Ela era tão talentosa que, mesmo depois do primeiro filho – vulgo meu pai – ter nascido, seu chefe lhe ofereceu o emprego de volta, mas meu avô não aceitou que a esposa trabalhasse fora e seus sonhos foram enterrados com o machismo da época. Eu sempre achei que a história da minha avó era a mesma do meu avô. Mas não. Porque a nossa história não é sobre o que vivemos, mas sobre o que sentimos. Sobre os sonhos que realizamos e principalmente sobre aqueles que deixamos pelo caminho.

Percebi a grande mulher que existia ali do meu lado e, logo após ter recebido um novo coração, escutei a mensagem que ela me deixou nas entrelinhas: "Viva seus sonhos, Patricia... Viva seus sonhos". Eu tinha um ano para colocar meu plano em ação.

o treinamento

O coração transplantado tem um funcionamento um pouco diferente de um coração dito "normal" ou que nasceu no peito de alguém. Nossa frequência cardíaca média é mais alta, gira em torno de 100 batimentos por minuto e, adicionalmente, não temos o ajuste fino da resposta parassimpática. É como se, em vez de usar internet rápida, a informação chegasse no meu coração apenas via telefonistas. Ele demora para "atender" ou entender a mensagem.

Quando eu começo a correr, a frequência cardíaca demora a subir. Da mesma forma, quando eu paro de correr, ele não entende de pronto que parei e continua batendo rápido. Isso acontece porque o coração teve de ser desnervado para ser retirado do doador e, quando é colocado no receptor, apenas os grandes vasos são religados.

Essas particularidades tornavam a minha preparação esportiva como transplantada cardíaca um verdadeiro desafio. O exame cardiopulmonar era a pedra fundamental de todo esse processo e, por meio dele, o talentoso médico do esporte, Dr. Carlos Hossri, definia o plano e os limites do treinamento pelo qual meus técnicos deveriam se guiar. Determinava a "frequência-teto", da qual eu jamais deveria passar (nessa época, fixada em 150 bpm) e minha "velocidade de cruzeiro", aquela em que o coração seguiria confortável.

Mas, acima de tudo, todos eles sempre me lembravam a todo momento: "Patricia, a frequência cardíaca do transplantado nem sempre é fidedigna por causa da denervação. Entre a frequência e sua percepção de esforço, fique com sua percepção. Se cansou, diminua ou pare".

Eu tinha a experiência de uma vida toda escutando meu corpo. Por isso, ficar atenta a ele, correndo ou nadando, era algo totalmente possível. Além disso, sabia que existia toda uma estrutura ao meu redor na qual eu podia confiar e me apoiar.

Treinávamos em geral quatro vezes por semana, buscando sempre intercalar com dias de descanso para o corpo. Musculação, fortalecimento pulmonar e corrida, eu fazia dentro do hospital, e a natação, com o Vander, um *personal* de natação. A cada mês, observava animada os maiôs e as roupas de ginástica tomarem já quase uma gaveta inteira do meu armário.

Meses antes de submeter minha inscrição oficial no evento, eu ainda tinha dúvidas em quais modalidades iria me inscrever pois uma ideia um tanto quanto absurda, mas igualmente empolgante, rondava minha mente. Reuni mais uma vez meus treinadores – e minha coragem – e disse sorrindo, com todo o jeitinho do mundo:

– Gente, eu já estou correndo e nadando... Falta só a bike! Queria a autorização de vocês para fazer triatlo nas Olimpíadas! Nenhum transplantado de coração nunca participou até hoje...

De início eles se assustaram. Tentei explicar então em seguida, argumentando a meu favor que o triatlo nas Olimpíadas dos Transplantados não era sequencial, no famoso "nada-pedala-corre", mas cada modalidade era disputada num dia diferente e somavam-se os tempos. Ao todo, cinco quilômetros correndo, 32 quilômetros pedalando e 400 metros de natação em piscina olímpica.

Foi um longo processo de discussão e ponderação, até que eles liberaram. A Márcia me emprestou a bicicleta dela para eu treinar e o Vander passou a me levar para aprender ciclismo no sobe e desce da Estrada Velha de Santos. Eu estava ficando tão eufórica que, pra quem eu cruzava, não me aguentava e contava a novidade: "Você sabia que eu vou participar de uma Olimpíada?". Era no guichê do estacionamento enquanto esperava o recibo, era para as atendentes na lanchonete, era papeando com desconhecidos num elevador. Achava que todo mundo iria ficar feliz de saber.

Meus amigos da reabilitação já pareciam uma verdadeira torcida organizada de filme de *Sessão da Tarde* e vibravam a cada série, vendo a mascotinha treinando para uma competição. Meus familiares e amigos também acompanhavam ansiosos a aguardada data de embarque se aproximar e iam contribuindo com dicas e sugestões para a viagem. Carol chegou inclusive a me orientar: "Amiga, atletas nunca despacham seus itens de prova porque, se a mala é extraviada, você não consegue competir. Tem que levar tudo na mão, viu?". E assim, eu fiz.

Partimos eu e o Du numa sexta-feira à noite, rumo ao aeroporto de Guarulhos, na companhia do meu irmão e da Nicole, que se ofereceram para nos levar e celebrar esse momento histórico conosco.

O terminal 3 estava completamente abarrotado e, depois de uma longa fila para fazer o *check-in*, a atendente nos informou:

– Senhora, você não vai poder embarcar, pois não tem passagem de volta.

– Como não? Está aqui moça. Comprei ida e volta – disse, mostrando os papéis de emissão do bilhete.

E então ela observou atentamente os números e explicou que a minha passagem de volta não era para o dia 4 de julho, como eu imaginava, mas na verdade para 4 de abril e, por isso, já havia expirado. "Você comprou passagem errada", disse ela, e pediu que saíssemos da fila.

Eu, que já tinha aguentado minhoca me comendo por dentro e procedimento sem anestesia, que já tinha perdido a fala e a visão e me mantido calma, comecei a chorar que nem criança que ficou sem presente no Natal, totalmente desorientada. Quando comprei as passagens, eu estava tão feliz que não prestei atenção na única coisa que importava: A DATA!

Enquanto isso, a competição parecia já ter começado para o Du, que saiu correndo de guichê em guichê tentando conseguir qualquer voo de volta para mim, a tempo de fazermos o *check-in*. Meu embarque foi literalmente teste para cardíaco e parecia aquelas gincanas de televisão "valendo uma viagem". Nós quatro corríamos de um lado para o outro, desviando de malas e pessoas.

Nos últimos minutos do segundo tempo, conseguimos enfim um *ticket* de outra companhia e, com a mochila nas costas – recheada com tênis, maiôs, bermudas e bandeira do Brasil –, eu atravessei esbaforida as fileiras com pessoas já acomodadas até minha latinha de atum no final do avião, de onde pude ouvir imensamente aliviada o belo som das turbinas do motor sendo ligadas.

Aquele voo com destino à felicidade estava prestes a decolar. E dessa vez eu estava dentro dele. "Me espera, Málaga... eu tô chegando!!"

as olimpíadas dos transplantados

Cinco continentes entrelaçados num único objetivo. Homens e mulheres superando os limites do corpo e da mente humana. Dezenas de modalidades incríveis, exaltando toda riqueza e diversidade do planeta. Eu poderia estar falando das Olimpíadas ou das Paralímpiadas até este ponto, mas aqui vem a cereja do bolo: todos os atletas que estão competindo ali lutaram por suas vidas. Pronto. Temos a receita de um dos mais fenomenais e energéticos eventos esportivos competitivos do globo.

As Olimpíadas dos Transplantados, também conhecida como *World Transplant Games*, nasceram em 1978 na Inglaterra, mesmo país que foi o berço do movimento paralímpico quase quatro décadas antes. Se, de um lado, os jogos paralímpicos surgiram da motivação em reabilitar militares feridos da Segunda Guerra Mundial, as competições para transplantados começaram com o objetivo de demonstrar o sucesso do transplante através da qualidade de vida dos atletas receptores. E ambos os eventos extrapolaram de longe suas idealizações iniciais, crescendo em número de atletas, público e reconhecimento a cada ano que passa.

Em 2016, quando o Brasil sediou orgulhosamente as Olimpíadas na cidade do Rio de Janeiro, eu vibrei e pulei a cada conquista brasileira. Aplaudi sozinha na sala a Marta e as meninas do futebol por quem tanto torci. Pulei a cada ponto do vôlei de praia com a Ágatha e a Bárbara. Me emocionei com as conquistas merecidas do Arthur Nory e do Diego Hypólito no solo da ginástica olímpica. Este último, por sinal, me deixou sem ar quando disse em lágrimas: "Se o meu sonho foi possível, o sonho de todos é possível. Não desistam...".

Menos de um ano depois daquelas palavras, lá estava eu rumo ao meu próprio sonho olímpico. Málaga sediaria a vigésima-primeira edição das Olimpíadas dos Transplantados, e assim como o Rio de Janeiro, era uma cidade litorânea charmosa e patrimônio cultural de seu país, prestes a receber atletas de todas as partes do mundo para uma gigantesca celebração da vida.

"*Señoras y señores, bienvenidos al Aeropuerto Madrid-Barajas. Su cinturón de seguridad debe permanecer abrochado hasta que se apague la señal luminosa.*" O avião aterrissou após eu ter tido uma inesperada excelente noite de sono, o que considerei um verdadeiro milagre dado o meio metro quadrado que tinha disponível. Mas realmente uma bela crise de choro apaga mais que injetar Dramin na veia. A gente dorme que nem carneirinho.

De Madrid, Du e eu pegamos um trem-bala direto para a cidade de Málaga. Tinha escolhido de propósito esse meio de locomoção porque sempre tive vontade de viajar de trem. Sentada ao lado da janela, apoiada em minha almofadinha Fom, eu admirava a paisagem que mudava tão rapidamente. Vastas plantações de pequenos arbustos que nunca descobri do que eram. E me deliciava ao pensar que a cada segundo aquela locomotiva me levava a todo vapor para mais próximo do meu sonho.

Descemos na estação final, *María Zambrano*, e assim que saímos da plataforma, nem deu tempo de procurarmos um táxi e logo fomos abordados por voluntários dos jogos nos indicando um transporte exclusivo à disposição dos atletas internacionais para levá-los aos seus respectivos hotéis. Uau... Eu achei aquilo tão chique e organizado!

Ao invés de uma vila única com todos os atletas, como aconteceu no Rio, as delegações foram distribuídas pela excelente rede hoteleira da região. Nosso hotel ficava à beira de uma estrada e convenientemente na frente de um grande Carrefour. Ainda no saguão, retirei meu kit de atleta e saí correndo para me trocar para encontrar meus amigos e ir para o evento inicial que começaria em poucas horas.

Integrando a delegação brasileira nesta edição estavam: nosso *team manager* e tenista, Haroldo Costa; o veterano medalhista e tenista, Edson

Arakaki; meu padrinho olímpico e triatleta, Dinael Wolf; a campeã no atletismo, Liège Gautério; e competindo pela primeira vez, o animado nadador Rodrigo Machado e eu. Ao todo, três transplantados renais, uma transplantada pulmonar, um transplantado de medula óssea e uma transplantada cardíaca, respectivamente.

Éramos poucos, mas sabíamos fazer barulho como ninguém. Fomos o percurso do ônibus cantarolando clássicos atemporais como *Rouba Pão* e *País Tropical* até a famosa Plaza de Toros, que sediaria a aguardada Cerimônia de Abertura das Olimpíadas dos Transplantados.

Domingo, 25 de Junho de 2017. Eu imaginei muita coisa. Sonhei com tudo aquilo por muitos meses, mas é impossível vislumbrar um mundo que desconhecemos por completo. Tudo era muito maior, melhor e mais colorido do que eu havia sequer idealizado. Do lado de fora do espaço que havia sediado touradas no passado, uma fila enorme de atletas se formava para o desfile das delegações participantes: 52 países estavam ali, representados por mais de 2000 atletas com uniformes que remetiam às cores de suas bandeiras. Nunca vi tanta gente do mundo todo junta de uma vez só. Era uma explosão cultural.

Chineses pediam para tirar foto, australianos nos presenteavam com chaveiros de canguru e canadenses queriam trocar *pins*. Eu havia sido escolhida como a porta-bandeira de nossa delegação. Assim que vi o pavilhão brasileiro próximo da parede, aguardando que eu o retirasse, abri um sorriso largo: como uma "menina do arco-íris", eu sabia exatamente o que fazer. Caminhei em linha reta até o mastro, endireitei a coluna, posicionei a mão direita na altura do coração e a mão esquerda num ângulo de 90 graus com o chão. Porque nós não desviamos dos desafios da vida, nós os encaramos. Ergui a cabeça e aguardei o chamado.

Quando anunciaram no microfone "BRAZIL", entrei com passos firmes na enorme arena, junto dos meus colegas. E ao vislumbrar a enorme plateia colorida que vibrava e acenava para nós, confesso que cheguei a me perguntar por alguns instantes se o que estava vivendo era real mesmo.

Acho que me senti flutuando como a Gisele Bündchen em seu vestido prateado na abertura das Olimpíadas do Rio ao som de *Garota de Ipanema*. A única diferença era que eu usava um conjuntinho de tactel mesmo e estava mais para Garota do Ipiranga que de Ipanema, mas tudo bem. Minha avó Dalcy certamente discordaria dessa parte.

Ela adorava contar para família toda a história de que meus pais deixaram para saber o sexo do bebê só no parto. E que, quando o médico anunciou

"Já nasceu", ela soube de imediato que era uma menina pois naquele mesmo instante tocava *Garota de Ipanema* na maternidade. E lá estava eu. Depois de alguns anos de UTI, claro.

Eu era a menina que passava com a bandeira e aquele momento era quase um poema, uma coisa tão linda que mal dava para acreditar. Cheia de graça, depositei a bandeira brasileira, confirmando a presença do nosso povo no evento. Em seguida, nós, atletas brasileiros, num doce balanço, demos uma sambadinha para o público que aplaudiu e adorou. Foi beleza pura!

Depois do desfile dos atletas, vieram os shows e danças típicas do país anfitrião, exatamente como uma verdadeira e grande Olimpíada. Se tudo tivesse acabado ali, honestamente, já teria valido a pena. Mas a brincadeira nem havia começado.

corre-pedala-nada

Segunda-feira, 26. Inaugurando oficialmente as competições nas Olimpíadas dos Transplantados e abrindo a sequência do triatlo, a prova de corrida de 5 quilômetros teria como local o belíssimo porto da cidade de Málaga, um ancoradouro moderno e reformado, cuja existência já contava inacreditáveis 3000 anos de idade. A escolha perfeita para receber pessoas que também haviam sobrevivido e renascido ao longo do tempo.

Na noite anterior, logo após a Cerimônia de Abertura, eu deixei separado o uniforme e todos os itens de que precisaria para a prova no dia seguinte: tênis, shorts, camiseta, relógio com acompanhamento cardíaco, óculos, viseira e chip eletrônico. Nem peguei meus fones de ouvido, pois à essa altura já estava sabendo que não ia poder correr escutando a *"playlist* da vitória" que havia montado, pois descobri que usar fones de ouvido em provas olímpicas nos desclassifica.

Escolhi um brinco que era da minha mãe, para senti-la participando junto comigo e, ao notar que meu número de peito era 329, senti algo maior conspirando a favor: "29" é exatamente o dia do meu nascimento e renascimento. Aquilo só poderia me dar sorte.

A manhã nasceu absurdamente quente, com um sol ardido de quase 40 graus, e eu pulei da cama ansiosa e empolgada. Fomos juntos eu, Du, Dinael e sua esposa Renata caminhando até o local da prova enquanto conversávamos sobre nossas histórias.

Dinael foi o primeiro brasileiro transplantado a fazer uma maratona e a competir no triatlo. Era uma pessoa muito querida e agradável, de fala tranquila e sorriso fácil. Foi salvo por uma doação em vida, um caso diferente do meu que tive que aguardar em lista por um coração.

Rins, fígado e parte do pulmão podem ser doados em vida por familiares e, graças ao rim que ele havia recebido do irmão, lá estávamos nós, prestes a correr pelas ruas da cidade natal do genial pintor Pablo Picasso. Nos encaminhamos para o pórtico da prova e naquele momento eu só pensava maravilhada: "Vai começar... O sonho está prestes a começar!".

Quando a simbólica pistola disparou o tiro de largada e os primeiros passos no chão de paralelepípedos foram dados, eu abri um sorriso tão largo que dava para ver todos os sisos da minha boca. Corri os primeiros 300 metros na manada junto com todo mundo, inebriada e, quando o coração se aproximou do meu limite-teto, comecei a caminhar rápido.

Caminhava, corria, caminhava, corria. Exatamente como meus treinadores haviam me orientado. Não usar fones de ouvido foi mil vezes melhor. Escutava pessoas de todas as nacionalidades gritando quando me viam: "Go, Brazil!", "Go, Brazil" e achei aquilo o máximo! Às vezes, quando estava caminhando alguém gritava "Corre! Corre!" e então eu mostrava o relógio e respondia: "Estou respeitando o coração" e eles acenavam concordando.

Eu saboreei cada metro daquela prova como se tudo fizesse parte de uma grande pintura a óleo. Admirei os pés que me passavam, os barcos em alto-mar, a energia das pessoas torcendo dependuradas no alambrado. Eu era um elemento dinâmico, correndo pela obra e dei a última pincelada quando, saltitante de alegria, cruzei a linha de chegada com os braços erguidos e gritando de euforia.

A primeira parte estava entregue! Fiquei em nono lugar na minha categoria. Faltava agora pedalar e nadar.

Terça-feira, 27. O pedal era a etapa que mais me preocupava. Primeiro, porque não houve muito tempo para treinar e, segundo, porque diversas vezes tivemos de cancelar as poucas oportunidades de treino na Estrada Velha de Santos devido à neblina e aos dias frios do inverno brasileiro. O máximo que consegui fazer em treinos foi 28 quilômetros e cheguei a perguntar preocupada para o meu treinador:

– Vander, você acha que eu vou conseguir pedalar os 32?

– Pati, ninguém faz 42 quilômetros antes de uma maratona. Fique tranquila, quem pedala 28, pedala 32. Você está preparada.

Mas a ansiedade me pegou em cheio na noite anterior à prova de ciclismo. Assistia às horas passarem e nada de eu pegar no sono. Rezei, pedi ajuda. Respirei. Mas, cada vez que olhava no relógio, mais uma hora tinha passado. Quando o apito do alarme soou às seis da manhã e percebi que não havia dormido nem por cinco minutos, entrei em desespero chorando:

– Eu não dormi nada, não vou poder fazer a prova e eu me dediquei tanto... – desabafei desolada para o Du, enquanto enxugava as lágrimas com as mãos.

Se eu não participasse do ciclismo não cumpriria a sequência do triatlo. Pensei em todos os amigos e familiares que estavam torcendo tanto. Nas pessoas do elevador, da lanchonete, nos meus amigos da reabilitação... O Du sentou de "perna de índio" na cama, pegou nas minhas duas mãos e, olhando nos meus olhos, disse:

– Pá, eu acredito em você. Você vai conseguir.

Combinamos de nos trocar e descer para tomar café ao menos. Lá, assim que vi meus amigos, informei a todo mundo que não iria fazer a prova, pois não tinha dormido. Mas imediatamente a Renata, com seu jeito despojado de ser, emendou: "Patricia, a bicicleta já está alugada, vamos até o local da prova juntos e lá você decide".

Fui o percurso todo quieta tentando descansar. Quando chegamos lá, o sol ainda estava fresco, uma brisa gostosa estava batendo e achei tão lindo aquele povo todo de capacete e luvinhas empurrando suas bicicletas. Seriam ao todo seis voltas de pouco mais de cinco quilômetros. Pensei comigo: "Patricia, faça 5 quilômetros e veja como se sente". Eu já tinha cruzado o Atlântico para estar ali, achei que devia ao menos brincar e participar um pouco da prova.

Posicionei minha bicicleta em último lugar e logo que foi dada a largada, não deu nem 100 metros, eu perdi o pelotão. Segui sozinha, pedalando num ritmo confortável e imaginei que estava passeando num jardim. De vez em quando, ouvia uma mulherada enlouquecida gritando e passando voando por mim.

Quando completei os primeiros 5 quilômetros, decidi tentar fazer 10. E quando completei 10, quis tentar 15. Estava na quarta volta quando vi uma bicicleta caída e alguém gritando "Help, Help!!!". Na mesma hora freei minha bicicleta e comecei a gritar "Help" junto para alguém vir ajudar a menina. Fiquei ali do lado dela e, depois de terem consertado sua correia, a mexicana ruiva de olhos claros virou para mim e disse:

– Você não devia ter parado, agora vai ser a última comigo!

– Não tem problema – respondi. Eu já ia ser a última mesmo.

Montamos na bicicleta e ela gritou: "Vamos, Vamos!" e saímos as duas "queimando coxa". A energia que não tive no começo, eu encontrei no final da prova. Me senti feliz por ter ajudado ela, feliz por estar naquele lugar lindo montada numa bicicleta e muito feliz por não ter desistido e por cruzar a linha de chegada terminando aquela prova contra todas as minhas expectativas! Faltava muito pouco agora!

Quarta-feira, 28. Havia um dia de folga antes das provas de natação. Além dos 400 metros que fechavam o circuito do triatlo, havia me inscrito também nos 50 metros livre e 50 metros peito, totalizando o limite de cinco provas de que cada atleta poderia participar. Aproveitei esse intervalo para fazer um treino de reconhecimento na piscina do Inacua Aquatic Centre e ensaiar saídas de bloco junto com o Rodrigo que estava super-empolgado e ansioso.

Rodrigo chegou a ser atleta de natação na juventude e sempre sonhou em participar de uma Olimpíada. A vida lhe desafiou com uma leucemia agressiva e, anos depois, com uma segunda leucemia raríssima, que nada tinha a ver com a primeira. Sua história parecia um pouco a minha, cheia desses bilhetes de loteria que a gente não quer ganhar. E agora, graças ao transplante de medula óssea que havia recebido da irmã, lá estava ele, onde sempre desejara. Quem pode entender o novelo de voltas que a vida dá?

Para mim, reconhecer o local da prova foi absolutamente fundamental. Todas as vezes em que quebrei a resistência da água com minhas barrigadas naquela tarde, meus óculos saíram do lugar, o que foi me deixando tensa a cada tentativa frustrada. "E se esses óculos saírem justo na hora da prova?".

Rodrigo então parou seu treino e ficou corrigindo meus movimentos até eu acertar a saída do bloco, além de me dar a dica esperta de usar uma segunda touca por cima dos óculos. Nada como ter um veterano das piscinas do nosso lado nessas horas. E, entre dicas e aprendizados trocados na beira da famosa piscina espanhola, nenhum de nós dois podia sequer antecipar o quanto aquele mesmo local estava prestes a se tornar um marco em nossas vidas.

Quinta-feira, 29. O celular tocou às 5h30 da manhã. Hora de levantar. Me espreguicei com calma e curti aqueles segundos na cama, animada pelo dia que começava. Maiô verde-bandeira, óculos verde-bandeira, camisetas do Brasil e, claro, minhas havaianas douradas. Tudo pronto.

As baterias de 50 livre e 50 peito em que estava inscrita abririam a competição às 8 horas da manhã e minha estratégia de prova já estava muito bem desenhada na minha cabeça: "se joga e nade o mais rápido que puder". E foi exatamente isso que fiz. O apito soou e eu nadei num foguete só, sem ficar conferindo a posição das atletas nas raias ao lado, até porque eu sabia que não mudaria nada no meu caso mesmo. Estava saindo pela escadinha aliviada, quando notei o Du vindo em minha direção gritando:

– Você foi pra final! Você foi pra final!!!

"Eu fui pra final? Eu fui pra final?". Fiquei repetindo que nem idiota aquela frase, enquanto pulava de alegria sem acreditar! Eu mesma nem havia me dado o trabalho de olhar o meu tempo no telão! Ainda nadaria a prova que fechava o triatlo, ao meio-dia, e as tais finais, no período da tarde.

Eu só não podia imaginar o quanto essa distância e essas horas de espera entre as provas iriam me desgastar. Rodrigo chegou a sugerir improvisarmos uma caminha de prancha de natação no chão para descansarmos e, enquanto isso, ali ao nosso lado, atletas de outros países recebiam massagem e soltura muscular na maca.

Por inexperiência, eu também só levei castanhas e damascos para me alimentar entre as provas, achando que essa seria uma opção boa e saudável. Mas ainda me saí melhor do que outros atletas. Minha nova amiga mexicana Erika, que conheci no meio na prova de ciclismo, sentou para comer as castanhas comigo, pois não tinha levado nada.

O resultado da falta de um planejamento alimentar foi que, pouco antes da minha prova mais longa e importante, os 400 metros livre do triatlo, eu estava me sentindo sem energia. E confesso que estava um pouco ansiosa também e com receio de que os meus óculos saíssem do rosto quando eu caísse na água.

O microfone convocou as atletas, chamando meu nome para a raia 3. Caminhei para o bloco, em parte aliviada por não estar nas raias dos cantos e sentindo meu coração ecoando a cada passo o som de bumbo. Subi no bloco, ajeitei o pé direito na frente, baixei o tronco e a cabeça com as mãos esticadas para baixo. "Você pode fazer isso, Patricia... Você pode fazer isso."

A juíza avisou no microfone: *"On your marks... Go!"*. Quando me dei conta, eu já estava dentro d'água e os óculos continuavam no meu rosto. Meu corpo vibrava a cada braçada e eu me lembrava de quantas pessoas tinham me ajudado chegar até ali e das palavras delas.

Ainda nos primeiros metros, quando a fraqueza bateu, eu me lembrei da Kessy e da sua mão no meu braço dizendo na UTI: "Não desiste, Pati". Nadei aqueles 50 metros pensando nela e mentalizando: "Não desiste, não desiste." Virei. Recordei a Maíra entrando empolgada no quarto de hospital e anunciando: "Sucesso total e absoluto, Pati!" e a Regina me incentivando a cada série: "Muito bom, Pati. Muito bom!". Lembrei da voz do Lucas: "Força, mulher, tu consegues!". Eu não estava sozinha naquela piscina.

Já tinha nadado 200 metros quando me lembrei do dia em que chegou o coração. E então eu comecei a nadar mais rápido. Lembrei da alegria que senti quando me deram a notícia, da energia que me tomou quando despertei. Recordei minhas palavras à Dra. Adélia: "Meu nome é Patricia Fonseca e eu cumpro minhas promessas". Aquela era uma promessa que devia a mim mesma.

Faltavam poucos metros e a essa altura, meus óculos já estavam cheios de água, mas não era da piscina, eram lágrimas de alegria. Bati a mão na borda com tudo e dei um grito bem alto em seguida, levantando a mão direita. UHHUUUU!!!! "Meu Deus do céu!!! Eu consegui!!! Eu consegui!!! Eu sou oficialmente uma triatleta!". A plateia enlouquecida se levantou e bateu palmas.

Não vou mentir para você: eu fui a última a chegar. Bem depois de todas as outras, tinha gente que já havia até saído da piscina. Mas eu estava tão feliz e comemorei tanto quando finalizei, e gritei tanto, que a plateia deve ter pensado: "Coitada da menina, ela não sabe que quem ganha é o primeiro e não o último" – e decidiu bater palmas assim mesmo.

Corri para abraçar o Du e as atletas que competiram comigo vieram em seguida me abraçar, uma após a outra, sentindo a dimensão que aquilo tinha para mim. Quem diria que a menina que perdia metade do recreio para subir uma escada iria para as Olimpíadas? E ainda mais no triatlo? O filme da minha vida passava bem na minha frente e eu explodia como uma supernova em expansão.

A piscina ficou pequena. Málaga ficou pequena. O mundo ficou pequeno. Para mim e para o meu coração. Naquela quinta-feira, justamente dia 29, eu me tornei a primeira mulher triatleta transplantada do Brasil e, ao lado da australiana Kate Phillips, fomos as primeiras triatletas transplantadas de coração do mundo.

celebração

O restante da viagem foi leve e de pura tietagem nas competições dos meus amigos. Testemunhei o Rodrigo quebrar o recorde mundial nos 200 metros medley, enquanto a gente gritava "Ouro! Ouro! Ouro!" na beira da piscina – igual à mãe do Thiago Pereira – para ele ouvir e dar tudo de si. E na arquibancada da pista de atletismo, gastei meus dois pulmões gritando: "Vai, Liiiiiiii!!!!", ao assistir a minha amiga transplantada pulmonar, Liège Gautério, se consagrar bicampeã mundial nos 100 metros rasos, correndo com apenas um pulmão.

Os veteranos tenistas Edson e Haroldo, que me receberam de braços abertos no time, também tiveram excelentes resultados e, mesmo Edson jogando com um pé torcido, medalharam mais uma vez. E meu querido padrinho Dinael representou bravamente o Brasil no triatlo masculino, disputando uma categoria altamente competitiva.

Todos juntos comemoramos aqueles dias especiais, regados por carinho e amizade, na festa de encerramento que, por sinal, foi digna de um baile de formatura. Nós, os seis atletas, mais nossos acompanhantes, pulamos e dançamos até o amanhecer, igual o canguru do chaveirinho que eu havia ganhado de presente na abertura.

Para mim, o mais incrível das Olimpíadas dos Transplantados foi justamente essa energia do evento. A consciência sobre a preciosidade e brevidade de nossa existência transbordava em cada gesto e sorriso que nos rodeava. Era intenso, presente e verdadeiro. E, considerando que países menores que o Estado de São Paulo levaram delegações com centenas de atletas transplantados para Espanha, nossa delegação recorde de seis atletas delineava todo o potencial de crescimento que ainda existia para a modalidade transplantada no Brasil.

No último dia de viagem, o Du e eu aproveitamos para fazer turismo e decidimos visitar a histórica Alcazaba, fortaleza árabe do século XIII, e o circunvizinho Castelo de Gibralfaro, principais atrações da cidade. A antiga fortificação moura que abrigou soldados e tropas lutando por sobrevivência, possuía do alto de suas torres um excelente posto de vigia e fornecia agora uma vista privilegiada da cidade e do azulado mar mediterrâneo.

Escutei, no meio do nosso passeio, uma música gostosa vindo de dentro de um túnel e instintivamente a segui. O som doce do violão marcado pela pandeirola que o artista tocava com o pé era uma daquelas melodias que nos convidam a nos soltarmos e combinava perfeitamente com o que sentia em minha alma. Saí pulando leve com meu vestido colorido em sua direção, estalando os dedos, batendo palmas e, ali no meio da cidadela de pedras, eu dancei e girei celebrando nossos tempos de paz.

"Viva seus sonhos, Patricia... Viva seus sonhos." Minha vó Dalcy sempre esteve certa. Sonhos são oportunidades de reescrever a nossa história. A magia de Málaga e de tudo que vivenciei na improvável capital da Andaluzia me cativou por completo. Aquele que era para ser meu "gran finale" se transformou num novo começo. E eu não parei mais.

Sábado, 24 de junho de 2017
Acho que não adianta se perguntar "quem eu sou". Quem se "é" não é uma pergunta com resposta, mas uma provocação. Somos uma eterna transformação, sem compromisso com o que já fomos nem vínculo precoce com o que vamos ser. Somos o salto, o pulo, o passo que nos leva adiante. Somos o movimento, a escolha, o dinamismo. Somos um potencial, mais próximo de uma ideia que do resultado de uma equação.

é tempo de terra

Alguns meses após a competição, fui convidada para dar uma palestra no meu antigo colégio. Esse movimento aconteceu depois da minha história ter sido contada numa matéria do *Fantástico*. A Poliana Abritta anunciava no comercial: "*Antes do transplante, todo mundo dizia para ela: 'Tenha fé, você vai passar por essa, vai superar tudo isso. Depois do transplante, você vai poder ter uma vida normal.' Normal? Vida normal é tudo que ela não quer ter! Coração de triatleta! No peito da Patricia, a determinação bate mais forte do que nunca. É exemplo, é Fantástico, é domingo, depois do Faustão*". Plim-Plim.

Quando as freiras da minha escola viram a menininha na TV com a camiseta do Colégio Rainha dos Apóstolos, ficaram extasiadas e me chamaram para falar sobre doação de órgãos para os alunos. Sem dúvidas, revisitar meu colégio foi uma viagem no tempo. Andar por aqueles corredores em que tanta coisa havia sido vivida. Subir aquelas mesmas escadas amareladas de pintinhas pretas sem o cansaço de outrora. Pisar na quadra onde tantas vezes recolhi a bola de vôlei para as meninas que treinavam. Eu quase podia ouvir as vozes, o barulho da criançada correndo e gritando, os ecos do passado.

Estava saindo da quadra quando me deparei justamente com a professora de Educação Física da minha época. Achei que ela não ia se lembrar de mim, mas, de cara, ela reconheceu a menina que ficava sozinha sentada na arquibancada.

– Professora, você não vai acreditar no que vou te contar... mas eu virei atleta.

Sem conseguir se conter, e me surpreendendo completamente, aquele mulherão de voz grossa se jogou no chão de joelhos com as mãos para cima e gritou: "É um milagre! É um milagre!".

– E virei triatleta... – completei.

A expressão no rosto dela foi impagável. Se algum dia ela duvidou da existência de Deus, mesmo trabalhando num colégio católico, naquela manhã tenho certeza que ela foi convertida. E eu... bom, eu nunca mais precisaria devolver bola nenhuma na minha vida. Coincidentemente, foi nessa mesma semana que recebi uma ligação da minha querida amiga transplantada de fígado Gabi Noronha:

– Pati, vou organizar um torneio de vôlei de praia aqui no Piauí para chamar a atenção para a doação de órgãos. Sei que você é do triatlo, mas você toparia ser minha dupla no torneio? – perguntou com seu jeito doce e falante.

Ela não sabia do meu passado quando fez esse convite. E eu mal acreditei no que estava prestes a acontecer quando desliguei o telefone. Saí correndo de casa até a loja da Monumento Sports e, naquele dia, eu comprei uma bola linda, verde e amarela, das cores do Brasil, para começar a treinar e um par de manguitos.

Tive um mês para me preparar e pegar as noções básicas do esporte com o Vander. E fui convocando todo mundo para me ajudar nessa aventura. A tal matéria de TV do *Fantástico* disse que eu esperei 30 anos para realizar meu sonho de ser triatleta, mas, na verdade, eu havia esperado 30 anos para sacar aquela bola. Parti empolgada rumo ao Nordeste numa sexta-feira à tarde e fui recebida pela minha amiga no aeroporto.

No sábado de manhãzinha lá estava eu prontinha para a partida que estava prestes a começar. Me levantei do banquinho de madeira no calor intenso de Teresina, caminhei descalça até a quadra de areia e então eu enchi meus dois belos pulmões e gritei bem alto para o universo todo ouvir: "VAMO, TIMEEEEE". Era a minha vez de brincar.

Manchetes, mergulhos na areia, pontos comemorados. Jogamos e buscamos cada bola como boas brasileiras que somos. É verdade que perdemos ainda no primeiro jogo para uma dupla masculina, mas considerei isso apenas um detalhe na experiência, pois achei meu rendimento maravilhoso dado que todos os meus saques passaram da rede.

a tartaruga e o coelho II

Todo fim de semana, Du e eu praticávamos algum esporte juntos. Ele adorava dizer que os exercícios eram o meu "terceiro imunossupressor", pois a atividade física contribui para a longevidade do órgão transplantado. Quando íamos para praia, costumávamos andar de bicicleta e eu já tinha até aprendido a pedalar sem as mãos. E em São Paulo em geral saíamos para correr no Museu do Ipiranga ou no Parque da Aclimação.

A gente dava um tiro juntos e depois caminhávamos para recuperar. Em geral, ele sempre estava pronto para dar um novo tiro antes de mim, então ele dizia: "Tô indo e já te encontro" e eu respondia ofegante "Beleza", enquanto continuava a caminhar. A cada fim de semana, minha recuperação melhorava e nossos tiros aumentavam. Em alguns meses, já estávamos dando todos os tiros no treino juntos.

Um dia, saímos para correr na parte da frente do Museu do Ipiranga. Um percurso de ratinho de laboratório de apenas 500 metros, com o chão todo desenhado de pedrinhas brancas e pretas, e rodeado por seu maravilhoso jardim, cópia em miniatura daquele existente no Palácio de Versailles. Adoro contar isso para os visitantes como boa bairrista que sou.

Demos o primeiro tiro, andamos. Demos o segundo tiro e então eu disse alguns segundos depois:

– Tô pronta, vamos?
– Eu não tô pronto ainda...
– Beleza, tô indo e já te encontro! – respondi com naturalidade.

Mas ele fechou a cara como quem não tinha gostado da situação. "O que aconteceu?" perguntei confusa. Ele ficou quieto. "O que aconteceu?", repeti a pergunta e ele emendou emburrado: "Pode ir...". Dei um passo correndo e só mais tarde fui entender o que tinha acontecido. Concretizando a profecia feita na UTI: a tartaruguinha havia passado o coelho.

viver é muito rock and roll

Um ano após minha primeira corrida de rua e cinco meses após a Olimpíada, aconteceria mais uma edição da Rolling Stones Music and Run. Como esse evento tinha sido muito especial para mim, combinei com todos meus amigos de repetirmos a dose.

E qual não foi minha surpresa quando confirmaram que a banda que tocaria ao final da corrida seria ninguém mais, ninguém menos que os Titãs, minha banda predileta da vida toda. Quase surtei quando descobri. Nunca tinha ido a nenhum show deles porque antes simplesmente não aguentaria ficar tanto tempo em pé. Agora eu iria correr 5 quilômetros e ainda curtir o show.

Eu queria tanto que, de alguma forma, eles soubessem o quanto a música *Flores* e eles eram importantes na minha vida, o quanto me ajudaram em tantos momentos difíceis – e olha que esses não faltaram. Havia algo naquelas notas que me inspirava força, algo naquelas palavras que me entendia.

Decidi então gravar um vídeo contando tudo isso para os meus ídolos e enviei. Vai que eles assistissem e mandassem um beijo para mim no meio do show. Depois de receber um coração no dia do aniversário, eu estava achando que tudo era possível. Uma semana antes do evento acontecer, atendi inocentemente meu celular. Era da produção deles:

– Patricia, os Titãs viram seu vídeo e adoraram. Você gostaria de conhecê-los no camarim antes do show?

Nem preciso dizer qual foi a minha resposta, né!? Corri radiante e ansiosa aqueles 5 quilômetros, com a camiseta do Sou Doador, e, ao final, pude abraçar e agradecer aqueles cuja arte e obra também me salvaram. Eles me presentearam com palhetas e em seguida me convidaram: "Vamos para o show?".

Pude assistir ao espetáculo ali pertinho deles, da coxia, enquanto o Du e todos os meus amigos estavam lá embaixo junto do público. Estava chegando próximo do show acabar e nada da música *Flores* tocar. Pensei: "Tudo bem... Talvez eles acabem não tocando essa". Quando de repente o Branco Mello pega o microfone e diz:

– Queria dedicar a próxima música a uma garota que correu essa maratona depois de ter trocado o coração e é uma fã dos Titãs e dessa música que a gente vai cantar agora para vocês! É isso, Patricia? – disse, estendendo a mão e me chamando para entrar no palco.

Saltitante de emoção, eu me aproximei do microfone e, cheia de inspiração, respondi:

– É isso. É isso mesmo.

O Branco Mello, percebendo que eu mesma não tinha me dado conta da imensa oportunidade que estava bem ali na minha frente, com dezenas de milhares de pessoas nos escutando, deu generosamente a deixa:

– Quer falar alguma coisa para essa galera sensacional?

– Quero! Eu queria agradecer e queria dizer para vocês que, se eu tô viva hoje, é graças a uma doação de órgãos... – Quando eu mencionei a expressão "doação de órgãos", a plateia começou a aplaudir tanto que eu mesma me surpreendi com aquela calorosa reação e complementei orgulhosa – E eu queria dizer que VIVER É MUITO ROCK AND ROLL!!! – e aí a plateia foi à loucura de vez.

O baixo começou a tocar, a bateria deu o ritmo, luzes azuis tomaram o palco com imagens holográficas de rosas ao fundo e o Branco Mello começou a cantar: *"Olhei até ficar cansado de ver os meus olhos no espelho, chorei por ter despedaçado as flores que estão canteiro..."*. Fiquei dançando eletrizada, ali no meio da banda, com meu shortinhos florido de corrida, admirando a vista incrível daquele mar de gente pulando.

Eu estava no céu!!! Perto do refrão, Branco Mello se aproximou de mim e cantamos juntos: *"As flores de plástico não morrem!"*. Em seguida, vem um solinho instrumental na canção. Minha versão preferida da música é a do CD *Acústico MTV*, em que a Marisa Monte entra cantando em estrofes alternadas.

De repente, vejo o Sérgio Britto indo até o fundo do palco com sua guitarra pendurada, pegando alguma coisa e estendendo para mim. Era um microfone. "Caraca!" Eu não pensei nem por um extrato de milisegundo. Peguei com tudo o microfone e comecei imediatamente a cantar: "*...Os punhos e pulsos cortados e o resto do meu corpo inteiro... HÁ FLORES POR TODOS OS LADOS, HÁ FLORES EM TUDO QUE EU VEJO!*".

Eu pulava, a plateia vibrava, a banda pirava e a noite paulista brilhava. A guitarra veio solando loucamente enquanto eu girava com as mãos para cima e me entregava àquele frenesi.

Quinta-feira, 26 de novembro de 2017.
...Me perguntaram depois se eu não senti vergonha... Vergonha??
Tenho de dizer que eu olhei bem nos olhos da morte por diversas vezes...
e sabe o que eu vi? Que dessa vida não levamos NADA. Absolutamente NADA.
E entender isso nos dá um desprendimento, um desapego, uma liberdade
muito grande!!! O que vale da vida são as alegrias que vivemos!!! As coisas
boas que nos permitimos!!! O agora! O presente! O hoje! Se um beijo deixou
de ser dado, não valeu a pena... Se algo deixou de ser dito, não valeu
a pena... Se um sonho deixou de ser vivido, não valeu a pena. A felicidade
que sinto é a única coisa real e eu não vou me negar nenhum pedacinho dela!

convites do destino

Seguia buscando evoluir e aprimorar aos poucos meu condicionamento nas três modalidades do triatlo e todo convite diferente que me faziam, eu aceitava. Eles eram para mim oportunidades de conhecer novas sensações e viver novas experiências. Um corpo humano saudável produz tanta energia todos os dias que eu honestamente não entendia como algumas pessoas podiam desperdiçar esse potencial jogadas num sofá. É como ter um carro potente e nunca tirá-lo da garagem. Já eu, tudo que queria era pegar meu fusquinha turbinado e sair por aí.

No começo de 2018, fui convidada pela minha amiga ultra-maratonista aquática Luciana Ramos para participar de uma prova de travessia no mar de Ilhabela. Eu estava acostumada a nadar em piscina, mas topei na hora o desafio. O Vander adaptou meus treinos de natação e me ensinou a respirar para frente que nem tartaruguinha enquanto nadava, ao invés de para o lado, de forma que eu pudesse "navegar" e me orientar pelo caminho.

Embarcamos no "Chuuumbo", o celtinha prateado da Lu, para essa aventura – tem que falar assim mesmo, puxando o "u" – e chegamos à famosa ilha de São Sebastião depois de umas quatro horas de viagem. E não precisamos parar uma vez sequer no caminho para eu fazer xixi.

Lá pude conhecer os grandes nadadores Harry Finger e Marta Izo – que já haviam cruzado a nado o Canal da Mancha e o percurso das oito pontes de Nova York. Este último com uma "singela" distância de 192 quilômetros de natação! Quando eles souberam que era minha primeira vez em águas abertas e que eu estava apreensiva, generosamente se disponibilizaram a me acompanhar em meu desafiador percurso de 500 metros.

Nadar no mar é realmente delicioso. Por conta do sal você boia muito mais fácil do que na piscina e a cada respirada você vê o horizonte, vê um morro, vê um passarinho. É indescritível. Uma sensação de estar cercado em 360 graus por natureza. Mas, ao mesmo tempo, muita gente se desespera quando percebe que "não dá mais pé" e, num ataque de pânico, sai tentando se agarrar nos outros para se salvar.

Harry foi um verdadeiro anjo para mim e nadou o tempo todo lado a lado comigo. Cada vez que eu respirava escutava sua voz: "Muito bom, Pati, tá respirando direitinho", "Tá ótimo, só manter esse ritmo". Eu não senti medo quando percebi que estava lá no fundão do mar e que a praia estava bem distante. Eu senti liberdade. Eram meus braços e pernas que me haviam feito chegar até lá. Me senti potente.

Curti o percurso com todo aquele vaivém das marolas e, assim que pisei de volta na areia, comemorei tanto o feito, que parecia que eu mesma tinha acabado de cruzar o Canal da Mancha. O que, proporcionalmente, talvez não deixasse de ser verdade.

Esses convites para novas experiências e vivências, como vôlei de praia e a natação em águas abertas, nem precisavam ser necessariamente explícitos e virem de outra pessoa. A mera possibilidade de fazer algo já era para mim um convite do destino.

Du e eu viajamos para visitar sua irmã Sandra e família no Canadá, que residiam na charmosa cidade de *Pointe-Claire,* próximo a Montreal. Fiquei olhando pela janela da casa e imaginando como seria correr naquele frio. Me encapotei toda e saí trotando pelas calçadas perfeitamente planas e concretadas – um sonho de acessibilidade. Com o tempo meu nariz começou a congelar, depois minha boca e meus lábios. Meus dedinhos estavam gelados mesmo dentro da luva e ali já tinha deixado de ser um treino. Eu praticamente corria para manter minha temperatura corporal. Acabei descobrindo que é plenamente possível suar e passar frio ao mesmo tempo. Vai entender!

No fim de semana, fomos todos juntos passear num conhecido parque da região e lá me deparei com uma enorme tirolesa que cortava um rio e era a principal atração do local. Foi inevitável nesse momento me lembrar de quantas vezes eu vi meus amigos na escola se organizarem para as excursões do Hopi Hari, das quais nunca pude participar, porque atividades de aventura não eram indicadas para cardíacos. Ou de quando visitei a Disney com meus pais e só podia ir naqueles brinquedos sem graça feito para crianças. Ou das duas vezes em que teimosamente andei escondida na montanha-russa com minha amiga Celina, em silêncio e contida, praticando o controle emocional de um monge budista para proteger o coração.

Fiz questão de subir a pé os seis andares de degraus até o topo daquela torre e ali vesti o cinto de segurança e o capacete. Quando chegou minha vez, o funcionário me perguntou: "Você está pronta?". Visualizei lá de cima o rio que devia estar mais gelado que picolé da Kibon, o enorme percurso que eu estava prestes a sobrevoar e então vi as pessoas pequenininhas lá embaixo. Igualzinho como quando tinha 14 anos e estava do lado de dentro da janela da UTI.

"Queria poder descer e contar para aquelas pessoas que passeavam felizes que instantes não vividos são como areia na ampulheta que o tempo leva embora e não voltam mais. Nenhuma chance perdida vale a pena."

Ah, se eu pudesse voltar no tempo e sussurrar no ouvido daquela criança na arquibancada ou daquela jovem na UTI: "Você não imagina as coisas incríveis que ainda vai vivenciar!".

Dei um grito bem alto para todo mundo poder ouvir e sentir. E sem dúvida em uma célula sequer do meu corpo, eu saltei com tudo, gritando deliciosamente de braços abertos enquanto deslizava a toda velocidade pela corda de aço.

Eu desci na tirolesa sem medo de sentir a emoção.

a prova da vida

Comecei minha preparação para a próxima competição no calendário de provas para transplantados: os Jogos Americanos (Transplant Games of America – TGA), que aconteceriam em agosto de 2018 na cidade de Salt Lake, nos Estados Unidos.

Já estava sabendo que o triatlo do TGA seria um pouco diferente daquilo que eu já havia experimentado em Málaga: seriam 500 metros de natação e 20 quilômetros de ciclismo, no mesmo dia; e 1,5 quilômetro de corrida numa pista de atletismo dois dias depois. Nadar e pedalar no mesmo dia seria um novo desafio para mim.

Devolvi a bicicleta da minha treinadora Márcia, que ainda estava comigo e com a qual eu treinava desde Málaga. Comprei minha própria magrelinha, investi em workshop de corrida e aumentei a carga dos treinos. Estava focada e dedicada pois queria muito dessa vez tentar competir de verdade e não mais pedalar "passeando no jardim". Com o passar dos meses, aprendi a pedalar "clipada", com a sapatilha presa no pedal, no sobe e desce da Estrada Velha de Santos e comecei a tentar correr sem precisar caminhar.

Me encontrava no auge das planilhas, a semanas da competição, quando meu corpo me relembrou da sabedoria contida na máxima da tartaruguinha: "devagar se vai ao longe". Um ponto importante, comum a todos os transplantados, é o cuidado que devemos ter com o "*over-training*". Pois nossa imunidade já é reduzida em função dos medicamentos que tomamos e o desgaste do treino pode diminuir ainda mais essa janela imunológica no curto prazo, abrindo espaço indesejado para vírus e bactérias aproveitadores.

E foi exatamente isso que aconteceu. Eu acabei ficando gripada e tive de ficar mais de 15 dias totalmente parada, sem fazer atividade física alguma, para dar alguma chance do meu corpo se recuperar em meio à imunossupressão. Foi um verdadeiro banho de água fria em quem estava a todo vapor. Assistia a meus músculos murcharem a cada dia que passava e o embarque se aproximar.

A Carol ainda tentou me consolar: "Amiga, também tive que ficar parada devido a uma lesão antes da meia de Buenos Aires, e no final foi a melhor meia-maratona da minha vida. Nem tudo está perdido". Pelo menos iria ter a oportunidade de rever, na minha primeira conexão, minha prima Fernanda, que morava nos Estados Unidos havia quinze anos já.

Aproveitei que a Fê era nutricionista e pedi dicas para ela de alimentação pré e pós-prova, tentando não repetir ao menos o caos vivido em Málaga com castanhas e damascos. E ela, toda prática e organizada, já saiu pegando duas batatas, uma porção de paçoquinhas, uma lancheirinha e *squeeze* para o suplemento. Passei aqueles primeiros dias brincando no chão com sua filhinha, a Sofia e cuja gravidez aconteceu enquanto eu ainda estava internada na UTI.

E assim, após semanas sem treinar, mas abastecida com comidinhas e equipada com lancheirinha, eu parti para minha segunda competição internacional sem grandes expectativas.

Localizada no coração do oeste americano, Salt Lake City é bastante famosa no cenário esportivo mundial por ter sido a sede dos Jogos Olímpicos de Inverno de 2002. Foi fundada pelo profeta mórmon Brigham Young, em 1847, que ao chegar naquelas terras rodeadas pelas íngremes montanhas que hoje recebem esquiadores todo inverno, disse: "Esse é o lugar". E ali construiu a atual sede mundial da Igreja de Jesus Cristo dos Santos dos Últimos Dias. É uma cidade também referência de fé.

Além de mim, participando dessa delegação brasileira, estariam o veterano Rodrigo Machado e um novo integrante, Carlos Alberto Rezende, transplantado de medula-óssea, mas que diferentemente do Rodrigo, foi salvo por alguém que, num dia lindo, decidiu se cadastrar no REDOME – Registro Nacional de Doadores de Medula Óssea – como doador de medula. Um desconhecido que, num simples gesto de boa vontade, salvou uma vida.

Aterrissamos numa quinta-feira à tarde. Tentei dormir bem cedo, não só pela competição que começaria no dia seguinte às 7 horas, com as etapas de nada-pedala, mas também porque ainda teria que entregar minha bicicleta às 3h50 da madrugada no transporte oficial que a levaria para a prova de ciclismo. O que me parecia um horário tão absurdamente cedo, que eu não sabia se dessa vez devia rezar para conseguir dormir ou para conseguir acordar.

No ponto de entrega das bikes, tive o prazer de conhecer alguns dos outros atletas que participariam da prova de ciclismo mais tarde. E, entre eles, a Sue Rudolph, uma transplantada de fígado americana de MAIS de 60 anos, que estava ali para competir – PASMEM! – no triatlo também. Conhecê-la foi uma gigantesca inspiração para mim. Um encontro com o futuro que eu desejava. E, se ela estava ali cheia de energia, quem era eu para reclamar do horário.

A prova de natação dos 500 metros livre aconteceria às 7 horas da manhã. Me aqueci correndo, pois meu nome estava na primeiríssima *bateria* da competição. Subi no bloco. *"On your marks... Go!"*. Me joguei na piscina e tentei dar o meu melhor. Quando finalizei a prova, vi pelo cronômetro do meu relógio que havia feito 30 segundos mais rápido que em meus treinos. Um primeiro milagre para quem tinha ficado semanas parada. Saí da piscina correndo para me preparar para o ciclismo e dei as primeiras mordidas na batata da minha lancheirinha.

No caminho para North Salt Lake, local da prova de ciclismo, cheguei a comentar pensativa com o Du no ônibus:

– Sabe, amor... eu queria só uma vez ganhar alguma coisa, nem precisava ser ouro, podia ser bronze. Eu só queria saber o que é isso...

O Du deu risada e emendou:

– Você veio aqui se divertir. Lembre-se disso.

–

O ciclismo estava previsto para acontecer às 9 horas da manhã, mas acabou acontecendo só às 10h40. Fiquei todo esse tempo sentada num gramado, sob o sol, comendo as batatas e as paçoquinhas da Fernanda, que literalmente me salvaram para não perder energia até a hora da largada. Sem saber se a prova estava para começar ou não, a cada dez minutos, eu corria no banheiro de sapatilha para fazer xixi, pois não queria correr o risco de pedalar com a bexiga apertada.

Eu sabia que não podia esperar grandes coisas dessa prova, afinal tinha ficado semanas parada sem treinar. Mas tinha inventado uma estratégia de automotivação para esse percurso e havia combinado comigo mesma que cada um desses 20 quilômetros eu faria dedicando a algo que havia escutado ou superado ao longo da vida.

    Seria um caminho especial para revisitar e, por isso, estava animada para prova que começaria. Naquela cidade sinônimo de fé, eu percorreria novamente a minha estrada. Assim que chamaram para enfileirar, percebi que homens e mulheres de todas as idades pedalariam juntos e a prova seria contra-relógio. A responsável pela largada gritou para ficarmos prontos. Clipei a sapatilha no pedal e parti.

    Ainda no primeiro quilômetro, olhei para direita e vi uma paisagem incrível de montanhas imponentes que circundam a cidade e fui tomada por uma gratidão gigantesca por estar ali. Agradeci a Deus por estar pedalando e por estar VIVA! Eu estava muito feliz!

    Aquele céu de brigadeiro e aquele inacreditável calor gostoso que eu sentia na cidade dos esquiadores eram por si só o espetáculo contínuo da natureza nos dizendo que tudo sempre pode mudar. A partir do segundo quilômetro, comecei a viajar no tempo, relembrando meu passado, exatamente conforme havia combinado comigo mesma.

    KM 2: "Sinto muito, ela não vai sobreviver." Imaginei o que minha mãe tinha sentido quando lhe disseram isso logo que nasci. Imaginei o susto e desespero dos meus pais. Acelerei a velocidade e passei a primeira pessoa.

    KM 3: "Patricia para de pular, sua boca está roxa." "Patricia, sai da piscina, sua boca está roxa." Lembrei da voz da minha mãe me pedindo para parar e descansar.

    KM 4: A cara de tristeza quando me tiravam como par numa brincadeira. Passei mais duas pessoas.

    KM 5: "Patricia, espera na arquibancada. Você não pode fazer a aula de Educação Física." Os passos solitários até a arquibancada vazada de madeira escura, onde me sentava no topo e ficava assistindo a todo mundo correr. Aumentei a marcha e acelerei a cadência da bicicleta. Eu estava voando! Pedalando muito mais rápido que o meu normal, ultrapassando homens e mulheres.

    Por um instante pensei: "Patricia, você está queimando largada". Mas eu estava me sentindo tão bem. Decidi que ia manter e depois desaceleraria se precisasse. E então continuei.

    KM 6: "Você não sai mais do hospital, mocinha."

    KM 7: "A operação não deu certo, precisamos repetir."

    KM 8: "Código Amarelo. Desfibrilador. Apaga ela. Choque."

    KM 9: "Você vai ter que abandonar a faculdade."

    KM 10: "Você está no fio da navalha, garota. Não te dou nem 6 meses de vida."

Eu havia chegado à primeira metade da prova. Agora era fazer a volta e retornar 10 quilômetros. Eu estava sobrando. Tomei um gole de água e segui. Fazia sol, mas eu não sentia calor. Na volta, me deparei com um vento contra absurdo a partir do quilômetro 13. Estava sofrido demais pedalar e boa parte das pessoas haviam ficado para trás. Estava pedalando praticamente sozinha.

KM 14: Não conseguia pensar em mais nada, apenas repetia para mim: "Continua, continua".

KM 15: Cheguei a rezar para o vento diminuir, mas não funcionou muito. A bicicleta quase parava de tanto vento. Mesmo assim me surpreendi, passando alguns homens jovens. Pensei: "Se eu estou passando eles, não devo estar tão mal".

KMs 16, 17, 18: eu pedalei no silêncio e na raça... Até que eu avistei uma bandeira do Brasil balançando e comecei a chorar. Era o Rodrigo. Eu devia estar chegando. Quando passei por ele, o escutei gritar: "Só mais essa subida e acabou. Vai, Pati!!!". Não tive dúvidas, uma após a outra, eu aumentei as marchas até o máximo e atravessei o portal da chegada com tudo.

Eu chorava tanto quando cheguei que outros atletas vieram me perguntar: "Você está bem?" e respondia: "Sim!!! É de alegria!!!". E então eles me abraçaram para comemorar. Eu estava plena e flutuando! Pelo registro do meu relógio, eu tinha feito o percurso em 13 MINUTOS a menos que em meus treinos. Algo inacreditável.

Assim que me acalmei desse frenesi, quis checar meu tempo por curiosidade na tenda da organização e, depois de esperar um pouco, a atendente me respondeu "segundo". "O que é segundo?", perguntei para ela inocentemente. E ela achando que eu não devia ser muito inteligente disse: "Prata". Eu dei um passo para trás de susto quando ouvi aquilo.

– Eu ganhei alguma coisa! Eu ganhei alguma coisa! – saí gritando e pulando no gramado.

Corri para contar para o Du e só acreditei de verdade quando chamaram meu nome:

– *In second place, all the way from Brazil... Patricia Fonseca!*

Emocionada, subi no pódio com a bandeira brasileira em mãos, ao lado de duas americanas. A prata no ciclismo era minha primeira medalha. A primeira de uma vida inteira... Numa prova em que pedalei celebrando cada lágrima e cada dificuldade, tudo que passou e ficou para trás. Eu seguia com a bicicleta, como tantas vezes eu segui na vida. Foi um percurso para celebrar a minha fé.

Nesses quilômetros de vida, a fé foi companheira constante ao longo do meu caminho. Nela me agarrei com unhas e dentes e dela nunca duvidei, mesmo muitas vezes sendo questionada. Diversas vezes, pessoas se aproximavam de mim para dizer que "se eu tivesse a fé do tamanho de um grão de mostarda, eu seria curada" ou que, "se eu tivesse fé, o coração poderia chegar logo".

Sempre detestei essa frase da mostarda, porque no fundo ela escondia um julgamento. Para muitos, eu continuar doente era uma demonstração de uma suposta falta de fé. Minha vontade nessas horas era explicar que minha fé não era do tamanho de um grão de mostarda. Ela era do tamanho do campo todo, mais as águas, os oceanos, as florestas e todo o céu. Era do tamanho do mundo, do universo.

A cada respiração, eu respirava fé. Cada vez que meu coração parecia calar, eu tinha fé. Cada vez que minhas mãos e pés dormiam porque o sangue já não chegava lá. Cada vez que conversava com minhas células e pedia para elas aguentarem. Minha fé era ativa, não eram palavras. Eu praticamente vivia de fé.

Por que eu não melhorava? Por que o coração não chegava logo, mesmo eu tendo tanta fé? Eu não sabia, não fazia a menor ideia. Mas eu estava dando o meu melhor. O que muitos talvez não entendessem – e nem eu sabia explicar na época – é que existe o nosso tempo: do ego, do indivíduo, do desejo do agora. E um tempo maior, que é de Deus, da Vida, do Todo e que é perfeito. Nós, na nossa ignorância, só conseguimos admirar a perfeição do plano depois que tudo aconteceu.

Nunca foi falta de fé. Muito pelo contrário. A fé não conquista. A fé sustenta. A fé não é resultado. A fé é processo. É caminho. E foi por esse caminho que eu cheguei até meu novo coração. Se eu não tivesse trilhado essa dura estrada, não seria quem sou e não teria aprendido o que aprendi. Dizer que foi fácil seria mentira. Mas tudo que passei me permite hoje ser muito mais feliz. E por isso sou grata.

Ainda naquele mesmo dia, no final da tarde aconteceu a abertura oficial dos Jogos Americanos no estádio de beisebol Smith's Ballpark. Eu já estava totalmente relaxada e Rodrigo, Carlão e eu, dançamos e pulamos tanto no desfile de atletas que contagiamos o público. Na manhã seguinte, Rodrigo me mandou uma mensagem ainda cedo: "Vem aqui na piscina, que tem uma surpresa para você". Quando cheguei lá, descobri que, inacreditavelmente, eu tinha medalhado com a prata na natação também. E, por conta dos meus tempos somados, eu já estava praticamente garantida com a prata do triatlo. Parecia, de repente, que estava chovendo medalha!

Cumpri o percurso final do triatlo na prova de corrida de 1,5 quilômetro na pista de atletismo do West High School. E, ao final, ficamos todas as triatletas nos divertindo, fazendo fotos na pista. E eu me surpreendi ao escutar da triatleta americana, transplantada de fígado, Melanie Hartman: "Patricia, você é uma atleta fenomenal! Parabéns!". Acho que minha criança interior ficou saboreando as palavras espontâneas dela uns três dias seguidos. Eu, que antes era a última a ser escolhida na brincadeira, me vi sendo elogiada pela coleguinha.

Salt Lake City foi um lugar verdadeiramente abençoado para mim. Finalizei minha participação na competição com quatro medalhas – natação, ciclismo, corrida e triatlo – e o título de vice-campeã americana de Triatlo. Hoje eu entendo completamente a filhinha da Maurren Maggi, que chorou quando a mãe trouxe o ouro olímpico para casa, em 2008, dizendo que ela queria a "prata". Minha primeira medalha foi prata e aquela redondinha acinzentada, como diria Silvio Santos, "vale muito mais que barras de ouro" para mim.

Voltei para o Brasil e, logo que cheguei em São Paulo, uma das primeiras coisas que fiz foi ir correndo para o hospital ver meus amigos e mostrar as medalhas para eles. Das UTIs até a Reabilitação, eu passava por cada cantinho do prédio e saía colocando as medalhas no pescoço de todo mundo, só para eles sentirem o peso e o gostinho da nossa conquista. Até o Rosildo, que me preparava o melhor omelete do mundo de pós-treino na lanchonete, usou a nossa medalha. E esse percurso acabou sendo carinhosamente apelidado de "a rota da vitória".

Gilberto Gil nos ensina sabiamente na canção: *"Andar com fé eu vou, que a fé não costuma falhar..."*. É bem por aí. Penso sempre que andar com fé na vida é mais ou menos como caminhar na neblina. A gente não sabe em muitos momentos se falta apenas um passo para chegar ou se faltam quilômetros – e aí entra a fé. Temos que continuar a cada passo, a cada quilômetro, confiando que falta só mais um pouquinho.

Ter fé para mim é nunca desistir e seguir acreditando.

papeizinhos amarelos são poderosos

Estava sentada num banco, assistindo ao talentoso Rogerinho fazer os ajustes de "bike fit" na minha bicicleta, enquanto contava para ele, animada, sobre minha experiência nas competições e sobre a existência das Olimpíadas dos Transplantados. Vira e mexe, ele pausava as medições com réguas e esquadros para ficar me escutando, até que disse extasiado:

– Nunca soube de nada disso, Patricia! Nem sabia que existiam atletas transplantados. Vocês têm apoio? Têm reconhecimento?

– Não... – E fiquei me perguntando o que ele quis dizer exatamente com "reconhecimento".

– Pati, eu vou te ajudar!

Nos dias seguintes, Rogerinho contatou o grande triatleta Juraci Moreira, que representou o Brasil nas Olímpiadas de Sydney, Atenas e Pequim, e contou sobre tudo que havíamos conversado. Juraci quis saber mais e, depois de eu ter passado para ele todos os detalhes, também afirmou: "Patricia, eu vou te ajudar!". Ele, então, buscou o então vice-presidente do Comitê Olímpico Brasileiro, Marco La Porta, para agendar uma reunião.

Fui para esse encontro acompanhada pelo Haroldo, nosso *team manager* e pelo Rodrigo. No meio do nosso papo, o presidente La Porta teve uma ideia incrível: "Vamos fazer um revezamento solidário aqui na piscina Maria Lenk no dia da Doação de Órgãos, junto de atletas olímpicos, para mostrar que o COB apoia a causa e reconhece vocês, o que acham?". Aquela imagem saltou aos nossos olhos e assim ficamos combinados.

Na noite anterior ao evento, por algum motivo, busquei a minha caixa de lembranças com coisas da época da UTI e separei o meu papelzinho amarelo escrito "Coração de Atleta", aquele mesmo a que eu ficava assistindo como uma TV dias a fio, e o coloquei dentro da mochila preta, junto dos meus óculos de natação, maiô e toalha. Estava fechando o baú da cama quando meus olhos passearam pelo coração de cartolina que a Nicole havia feito para mim. E então notei que, no meu mural de futuro, tinha exatamente uma foto minha nadando no Rio de Janeiro..."Caraca!", pensei num estalo, "isso realmente vai acontecer!".

Partimos cedinho para o Rio de Janeiro, no dia 27 de setembro de 2018 – Dia Nacional da Doação de Órgãos –, eu, Dinael e dois novos integrantes, transplantados renais, Priscilla Pignolatti e Rodrigo Swinka. Estávamos todos muito animados que seríamos oficialmente recebidos pelo COB e, de cara, ficamos extasiados com o tamanho do Parque Aquático Maria Lenk. Nós estávamos dentro do Complexo Olímpico, a incrível estrutura que havia sediado as provas nas Olimpíadas do Rio em 2016.

Ainda na recepção, conhecemos os atletas olímpicos que nadariam conosco – Ana Marcela Cunha, Joanna Maranhão, Matheus Santana e Virgílio de Castro – ícones do esporte nacional e inspiração para muita gente. A organização sugeriu fazermos um *tour* inicial pelo Centro de Treinamento do Time Brasil para conhecermos as instalações e, enquanto caminhava por aqueles corredores frequentados por atletas de todo País e conhecia cada sala do Laboratório Olímpico, eu não parava de pensar no meu simbólico papelzinho amarelo que estava ali na mochila nas minhas costas.

Quando eu o escrevi, ainda vestida com a camisola da derrota do hospital, eu mentalizei poder fazer tudo que nunca havia podido fazer: praticar esportes, ter uma vida saudável. Mas honestamente as coisas foram muito além do que eu mesma tinha imaginado. Eu escrevi de dentro de uma UTI e lá estava eu, dentro do templo do esporte de alto rendimento. Não existia nada mais "atleta" que aquilo. Estar ali era o ápice.

O diretor-geral do COB na época, o judoca e campeão olímpico Rogério Sampaio, fez um pequeno discurso para anunciar e explicar a ação para imprensa que estava presente: "Doar é um ato de amor e o Comitê Olímpico Brasileiro e o movimento olímpico não poderiam deixar de participar desse ato". E em seguida me cedeu o microfone para falar algumas palavras. Eu agradeci o convite e a oportunidade de estarmos ali.

Às 10 horas da manhã, todos nós fomos convidados a nos encaminhar para a borda da piscina para a realização dos dois revezamentos mistos de 4X50 metros, entre os quatro atletas olímpicos e quatro atletas transplantados.

– A gente não vai aquecer antes? – perguntei para as meninas que estavam próximas.

– Aqui é raiz, minha filha! Não tem aquecimento, não... Se joga e nada – respondeu rindo a Joanna Maranhão.

E assim foi. O apito soou e eu nadei junto da Priscilla o mais rápido que podia, para mostrar a alegria e gratidão de todos aqueles que receberam um "Sim" e mostrar também que nós atletas transplantados tínhamos força e vigor de sobra. A ação foi filmada e divulgada em rede nacional e terminou inesperadamente com os atletas Matheus Santana e Virgílio de Castro nadando de mãos dadas, simbolizando toda união e empatia envolvida no gesto da doação.

Foi um dia histórico para o movimento do esporte para transplantados e para a causa da doação de órgãos. Mas, acima de tudo, foi um dia extremamente emblemático para mim. Quantas vezes eu havia escrito em diários todas as coisas que um dia eu "iria fazer" na esperança de que ali estava escrevendo o meu destino? Passava as horas e os dias assistindo ao mural do futuro e agora me via realizando cada uma daquelas imagens na cartolina.

Antes de ir embora, eu pedi para tirarem uma foto minha na beira da piscina Maria Lenk com meu já amassado papelzinho amarelo em mãos: "Coração de Atleta". Eu sempre acreditei no poder do pensamento e das palavras. Acreditei minha vida toda. Mas acreditar ainda tem um quê de fé e um quê de dúvida. Hoje eu não acredito. Eu sei. As palavras carregam o gérmen do nosso futuro e, dependendo das que escolhemos, do nosso sucesso e da nossa vitória.

aventuras, amizades e aprendizados

O esporte é realmente uma enorme janela de oportunidade para a alma. Um exercício de autoconhecimento, um convite para aprender sobre a vida. E, além do gigantesco prazer que eu sentia com meu corpo em movimento, acho que essas eram exatamente as coisas que mais apreciava na prática esportiva: as doces e divertidas possibilidades de aprendizado.

Não sei exatamente como foi criado o atual consenso cultural de que "a dor ensina", mas sempre achei essa frase completamente equivocada. Primeiro porque tem gente que sofre e só piora, só fica mais amargo, mais rancoroso, mais fechado. Segundo porque honestamente eu não gostaria de viver num mundo em que precisamos sofrer para aprender.

Detestava quando as pessoas tentavam me consolar nesse sentido: "Sei que está sofrendo que nem uma desgraçada, mas você vai aprender algo, olha que legal...". Não me parecia fazer sentido. Claro que eu tentei aprender o máximo que pude com tudo que me aconteceu e aprendi muito mesmo.

Mas é aí que está a sacada: a dor não ensina, a dor provoca. É a gente que escolhe aprender. Ela pode nos provocar a buscar conhecimento e encontrar respostas em alguma medida, mas nós não precisamos das dificuldades para isso. Nós podemos ser proativos. Podemos nos antecipar e "aprender pelo amor". Esse, sim, é o mundo em que quero viver.

Quando escolho me expor a mais experiências e novidades é isso que estou fazendo: me colocando numa posição de eterna aprendiz. A inércia não costuma ser boa companheira. É como a velha máxima da bicicleta: é preciso estar em movimento para não cair de cara no chão. Toda e qualquer nova experiência carrega lições preciosas e o esporte me proporciona também essa oportunidade de lapidação.

Cada vez que calço meu tênis, subo na bike ou me jogo na piscina numa competição, uma jornada única acontece. Interior e exterior. Algumas provas me surpreendem, me arrebatam, outras são mais como uma prece, um caminho silencioso de entrega. Todas igualmente ricas e especiais.

O norte da Argentina, especificamente a capital da província homônima de Salta, sediou a edição seguinte dos Jogos Latino-Americanos para Transplantados, em 2018. Com o tempo e as oportunidades de divulgação na mídia que conseguimos, novas pessoas foram chegando para engrossar nossa delegação e alcançamos o feito de reunir 20 atletas transplantados para defender o Brasil.

O maior número de atletas nos permitiu pela primeira vez na nossa história participar de uma prova de equipe. Nossa estreia seria no revezamento 4x50 livre na natação, com os atletas: Marcelo Gianesi, transplantado de medula-óssea; eu; Priscilla Pignolatti, que já havia nadado comigo no Maria Lenk; e o veterano Rodrigo Machado. Entraríamos na piscina exatamente nessa sequência.

Participar de uma prova de equipe é algo muito emocionante e uma experiência completamente diferente. Como eu era a segunda a cair na água, quando o apito soou só me restava torcer muito pelo Marcelo que já nadava na minha direção. A minha vitória dependia dele e, ao mesmo tempo, eu carregava o peso de saber que a vitória dos outros dependia igualmente de mim.

Aguardava ansiosa, posicionada em cima do bloco, enquanto a torcida enlouquecida gritava naquela prova de velocidade e, quando o Marcelo tocou a borda, e eu me joguei na piscina, tudo aquilo que já não temia mais aconteceu: meus óculos saíram do lugar e vieram parar literalmente no meio da boca!

Sem conseguir enxergar, a única opção que tinha era dar tudo de mim. Nadei o mais rápido que podia mesmo de olhos fechados e com aquele maldito óculos travando minha boca como um aparelho de burro até machucar minha mão na borda oposta. Quando a Priscilla, que seria a terceira a saltar, viu que, mesmo com os óculos na boca, eu passei as adversárias e entreguei para ela na segunda posição, ela até esqueceu sua lesão no quadril e saiu também batendo pernas que nem uma louca para garantir nossa colocação.

O Rodrigo fechou o revezamento com gás total, no melhor estilo do nosso "Phelps brasileiro" e, todos juntos, nós conquistamos nesse dia a lendária e inédita medalha de prata para o Brasil, que vinha com um sabor especial de time e de trabalho em equipe. A gente pulava e se abraçava no pódio comemorando.

Nem eu sabia que era capaz daquilo. Não desacelerei e nem me desesperei, me mantive firme no objetivo e acabei me surpreendendo com a minha própria performance, com a minha calma e autocontrole. Me jogar naquela piscina foi uma pequena descoberta de mim mesma e trouxe um novo degrau para a minha autoconfiança.

O triatlo do Latino-Americano seguiria o mesmo padrão de Málaga: 5 quilômetros correndo, 32 quilômetros pedalando e 400 metros de natação na piscina olímpica, em dias diferentes. Eu já não era mais a única mulher participando do triatlo. Contava agora com a companhia das novas triatletas Priscilla Pignolatti e Débora Reichert.

Débora é uma gauchinha do interior do Rio Grande do Sul, que havia recebido a doação do rim de uma prima e brincava dizendo que o rim do marido, também compatível, tinha ficado de poupança para o futuro. E Priscilla, já parceira na piscina, é uma mineirinha de Belo Horizonte, que tinha recebido um rim de seu irmão e contava que tinha rolado até uma competição na família, porque todo mundo queria ser o doador. Ganhou por fim seu irmão mais velho, que três meses após fazer a doação, comemorou o feito correndo uma maratona.

Era realmente muito mais gostoso competir com companhia. Nós três dividíamos dicas, comida e informações sobre os percursos das provas. Acabamos tendo de levar nossas bicicletas para Salta, pois não encontramos aluguel de equipamento na região e as minhas "gurias" fizeram toda diferença nesse quesito para mim.

Priscilla literalmente sentou no chão do meu quarto para ajudar eu e o Du a remontar aquele Lego que um dia tinha sido minha bicicleta. E, no dia da competição, a minha bike foi a ÚNICA que não coube no transporte oficial. A Débora, quando viu essa situação, logo disse decidida: "Bah, guria, não vou te deixar aqui sozinha!". E, mesmo com sua bike já tendo sido carregada, ela e o Kaue, seu marido, ficaram para trás e foram de ônibus comum comigo e com o Du levando a magrelinha no corredor do busão.

Enquanto conversávamos nesse percurso, Kaue nos contou que seu sonho era poder ser um doador de medula. Já tinha se cadastrado no REDOME e sempre atualizava seu cadastro na esperança de ser chamado. Ele sabia como uma doação transforma a vida de alguém por conta de tudo que vivenciou ao lado da Débora, mas além disso ele estava doido para competir com a gente também. Doadores em vida participam dessas competições numa categoria distinta. É lindo de ver.

Como a Débora era da mesma faixa etária que eu, a gente competia diretamente uma com a outra no triatlo. Competir com uma amiga, devo dizer, trouxe um sentimento novo e curioso para as competições. Eu não ficava tão triste se tinha perdido, caso ela tivesse ganhado. E nem tão feliz em ganhar, caso tivesse ganhado dela. A Débora correu e pedalou mais rápido que eu. Eu nadei mais rápido do que ela. E ela acabou ficando com o ouro e eu, com a prata no triatlo.

Meu sonho secreto era que, por algum milagre, a gente fizesse exatamente o mesmo tempo e empatasse até nos milissegundos, de forma que as duas ganhassem o ouro e subissem no lugar mais alto do pódio juntas. Ainda não conseguimos esse feito.

De todo modo foi por causa do quanto meu coração ama essa gauchinha prática e carinhosa que eu percebi que, no esporte – e igualmente na vida –, competir não tem tanto a ver com ganhar, mas sim sobre quando outras pessoas te *ajudam* a descobrir qual é o *seu* melhor. Se não fossem elas, ficaríamos aquém de nós mesmos.

A competição em Salta terminou e eu parti de lá com novos aprendizados na bagagem e três medalhas na mochila: a prata do triatlo, a prata integrando a primeira equipe de revezamento brasileira na natação e o título de campeã latino-americana de natação, nos 400 metros. Mas, sem dúvidas, o mais especial foram os laços de amizades fortalecidos no coração. Ali nasceu o nosso trio de triatletas.

Dez meses após os Jogos de Salta, em 2019, aconteceria mais uma edição das Olimpíadas dos Transplantados em Newcastle, na Inglaterra. Contávamos agora com uma delegação quase três vezes maior que a de Málaga, com um total de 22 atletas transplantados. Seria minha segunda participação olímpica e minha quarta competição internacional.

Essa Olimpíada tinha muitas novidades para a delegação brasileira. Mais atletas participando. Alguns treinadores presentes. E, pela primeira vez, tínhamos um uniforme esportivo padronizado oficial não só para a abertura, mas também para todas as provas. Era muito especial poder ser reconhecido pela sua roupa como um atleta brasileiro.

Outra pessoa que estava super animada era a Priscilla. Ela e o Marcelo Gianesi estavam nessa época lançando um livro infantil sobre doação de órgãos chamado "Adorável Dora" e entregaram exemplares em primeira mão para todo time lá mesmo. Na minha dedicatória estava escrito:

> "Pati, nasceu uma garotinha e ela ouviu um sopro em seu ouvido: 'Você vai ter que ser guerreira, pequena menina'. A menina cresceu e renasceu, se tornando uma mulher forte... E de novo ela ouviu aquele sopro: 'Eu te preparei algo grandioso', e ela passou a inspirar vidas..."

Ali eu já estava emocionada. Priscilla e Marcelo contavam no segundo capítulo, chamado "Pilha nova, coração novo, Vida nova", a história da "Boneca Pati" que foi inspirada justamente na minha vida. O livro era recheado de estorinhas encantadoras falando sobre a importância de doar amor, tempo, carinho, sangue, órgãos. Era lindo! E, talvez influenciada pela obra, eu decidi que correria a prova de 5k que aconteceria na manhã seguinte voltando no tempo lá para as brincadeiras de infância.

Assim que cheguei no local da prova, fui direto para perto do pórtico. Tem gente que diz que o importante não é o tempo, mas sim terminar a prova. Eu diria que simplesmente poder largar já é uma bênção. Corri brincando de pega-pega e de polícia e ladrão. E cheguei a falar para os amigos do passado mentalmente: "A gente não vai perder, agora eu consigo correr". E, dessa vez, ninguém me pegou e eu saí pegando todo mundo, mesmo homens e mulheres que corriam muito mais do que eu.

De vez em quando, imaginava que estava jogando taco na praia. A mesma brincadeira que, quando eu acertava a bola, não fazia a menor diferença de tão fraca que era. E quando era minha vez de buscar, o jogo acabava, de tanto que eu demorava por não conseguir correr. Imaginei que eu estava indo buscar a bolinha e saí num rasante. Nem eu mesma acreditava no ritmo que o relógio mostra. Corri totalmente empurrada pela minha emoção e terminei a prova em êxtase por ter quebrado meu recorde pessoal.

A prática esportiva era isso para mim também: uma chance impagável de cicatrizar feridas com alegrias. É como se, naqueles instantes em que meus pés tocavam o chão, eu tivesse a oportunidade de confirmar à minha criança interior: "Acabou, meu amor. Passou!".

Além do triatlo, nas Olimpíadas de Newcastle, eu também estava inscrita no ciclismo em equipe de 20 quilômetros. Faria a prova junto de minha amiga Priscilla Pignolatti e nós duas já sabíamos que o percurso às margens do Rio Tyne seria uma injeção de adrenalina, cheio de curvas e viradas fechadas. E ainda teríamos o desafio adicional de lidar com a mão inglesa nas ultrapassagens, que se aplicava às bicicletas também.

Precisaríamos de atenção e presença, além de muita comunicação, pois como era uma prova de equipe se nossas bicicletas se afastassem muito uma da outra seríamos desclassificadas. Priscilla, que foi gerente de projetos em TI a vida toda, nem precisou piscar para pensar na melhor estratégia para entregarmos o processo daquela prova o mais rápido possível, superando o gargalo do vento absurdo que fazia nesse dia:

– Pati, quando estivermos com vento contra, eu vou na frente e te dou vácuo para poupar seu coração e, quando o vento estiver a favor, você toma a dianteira e toca o barco que eu sigo tua velocidade. Fechado?

Além de estratégica, a Pri era extremamente generosa também, uma combinação rara de se encontrar. Saímos gritando e ajustando os planos uma com a outra a cada quilômetro enquanto pedalávamos. Era um tal de "Toca!", "Espera", "Passa", "Vai", "Bora!".

O vácuo que ela me deu fez toda a diferença nas subidas contra o vento que pegamos pelo caminho. E, quando veio vento a favor, eu a passei imediatamente e logo veio uma descida íngreme. Naquele momento, nem me lembrei o que era prudência, acelerei com tudo e só ouvia a Priscilla gritando lá de trás para mim:

– Pati, você tá voando!!!

Eu nem respondi nada porque tinha medo da bike desequilibrar. E foi nessa conexão "rim-coração", nos intercalando em cada uma das três voltas do percurso, que conquistamos a primeira medalha brasileira nessa Olimpíada: bronze no ciclismo de equipe. A gente se abraçava e pulava tanto quando terminamos o percurso!

Recebemos nossas medalhas, abrimos a bandeira brasileira e subimos no pódio. Lá de cima, eu disse para Pri:

– É bonita a vista daqui, né?

– Muito bonita! – ela me respondeu sorrindo e nos abraçamos.

Sabe aquela máxima que diz que "a felicidade só é real quando compartilhada"? Pois, então, provas de equipe têm esse sabor especial justamente por isso. Vencer individualmente e ter sucesso é sempre maravilhoso, mas é tão melhor quando temos alguém igualmente bêbado de alegria e euforia para celebrar conosco. Tem mais felicidade no sucesso quando ele é compartilhado.

Newcastle, assim como Salta e toda competição de que participo, me presenteou com novos aprendizados e oportunidades de crescimento. No triatlo, eu corri o mais rápido que podia, pedalei o mais rápido que podia e nadei de forma consistente.

Acabei ficando como quarta na modalidade e a Dé ficou com o bronze. Mas achei meu resultado excelente, considerando que em Málaga eu tinha sido a última. Dessa vez eu fui a primeira dos últimos. Estava muito melhor! E, como diria meu pai, vencer não é sobre ganhar, mas sobre fazer o melhor que podemos com as cartas que temos.

Às vezes, no meio dessas competições, eu ficava imaginando como teria sido para minha mãe me ver nadando em piscina olímpica, correndo com energia ou pedalando de capacete a toda velocidade. E sempre abro um sorriso ao imaginar que ela ficaria gritando que nem a mãe do nadador Thiago Pereira. Gosto de pensar que de alguma forma ela vê e acompanha tudo isso.

Na festa de encerramento das Olimpíadas de Newcastle, regada a cover dos Beatles e muita energia boa, celebramos todos juntos aquela semana memorável. Acho sempre especial poder nesses momentos finais observar todas aquelas pessoas de diferentes nacionalidades que estiveram um dia presas a camas de hospitais e pensar que agora, graças a uma doação de órgãos, estão ali renascidas, dançando e pulando cheias de vida. Eu mesma, quantas vezes fiquei apenas assistindo sentadinha às pessoas dançando em festas de casamento e ainda assim agradecia a Deus, pois "assistir" era lindo. Ficava feliz por poder participar, ainda que de longe.

Estava acabando a música "Let it be" quando encontrei minha querida amiga Liège Gautério, que um dia esteve numa cadeira de rodas ligada a um suporte de oxigênio e que, graças a uma doação unilateral de pulmão, havia também renascido.

"...*There is still a chance that they will see. There will be an answer, Let it be...*"

Liége fazia "ouro em pó" com seu único pulmão. Ela, bailarina formada, dançarina exímia. Eu, a bailarina que não foi, mas que ali agora podia ser. E como é poderoso se levantar e caminhar para o meio da pista, onde todos celebram e pertencer a essa festa chamada Vida!

A música *"Come together"* iniciou sua batida energética e instintivamente começamos a dançar juntas. Pulávamos descalças, que nem duas pulguinhas no chão de grama sintética, girando e vibrando nossos três pulmões e dois corações. Nossos corpos conversavam, riam e desabafavam. Celebrávamos não apenas com os braços, mas pernas, tronco e tudo que tínhamos direito.

E pensar que dançar era a coisa que mais amava na vida. Por que não havia voltado a dançar depois do transplante? Me perguntava isso enquanto ocupávamos com nossos corpos todos os metros quadrados daquele ambiente. E digo todos mesmo! A gente corria e saltava, dançando de um lado para o outro. Foi tão intensa e libertadora aquela nossa dança!

Eu quis praticar triatlo pela oportunidade de "brincar" de três esportes diferentes. Ele simplesmente aconteceu como um desdobramento natural dos acontecimentos e da saúde que tomava meu corpo. O "nada, pedala, corre" é uma loucura e é incrivelmente delicioso!

Mas tem tanta coisa que ainda não fiz. Ainda não aprendi escalada nem joguei tênis. Não lutei kung fu ou taekwondo. Ainda não voltei a fazer aula de dança nem senti o que é estar novamente num palco. Nem joguei ainda taco na praia, acreditam? Não aprendi ginástica artística nem esgrima. Não fiz canoagem nem pratiquei arco e flecha.

E eu quero fazer tudo, absolutamente tudo. Porque a areia da ampulheta continua se esvaindo enquanto nos falamos e nós não temos tempo a perder.

transplantar é renascer dentro da mesma vida

Estava indo para a varanda de casa mexer nas minhas plantinhas quando meu telefone tocou. Era a Bruna Campos, produtora da Globo: "Patricia, tem algum sonho esportivo que você não realizou ainda?". Na hora que ouvi essa pergunta, veio tanta coisa na minha cabeça de uma vez só, que não consegui dar uma resposta decente. Ela pediu para eu pensar melhor e emendou: "Estamos criando um programa novo que vai realizar sonhos no esporte e pensei em você".

Ponderei alguns dias e por fim compartilhei três sonhos com ela: o surfe, porque sempre vi meu irmão surfar e foi a primeira coisa que eu havia dito quando acordei do transplante; aprender a jogar tênis, porque eu tinha uma sainha roxa de tenista quando era criança, que pedi para minha mãe comprar mesmo sabendo que não poderia usar, e acabava vestindo em festas à fantasia; e fazer escalada, sem nenhum motivo maior além da adrenalina e do desafio.

A Bruna me retornou depois de alguns meses, dizendo: "Patricia, escolhemos seu sonho para um dos episódios (mas não disse qual) e queremos gravar imagens suas na piscina nadando, pode ser?". Era final de tarde de uma quinta-feira bem gelada em pleno inverno. O acolhedor editor Thiago Macedo pediu para eu me sentar no bloco de saída e contar minha história desde o começo. Eu, de maiozinho e touquinha, à beira da piscina do Centro Olímpico.

"Mas não eram só imagens?", pensei comigo. Enquanto eu narrava a saga da bebê que fora internada ainda cedo por conta de um problema de coração, alguém surge que nem um peixe vindo do fundo do mar à minha direita e diz: "Bora dar uma nadada?". Primeiro eu pulei de susto e depois de alegria quando percebi que se tratava de ninguém menos que o nadador olímpico Thiago Pereira.

– O que é issoooo!?!?!? – exclamei batendo a mão no bloco como se fosse um tamborzinho.

Abracei ele ainda ali na borda e entrei na piscina para fazer as tais imagens. Enquanto nadávamos lado a lado, eu mal conseguia acreditar no que estava acontecendo. Só agradecia muito a Deus. Thiago, com toda sua simpatia e positividade, me entrevistou dentro da piscina para sua recém-lançada série do Esporte Espetacular "Vai, Thiago!" e me fez o convite de irmos a Maresias aprendermos a surfar juntos.

Eu topei na hora e, 15 dias depois, lá estava eu: em plena segunda-feira, me sentindo uma adolescente com minha malinha e violão nas costas no pátio da Globo. Embarquei na van junto de toda equipe técnica e partimos para essa aventura inesperada. A programação seria de quatro dias de viagem. Um para a nossa chegada e dois a três dias de prática de surfe.

O hotel era a coisa mais linda, amplo e cheio de verde, e meu quarto dava para um gramado extenso, de onde eu podia ver uma pequena queda d'água no meio da mata. Considerei que estar ali já era um presente e fui dormir empolgada, só pensando em tudo que estava para viver no dia seguinte.

O despertador nem precisou tocar direito. Pulei da cama às 5 horas da manhã, vesti a malha rosa de manga comprida que a produção tinha me dado e fui tomar café. Em seguida, caminhamos todos juntos em direção à praia até o Instituto Medina, onde conhecemos os professores Alladin e Rafael Maeco, que seriam os tutores de surfe para mim e para o Thiago Pereira durante esse período. A praia estava vazia, e o mar igualmente.

Eles sugeriram iniciarmos com exercícios na areia, para começarmos a entender a dinâmica e fluidez dos movimentos que faríamos em alto mar. Segundo eles, surfar era apenas seguir esses quatro passos como uma coreografia: "deita, ergue, bota a perna na frente, levanta". Parece simples falando assim e era mesmo. A didática e a atenção deles me faziam pensar que eu tinha chances reais de conseguir ficar de pé na prancha.

Estava escutando o professor Alladin falando: "... quando estiverem no mar, se desliguem de tudo, só escutem o barulho das ondas, curtam esse momento ali...". De repente, vem uma voz por trás de mim e diz: "Bora surfar então, pessoal?". Dei um pulo de susto e, quando me virei, vi ninguém menos que o super-surfista Gabriel Medina! Comecei a pular e chorar de alegria! Nunca vi coisa igual. Tudo ali só melhorava!

Partimos os três juntos: eu, Thiago Pereira e Gabriel Medina, cada um segurando sua prancha rumo ao mar de Maresias, que naquele dia estava perfeito para iniciantes, com marolinhas bem pequenas. Gabriel ficou junto comigo e me ensinou a virar de um lado para o outro sentada na prancha e me mostrou a formação das ondas, avisando que vinha uma boa por aí.

– Deita, Pati, que eu vou te empurrar... – disse o Gabriel.

Colei meu corpo naquela tábua resinada e quando ele empurrou com força, comecei a tentar fazer os tais quatro passos: ergue o corpo, põe o pé na frente... e CALDO! Caí com tudo, bebi água e levantei sorrindo descabelada.

– Bora tentar de novo! – gritei.

E assim foi, um caldo após o outro. Caí para direita, para esquerda, de cabeça, em pé, de cara e cheguei a ter a capacidade de, em certo momento, caminhar até a ponta da prancha antes de cair. Foi um festival de pancadas na água. O pessoal que filmava chegou a dizer que iria mandar minhas imagens para as Vídeo Cassetadas do Faustão.

– Por favor, não façam isso!!! Pelo amor de Deus!!! – implorei enquanto tirava o cabelo da cara.

Eu precisava conseguir ficar em pé, mas as ondas simplesmente pararam num certo momento. Ficamos o Gabriel e eu em alto mar, batendo papo, conversando sobre nossas competições e me surpreendi com sua simplicidade e humildade. Contei das minhas últimas provas e ele comentou o quanto se sentia abençoado pelo seu "escritório de trabalho" ser o mar.

– O que você faz quando o *leash* prende no seu pé durante uma competição? – perguntei a ele.

Fiquei curiosa porque uma das minhas quedas foi justamente porque o bendito enroscou nos meus dedos do pé.

– Eu surfo com o pé preso mesmo – e sorriu.

Achei genial a resposta dele. Um campeão não recebe a onda perfeita, mas faz de qualquer circunstância uma onda perfeita.

– Pati, sobe rápido, vem vindo onda por aí! – disse apressado.

Deitei na prancha atenta ao ponto exato em que minhas mãos e pés deveriam estar posicionados, e mentalizei os quatros passos naqueles milissegundos antes de eu receber o empurrão. Quando senti o impulso, ergui o tronco... botei o pé direito na frente.... "ok, estamos indo bem, Patricia"... e fui me erguendo com os braços abertos, encontrando o ponto de equilíbrio.

Quando me dei conta, já estava surfando, a onda seguia me levando para perto do rasinho e via todo mundo pulando e comemorando na praia. Senti a liberdade daquele voo, a paz pelo vento no rosto e me entreguei àquele frenesi. Uau! Ali eu entendi o que meu irmão sentia. Aquilo era absolutamente viciante!

Voltei para o mar querendo mais. Cheguei a pegar uma onda na mesma prancha com o Gabriel e, em outro momento, o pessoal tirou a maior onda que eu ganhei do Thiago Pereira na braçada. Ele mesmo admitiu. Não é todo dia que coisas assim acontecem.

A tarde finalizou com meu cabelo desgrenhado, os joelhos ralados e a alma lavada. Cada músculo e cada célula minha sorriam. Saímos do mar carregando nossas pranchas e, enquanto Gabriel e Thiago conversavam, eu custava a acreditar que era eu quem estava ali no meio dos dois. O pôr do sol conferiu um tom dourado àquele momento e eu simplesmente saboreei cada passo tranquilo na areia, a prancha em minhas mãos e me deixei pertencer ao cenário.

Foram dias muito especiais. Thiago e eu seguimos treinando e, a cada almoço e jantar com toda equipe – Bruna, Thiago Macedo, Finote, Lucas Munhoz, Ronaldo Dias –, as risadas e as histórias compartilhadas nos aproximavam. Thiago Pereira, em especial, foi sempre muito generoso e compartilhou comigo nesses dias dicas preciosas para minha vida de atleta.

Na tarde em que as filmagens se encerraram, todo mundo colocou roupa de banho e curtiu junto aquele finalzinho de dia na praia. A produtora Bruna Campos e eu estávamos sentadas na arquibancada do Instituto Medina, assistindo aos meninos se divertirem jogando bumerangue na areia fofa. O mar estava bem à nossa frente como o fundo perfeito. Ficamos juntas em silêncio admirando o infinito ao nosso redor. As ondas que iam e vinham, beijando a areia. O sol que fazia cócegas em nossa pele. As risadas, o vento, os passarinhos.

A matéria que gravamos em Maresias foi ao ar num domingo de manhã. Alguns dias depois, eu recebi uma ligação do meu tio Júlio, aquele mesmo que me visitou na UTI e queria me doar seu coração quando estava internada.

– Te vi na TV surfando, garotinha! – anunciou satisfeito pelo telefone.

Além de ser um cara muito querido, tio Júlio tinha um ótimo papo. E logo, eu comecei a relatar as últimas novidades e aventuras mirabolantes, com as quais ele se divertiu e gargalhou. No meio da nossa despretensiosa ligação, ele mudou o tom de voz em certo momento e, como se refletisse à distância, me pegou de surpresa ao perguntar:

– Pati... tudo isso estava guardado dentro de você esse tempo todo?

Aquela foi a frase mais emblemática que escutei em minha vida toda. Fiquei muda do outro lado da linha e um filme passou à minha frente. Lembrei da minha infância e adolescência... De quando subia a escada do colégio devagar e todo mundo me passava... Lembrei de quando precisei pedir para um pedreiro me colocar num carrinho de construção e me subir num morro... Dos meus amigos me dando tchau na faculdade e subindo pela escada, enquanto eu esperava o elevador sozinha.

Quanto tempo somos capazes de esperar pela nossa chance? Por uma única chance? Sim... Tudo isso tinha ficado guardado dentro de mim todo esse tempo. E foram 30 anos. Nem um dia a mais, nem um dia a menos. Até um simples gesto me libertar.

PARTE VI

doe

Vencer. Vemcer. Vem ser. De repente somos. Somos tanto e tão completos... que não precisamos de tudo mais para nós. Queremos para os outros também. Queremos dividir. Queremos que os outros sejam também. Sejam. E vençam. Para que todos juntos possamos. Ser. Seres Completos. E só. Mas não só. O todo é infinito.

Ainda estava dentro de um quarto de hospital quando me fiz a promessa. As malas estavam prontas em cima do sofá de couro marrom, o sol da manhã inundava o ambiente e eu aguardava apenas a notícia de que a alta já havia sido assinada para me levantar e sair caminhando.

Eu sabia o que estava prestes a acontecer. A vida me tomaria de volta numa velocidade e numa intensidade tão loucas quanto a correnteza imprevisível de um rio. E eu ansiava por isso. Havia lutado por isso. Eu estava saindo do campo de batalha. Mas apenas eu. Apenas eu estava saindo. Outros seguiriam lutando. A guerra para eles não havia terminado.

E se não fosse eu? Era o que me perguntava. E se aquele coração não tivesse chegado para mim? Gostava de imaginar que aqueles que saíssem não se esqueceriam de mim. Não se esqueceriam de nós que continuaríamos naquele mar de dor e lama, lutando na fila por nossa chance.

Naquele momento, eu prometi a mim mesma que não me esqueceria dos que ficavam para trás. Que não me alienaria de tudo que eu vivi, ignorando que aquele esperando na fila de transplante por um órgão, por uma doação, um dia também fui eu. Prometi que faria por eles o que gostaria que fizessem por mim se fossem eles, saindo por aquela porta de hospital. A alta do pós-transplante chegou, a alegria, como previa, me tomou por completo e eu parti.

Vieram os primeiros dias em casa. As primeiras semanas. A confusão normal de todo novo começo. E logo eu me lembrei da minha promessa. A regra das apostas que meu pai me ensinou ainda criança, também valia aqui. Promessa feita é promessa paga, porque nossa palavra tem de ter valor. Mesmo que a gente só tenha contado para a gente mesmo, como era o caso.

Eu não sabia muito bem por onde começar, mas, pela minha experiência como pesquisadora, sabia que se eu quisesse fazer algo pela causa da doação de órgãos e pelas pessoas na fila de espera, a primeira coisa que eu deveria fazer era: não fazer nada. Era estudar.

Adoro uma frase que sempre acreditei que era de Confúcio que diz assim: "Fundamento sem ação é inócuo. Ação sem fundamento é perigoso". Já que eu queria fazer algo, era preciso saber o que fazer e por que fazer. Senão seriam esforços de tempo e energia jogados fora, ou pior ainda, jogando contra.

Achei que um bom caminho seria começar por aquilo que eu já sabia e já era. Meu saudoso professor de Economia Ulysses Gamboa sempre dizia em suas aulas que cada pessoa vê o mundo pelas lentes de sua profissão. Como um par de óculos que colocamos no rosto, e assim focalizamos diferentes fragmentos da mesma realidade.

Numa mesma casa, um economista vai enxergar a renda familiar. Um arquiteto, os detalhes do pé direito e da fachada. Um psicólogo, os possíveis conflitos familiares. Um empresário, um lugar para abrir uma franquia. Um médico, a saúde das pessoas que lá moram. Um advogado, os direitos de propriedade do imóvel.

Necessariamente, eu veria o mundo da doação pela ótica da Economia. E, mais especificamente, da Economia Comportamental. Depois de uma década de vida dedicada a esse estudo, eu já entendia bastante de comportamento e sobre como as pessoas tomam decisões, sobre como suas emoções interagem e algumas vezes comprometem a sua razão. Por isso, a primeira coisa que me perguntei foi: por que as pessoas doam? Ou por que não doam?

Onde muitos enxergavam a despedida, eu via a escolha. O processo decisório que viria libertar todo aquele potencial produtivo e criativo daqueles que aguardavam numa fila. Em que condições isso acontece? Qual o desenho do ambiente de escolhas?

Decidi começar por aí e foquei na análise comportamental da tomada de decisão sobre doação de órgãos. Comecei a ler muito sobre o tema e, assim que contei para minha família que estava fazendo isso, algumas pessoas foram contra esse movimento. Meu sogro, em específico, estava num churrasco lá em casa e logo disparou:

– Larga disso e vai ser feliz, Patricia! Você lutou muito e foi para viver a sua vida e ser feliz...

Ele estava certo. Mas ao mesmo tempo, eu queria fazer isso porque podia fazer isso. Apenas 0,0001% da população brasileira é transplantada de um órgão. Tecnicamente, existem mais uirapurus na Amazônia que transplantados no Brasil. Eu queria ajudar a povoar meu país com mais passarinhos, pois isso significaria mais vidas salvas.

Foram meses e meses engolindo artigos e mais artigos científicos nacionais e internacionais e toda literatura que eu encontrasse sobre o tema. Nessa época do começo do pós-transplante, se eu não estava na reabilitação cardiopulmonar do Hospital do Coração, se não estava recebendo amigos e familiares em nossa programação de minigrupos de visitação ou trabalhando, certamente estaria afundada no sofá lendo.

Tentava entender como funcionava exatamente o sistema nacional de transplantes no Brasil, quais eram nossos gargalos e nossas dificuldades. Ainda no início dessa investigação solitária, me deparei com o Registro Brasileiro de Transplantes, um relatório trimestral realizado pela Associação Brasileira de Transplantes de Órgãos (ABTO) e quase tive um orgasmo. Dados, dados e mais dados organizados sobre doação e transplante no país. O jardim do Éden dos pesquisadores!

Me debrucei em cima daqueles números como se fossem um pratão de macarronada com minha fome de corticoide e comecei a ir tentando montar esse quebra-cabeça. Segundo o relatório, 44% das famílias brasileiras, quando questionadas, não autorizavam a doação de órgãos em 2015[11]. Um número extremamente alto para um país que tinha o maior programa de transplantes público do mundo. Éramos recordistas em número absoluto

---

11 Registro Brasileiro de Transplantes [base de dados da internet]. São Paulo: Associação Brasileira de Transplante de Órgãos. [acesso em: 25 de fevereiro de 2016]. Disponível em: http://www.abto.org.br/abtov03/Upload/file/RBT/2015/anualnassociado.pdf

de transplantes, atrás apenas dos Estados Unidos, e, no entanto, quando o assunto era doação, estávamos muito aquém.

Além disso, percebi que claramente tínhamos desafios regionais a vencer. As taxas de recusa familiar variavam muito de um Estado para o outro e de região para região. Por exemplo, enquanto o Distrito Federal tinha uma recusa para doação de 35%, Rondônia apresentava taxa de 77%. Enquanto toda região Sul tinha uma média de recusa para doação de 40%, a região Norte do País tinha uma média de 72%. Eram muitos pontos percentuais de diferença.

Passei a buscar aplicações e contribuições da Economia Comportamental já feitas nessa temática e estava lendo um artigo da prestigiada revista científica Science que estudava o papel da inércia nas preferências sobre doação de órgãos quando minha íris se expandiu e meu coração bateu mais rápido. "Uau!!!" Um novo mundo se descortinou: países como Espanha, Áustria, Bélgica, França, Portugal e Hungria apresentavam números de doação invejáveis. Alguns deles chegavam a ostentar taxas de consentimento para doação de órgãos de até 99%.[12] Imagine isso? Praticamente toda a população dizia "Sim" para doação de órgãos.

Fiquei extasiada e pensava animada: "Caraca, é totalmente possível aumentar nossos números! Se outros países conseguiram, nós também podemos chegar lá". Tudo isso fervia na minha cabeça nessa época. Cada estudo que eu lia, cada pesquisa, novos dados. Em alguns momentos, o Du chegou até a reclamar que eu "só falava de doação". Mas, também, como não falar? Eu tinha ganhado na loteria. Como alguém ganha na loteria e não fala do prêmio o tempo todo?

Eu estava começando a correr, ficando nas festas de casamento até o sol nascer, caminhando na rua sem cansaço e fazendo supermercado carregando as sacolinhas. Como não falar do prêmio o tempo todo? O prêmio transforma a sua vida. A diferença é que não ganhei por sorte mas por um "sim". Sorte não se controla. O "sim" se conquista. Sorte é o acaso. "Sim" é trabalho. Então, eu acordava, sim, todos os dias da minha vida desde o transplante pensando em doação e pensando como eu poderia ajudar mais pessoas a ganharem na loteria. Porque ser milionário de saúde era bom demais.

Segui com minhas leituras e carregava comigo algumas hipóteses iniciais. A principal delas estava ligada justamente àquela que foi a minha principal linha de pesquisa nos meus gloriosos dias como pesquisadora ao lado da minha grande mestra e orientadora Dra. Roberta Muramatsu: a escolha intertemporal.[13]

---

[12] Johnson EJ, Goldstein D. Do Default save lives? Science. 2003;302:1338.

[13] MURAMATSU, R.; FONSECA, P. Psicologia e Economia na explicação da escolha intertemporal. Revista de Economia Mackenzie. São Paulo, n.6, p.87-112, jul. 2008.

A tal da escolha "intertemporal" é toda escolha que possui custos e benefícios dispersos ao longo do tempo. Por exemplo, poupar para aposentadoria possui um custo no momento presente e um benefício no futuro. Fazer dieta possui um custo no agora e um benefício no futuro. E talvez por isso seja tão difícil poupar para a aposentadoria e fazer dieta, porque nós seres humanos somos meio "míopes", temos dificuldade de ver com clareza o valor que se encontra no futuro.

A gente não consegue antecipar exatamente quão felizes vamos ficar quando estivermos aposentados com tranquilidade ou tivermos o corpo saudável, mas sabemos claramente o peso do custo de não fazer ou comer o que queremos no agora. O futuro sempre nos parece meio "embaçado" e por isso é mais difícil se engajar no comportamento quando o benefício se encontra só no futuro.[14]

Agora, vamos lá: se as pessoas têm dificuldade de poupar para aposentadoria, se planejar, se engajar numa dieta, comer mais saudável, porque todas essas escolhas envolvem benefícios futuros e não imediatos, que dirá escolher ser doador de órgãos? O que poderia ter um benefício prático mais distante e subjetivo que isso?

A escolha de ser um doador de órgãos me parecia um híbrido curioso de escolha intertemporal com escolha intergeracional. Eu sei, economista ama um nome difícil. Escolha intergeracional é aquela que o custo se encontra no presente e o benefício no futuro... mas para outra geração. Ou seja, você paga a conta e quem saca nem é você. Escolher preservar nossos recursos naturais, por exemplo, é uma escolha intergeracional. O custo de não desmatar e de usar energia limpa está no agora para todos nós e o benefício ficará para a próxima geração. Quando o benefício está no futuro e para os outros, é ainda mais difícil se engajar nesse comportamento.

E a gente não faz isso porque somos burros ou maldosos, mas porque somos humanos. Tomar decisões e fazer escolhas é cansativo. E desse modo, nosso cérebro "poupa" energia ao facilitar a tomada de decisão seguindo "regras de bolso". Funcionamos com isso de uma forma muito mais automática e visceral do que imaginamos e, assim, nosso comportamento acaba sendo fortemente guiado por características comportamentais como inércia (deixa como está) e procrastinação (deixa para depois).[15][16]

Certamente a escolha pela doação de órgãos envolvia diferentes momentos do tempo: escolhemos ser um doador hoje para promover um benefício

---

14 GIANNETTI, E. O valor do amanhã. São Paulo: Companhia das Letras, 2005
15 Kahneman, D. Thinking fast and slow. New York: Farrar, Srauss and Groux. 2011
16 THALER, R.; SUNSTEIN, C. Nudge: o empurrão para a escolha certa. 2008

para outra pessoa no futuro. No entanto, não existe exatamente um custo para ser um doador. Afinal, qual o custo de avisar sua família? No máximo, os minutos que você investe nessa conversa. Na prática, não é necessário abrir mão de nada no momento presente. Se, por um lado, o fato dessa escolha não ter custo algum contava a nosso favor nessa balança, a questão de o benefício estar no futuro e para outra pessoa pesava contra.

A única convicção que eu tinha naquele momento era a de que, se queríamos aumentar nossos números, seria preciso encontrar formas de trazer o benefício futuro para o valor presente e principalmente para o tomador da decisão, de forma a incentivá-lo. Era preciso mudar a forma como a sociedade percebia e valorava a escolha acerca da doação de órgãos para agregar valor ao indivíduo que hoje se compromete a salvar um próximo.

Ele precisa sacar esse benefício agora. Ser reconhecido agora. Ser exaltado agora. O Brasil precisava bater palmas para cada pessoa que escolhe ser um doador e avisa sua família.

o nascimento do sou doador

Abri a página do site Registro.br pela centésima vez. Cliquei em pesquisar domínio. Digitei: "www.soudoador.com.br" e dei *enter*. A página atualizou com a mensagem: "Domínio disponível para registro". Sorri para a tela e a fechei. Eu fiz isso infinitas vezes durante os meses em que estava estudando.

    Primeiro porque sempre tive um fetiche com compra de domínio. Tudo que penso em fazer na vida, eu logo penso em comprar um domínio. Até para o que eu não penso em fazer, eu compro domínio. O "www.patriciafonseca.com.br", por exemplo, eu comprei há mais de 20 anos e até hoje não sei para quê...

    A segunda questão é que, enquanto eu tentava idealizar como transformar todo aquele estudo em ação prática em prol da doação de órgãos, sempre tive a certeza de que o nome da iniciativa, ou da campanha, ou do projeto ou seja lá o que viesse a ser, seria "Sou Doador". Carreguei essa certeza comigo desde o início e procrastinei a compra desse domínio por meses como belo exemplar de ser humano que sou. Sempre deixava para depois.

    Até que, com quase 11 meses de transplante, num domingo à tarde, logo depois de retornar de uma viagem, abri meu computador decidida que era hora de tirar o projeto do papel e colocar a mão na massa. Abri a página do Registro.br. Cliquei em pesquisar domínio. Digitei: "www.soudoador.com.br" e dei enter. Veio a mensagem: "Domínio NÃO disponível para registro". Gelei.

Recitei o mantra "Não é possível. Não é possível. Não é possível", na minha mente ininterruptamente. Entrei e saí do site Registro.br umas três vezes, achando que por encanto o domínio ia voltar para as minhas mãos e, quando finalmente me dei conta que o havia perdido, comecei a chorar copiosamente. Foi como se a Nazaré Tedesco tivesse roubado meu bebê.

O Du, quando me ouviu chorando, veio correndo me acudir achando que eu estava passando mal.

– O domínio... compraram! Não tem mais! Não está mais aqui! – repetia, desesperada.

Sem entender o escândalo e toda a cena que estava fazendo, ele disse calmamente:

– Escolhe outro...
– Não pode! Tem que ser esse!
– Que tal... "sejadoador"?
– Não!
– "Queroserdoador"?
– Não! Você não entende... tem que ser ESSE! Tem que ser "Sou Doador"!

Fiquei desolada, jogada no sofá curtindo minha fossa e, enquanto isso, o Du se enfurnou no escritório. Algumas horas depois, eu continuava jogada no sofá, e ele me chamou:

– Pá, vem aqui que quero te mostrar uma coisa...

Levantei e quando cheguei no escritório e vi a tela do computador dele quase não acreditei. Estava pronto. Ele tinha feito todo o site e estava pronto! Naquelas horas, ele havia achado e comprado por conta própria o domínio "www.soudoador.org" na base de domínios internacional e construiu todo o site para me mostrar que ainda era possível. Fiquei devorando encantada com os olhos cada sessão do recém-criado sítio eletrônico e abracei ele com tudo, comemorando.

E assim, no dia 3 de julho de 2016, nascia o Sou Doador. Simplesmente tinha que ser esse nome. Eu nunca acreditei na imposição ou na sugestão do tom imperativo, mas sim na apropriação e no empoderamento que existe quando alguém assume em público seu desejo de fazer o bem para o próximo. Nossas palavras não alcançam longe quando dizemos que queremos que os outros sejam doadores. As pessoas não gostam de receber ordens. A mensagem mais poderosa que existe está na primeira pessoa do singular, quando digo de forma clara e inequívoca: "Eu sou doador". É o exemplo que inspira.

Comecei a esboçar como funcionaria exatamente a atividade do Sou Doador e tive o cuidado de delimitar nossa atuação de forma que não repetisse o trabalho que já era realizado por outras iniciativas já existentes. Além de ser um sinal de respeito e reverência por quem já atuava havia mais tempo, sempre achei o "retrabalho" algo não muito inteligente. Se não achasse ser possível inovar e somar efetivamente, teria me oferecido como voluntária a alguma ONG existente.

Por exemplo, até então a maior campanha em prol da doação de órgãos no Brasil era o Doe Órgãos Salve Vidas, fundada pela família do transplantado de coração Renato Incau, do interior de São Paulo. Era linda e super-estruturada. Eles faziam ações regionais de conscientização e, em seu site e redes sociais, era possível encontrar uma espécie de repositório online de toda matéria que saía na mídia falando sobre doação.

Então, logo defini que o Sou Doador não repostaria matérias da mídia, pois eles já faziam isso. No entanto, um dos problemas que notava em nosso País era justamente que o tema aqui era abordado de forma muito inconsistente. Uma campanha aqui, uma reportagem acolá. Só se falava um pouco mais sobre doação no tal de "Setembro Verde", apesar de ter gente na fila lutando o ano todo.

Minha ideia era ajudar a suprir esse gargalo, produzindo efetivamente conteúdo para ajudar a disseminar informação o ano todo. Mas também não bastava simplesmente "falar" sobre doação, pois a forma como falamos importa e eu estava ligada nisso. Um estudo realizado pelo *Behavioral Insights Team* (time de especialistas em Economia Comportamental da Inglaterra) em conjunto com o governo britânico mostrou que mesmo uma frase curta poderia ser suficiente para engajar ou desestimular indivíduos a se registrarem como doadores.[17]

Nessa aplicação, ao final do processo de renovação online da carteira de motorista, eles colocaram uma chamada para ação: "Por favor, cadastre-se no Registro de Doadores de Órgãos" e testaram sete diferentes frases inspiradas em características comportamentais. Uma delas, inspirada em reciprocidade e que dizia "Se você precisasse de um transplante de órgãos, você faria? Se sim, por favor, ajude os outros", apresentou impacto 39% melhor que o grupo controle. Ou seja, mais pessoas se cadastraram e viraram doadoras quando visualizaram essa frase.

Enquanto outra, inspirada em normas sociais que dizia "Todos os dias milhares de pessoas que veem essa página decidem se registrar" apresentada junto com uma foto de multidão teve impacto 5% pior que o controle, o que significa que era preferível não falar nada que mostrar aquela frase com aquela

---

[17] SANDERS, Michael; HALLWORTH, Michael. Applying behavioral economics in a health policy context: Dispatches from the front lines. In: ROBERTO, C.A., KAWACHI, I. (Org.). Behavioral Economics and Public Health. Oxford: Oxford University Press. p. 265-297. 2015.

foto, pois menos pessoas se registraram quando ela foi mostrada. Segundo os autores do estudo, a inspiração comportamental adequada poderia trazer, por ano, pelo menos 95.000 potenciais doadores adicionais para o sistema inglês.

Esse tal "efeito enquadramento" é conhecido de longa data na literatura científica e revela que não há espaço para uma comunicação neutra, pois a forma como a informação é apresentada desempenha um papel no processamento da informação[18][19]. Estudos mostram, por exemplo, que indivíduos tendem a aprovar mais um procedimento, como optar por fazer uma cirurgia, ou mesmo a avaliar melhor um medicamento, quando ele é apresentado em termos de: taxa de sobrevivência ao invés de taxa de mortalidade; como taxa de eficácia ao invés de taxa de ineficácia; como taxa de sucesso ao invés de taxa de fracasso; como probabilidade de sobreviver ao invés de morrer; ou em termos de melhora ao invés de não-melhora.[20][21][22][23] Palavras também salvam vidas.

Então, como falar quando o assunto é doação de órgãos? Uma das primeiras definições da estratégia de comunicação e do enquadramento do Sou Doador foi que reforçaríamos associações positivas ao tema, como "vida", "renascimento", "vitória" e "alegria". Muita gente acha que fui eu que criei essa regra, mas a mente brilhante por trás desse desenho foi a talentosa publicitária Ana Carolina Aguiar.

A Carol, lembram dela? A mesma Carol que dirigia meu carro e dizia para os meninos que estava "treinando", para me proteger. A minha amiga maratonista que me alertou para levar todos os itens de prova na mochila para Málaga e me consolou dizendo que não estava tudo perdido no TGA. Ela é *a gênia* da lâmpada e trouxe seu primeiro insight quando eu ainda estava dentro de uma UTI.

Quando ela e a Tati foram me maquiar e me preparar para gravar o vídeo onde eu queria tentar chamar atenção da população para o sofrimento de quem estava na fila do transplante, assim que ela viu o que eu tinha anotado para falar, engatou na mesma hora:

---

[18] Kahneman D, Tversky A. Prospect theory: an analysis of decision under risk. Econometrica. 1979;47:263-91.

[19] Tversky A, Kahneman D. The framing of decisions and the psychology of choice. Science. 1981;211:453-58.

[20] MARTEAU, T.M. *Framing of information: its influence upon decisions of doctors and patients*. British Journal of Psychology. Vol. 28.

[21] Peng J, Hongsheng L, Miao D, Feng X, Xiao W. Five different types of framing effects in medical situation: a preliminary exploration. Iranian Red Crescent Medical Journal. 2013;15: 161-5.

[22] Linville PW, Fischer GW, Fischhoff B. AIDS risk perceptions and decision biases. In: J.B. PRIOR, G.D. REEDER (editors). The social psychology of HIV infection. Hillsdale: Lawrence Erlbaum; 1993;5-38.

[23] BIGMAN, C.A., CAPPELLA, J.N., HORNIK, R.C. *Effective or ineffective: attribute framing and the human papillomavirus (HPV)*

– Você não vai falar a palavra "morte"...

– Por que não? – questionei, afinal eu estava apenas repetindo o padrão usado recorrentemente na época pelos meios de comunicação...

A Carol teve a sensibilidade de perceber que a mídia não só abordava equivocadamente o tema da doação de órgãos, como muitas vezes o distorcia a favor do sensacionalismo. Seguindo sua sugestão, eu joguei fora o que tinha anotado. A câmera ligou, a luzinha do celular piscou forte na minha frente e eu falei de improviso o que veio do meu coração e saiu de primeira.

Com o tempo e a vivência em si do transplante, eu mesma fui enxergando essa verdade cristalina: doação de órgãos só tem a ver com "VIDA". Tal percepção ficou ainda mais nítida com a experiência que tive como família doadora ao autorizar a doação de órgãos da minha mãe.

Minha mamita não partiu para salvar alguém. Simplesmente chegou a sua hora. E ter doado seus órgãos era algo feliz e que muito honrava e orgulhava nossa família, pois por causa da escolha dela e da doação realizada, sabíamos que alguém poderia ter uma vida melhor.

E como receptora de um órgão, eu não estava viva porque alguém partiu, e sim porque alguém doou. Até porque muita gente morre e não salva ninguém. Todos os dias, em todos os lugares e em todas as cidades do mundo, pessoas nascem e pessoas partem. Se morrer não é exatamente uma escolha, doar, sim, é uma escolha. E uma poderosa escolha que só pode gerar vida. Doar é sinônimo de vida.

Uma vez definida a visão fundamental do Sou Doador, imaginei que outro foco importante desse trabalho, além de falar diretamente sobre doação, seria dar visibilidade aos transplantados. As campanhas de conscientização na época falavam muito expressões como "seja um doador, salve vidas". Mas que vidas seriam exatamente essas? Ainda achava o termo "vida" algo muito amplo e abstrato. Sem falar que plantas e bactérias também têm vida.

Pensava que era preciso dar rosto e voz aos transplantados para que a sociedade enxergasse o resultado final de uma doação: pessoas realmente são salvas. Pessoas como eu e você, como seu vizinho Manuel, como sua amiga Clarisse. Pessoas de carne e osso. Cada transplantado era em si a melhor campanha em prol da doação que existia.

E aí veio a questão: onde estavam os transplantados? Mais embrenhados na mata que um uirapuruzinho da Amazônia. A maioria nem falava que era transplantado em seu círculo social e muitos escondiam isso no trabalho. Fui percebendo aos poucos que a maioria das pessoas não conheciam os "transplantados" não porque nunca os tivessem visto, mas porque estes nunca tinham se mostrado.

Um excelente exemplo dessa dinâmica aconteceu na família do Du quando eu estava para entrar na fila de espera. Foi por causa de todo o drama que eu estava vivendo que descobriu-se que o sogro da irmã do Du era transplantado de coração *havia dezessete anos!*, mas ela nunca soube desse detalhe. O Sr. Yamada era um homem incrível, forte e positivo. Recebeu seu novo coração, apelidado de "tigrão" no InCor – Instituto do Coração em São Paulo, e viveu com sua mulher e dois filhos mais 17 anos por conta de uma doação. Mas ninguém sabia.

Enquanto alguns transplantados não compartilhavam sobre seu transplante porque a vida simplesmente seguiu, os poucos que revelavam o faziam muito mais no sentido de se vitimizar, falando mais em "sobrevida" que em "vida", mais em medicamentos que em experiências. Por isso, entendi que, se queríamos aumentar os números no Brasil, era importante também ajudar a reconstruir a identidade do transplantado na sociedade.

Mais que isso: era preciso fomentar o orgulho de ser transplantado, mostrando o quanto nós éramos fortes e guerreiros por tudo que havíamos passado para assim gritarmos ao mundo o milagre vivido. Afinal, quão incrível é estar vivo porque alguém que não te conhece decidiu te salvar? Carregar o mais nobre gesto humano é uma poesia da existência tatuada em nossa pele. É algo para ostentar.

Começamos assim no Sou Doador, de forma inovadora, a compartilhar histórias de transplantados com um duplo objetivo. O primeiro era transformá-las em minicampanhas em prol da doação de órgãos, na medida que exaltavam o gesto de quem doa e o resultado do bem realizado, e o segundo era serem ferramentas de empoderamento para os próprios transplantados.

Adicionalmente, as histórias publicadas carregavam também uma pitadinha de neurociência que adicionei em nosso trabalho. Antes da civilização fenícia nos presentear com o advento da escrita, o conhecimento era passado de geração em geração através da contação de histórias. Sabe aquela cena da galera reunida em volta da fogueira conversando? Tipo acabou a caçada, ninguém foi comido por um leão, bora sentar, comer e conversar? Foi algo bem por aí.

Nosso cérebro evoluiu biologicamente dessa forma, aprendendo por meio de narrativas e é por isso que os contos e fábulas têm tanto poder. Não adianta simplesmente contar a "moral da história", sem a história em si. Não adianta falar "seja doador, a doação salva vidas", sem o adorno da narrativa. É no contexto da historinha que aumentamos nossas chances do cérebro dar um *click* e assimilar a mensagem.

Pessoas como eu e você são realmente salvas. E podem voltar para seus lares para viver as pequenas alegrias da vida.

olívia

Posicionei a frigideira no fogo para fazer meus ovos mexidos de café da manhã, numa despretensiosa manhã de sábado quando meu telefone tocou. Era meu primo Renan. Atendi feliz e surpresa. A gente costumava se falar mais por chats e mensagens de áudio, apesar de sermos muito próximos.

    Renan e eu crescemos brincando juntos na infância e temos várias daquelas fotos fofas abraçadinhos desde bebês. Como fui agraciada com a prerrogativa de ser cerca de um mês mais velha, era eu quem escolhia nossas brincadeiras. Certa vez, sugeri comermos gelatina, bochechar ela na boca, cuspir de volta no pote e depois comer de novo. E nós fizemos tudo isso escondidos, claro, senão nossas mães nos matariam pela nojeira ou pelo desrespeito com a comida. Mas esse é o tipo de coisa que só se faz com pessoas muito queridas.

    Passamos a adolescência confidenciando dúvidas e alegrias um com o outro, e acho que foi por conta dessa conexão que temos que, quando ele foi me visitar na UTI, assim que me viu ligada aos aparelhos, magra, fraca e cheia de fios ao redor, ele não aguentou nem trinta segundos ali e pediu licença para ir ao banheiro. Eu sei que ele saiu para chorar. Renan sempre foi muito cuidadoso e tinha um coração gigantesco em seu peito.

    Conversávamos amenidades enquanto eu mexia meus ovinhos naquela manhã de sábado, até que ele colocou a ligação no viva-voz e então anunciou, junto com sua esposa Renata e seu filho Bernardo, o motivo do inesperado telefonema:

– Pati, temos um convite muito especial para te fazer... A Re está grávida de uma menina que vai se chamar Olívia e gostaríamos muito que você fosse a madrinha dela!

– Uau!!! Vocês estão falando sério? – perguntei extasiada.

Fiquei tão maravilhada que me esqueci completamente dos ovos no fogo e saí gritando pela casa, correndo para acordar o Du e contar a notícia.

– Eu vou ser dinda!! Eu vou ser dinda!! – bradava enquanto pulava na cama.

– Então você aceita? – perguntou o Renan rindo da minha empolgação.

– Claro que eu aceito!!!

Aquele convite significava tanta coisa para mim, de tantas formas! Fiquei sorrindo só de imaginar o quanto eu e Olívia iríamos brincar, desfilar de princesa, ler historinhas e aprontar por aí. Talvez eu até a ensinasse a bochechar gelatina, cuspir no pote e comer de novo!

Acompanhei os meses finais da gestação até que, em setembro de 2016, na cidade de Campinas, Olívia nasceu pesando 3,235 quilos e medindo 47,2 centímetros. Ainda naquele dia, eu a segurei em minhas mãos, imensamente grata por aquela bênção em minha vida. O ciclo da vida se renovava bem diante de mim: ela nascia, como eu um dia havia nascido, mas eu apenas a segurava porque havia renascido.

Eu pude ver a Ollie crescer forte e, desde cedo, vaidosa e determinada. Ela adora maquiagens e sempre quer mandar nas brincadeiras. Um dia, sentadas de biquíni na areia da praia, eu saquei um batom pink da bolsa e, fazendo festa, anunciei que íamos brincar de pintar o corpo. Ela ficou tão animada com a traquinagem! Eu desenhava no corpo dela e ela no meu. Estrelas na coxa, coração no ombro, ela fez um sol nas minhas costas, ondinhas nos braços, rosto adornado... Eu só tinha me esquecido de passar protetor solar antes...

Resultado? Demorou mais de 2 meses para os desenhos dela saírem do meu corpo. E enquanto as pessoas anunciavam: "Nossa, você está com a pele toda manchada!", eu mirava orgulhosa aquelas tatuagens de amor.

É tão louco pensar como o transplante destrava cenas da nossa vida, às quais não teríamos acesso em outra condição e que não existiriam em outra realidade. Ela talvez não tivesse a dinda maluca dela e eu tampouco receberia seus áudios inesperados dizendo: "Dinda Pati, eu te amo muito, tô com muita saudade..."

Meu coração virava uma bola de luz a cada mensagem.

colocando o pé na estrada...

Peguei a bolsa preta que era da minha mãe, coloquei dentro dela dois papeizinhos que continham alguns diários da época do hospital, algumas medalhas, meu pen drive que era mais antigo que o arco da velha, calcei a sapatilha e desci correndo pelo elevador para pegar o táxi em direção ao aeroporto.

Essa passou a ser basicamente minha rotina: intercalava palestras ao redor do Brasil com meu trabalho e meus treinos. E, claro, minha vida pessoal. Sem esquecer também da atividade no Sou Doador. Era uma correria frenética, pois na maioria das vezes eu fazia bate e volta. Chegava na cidade onde iria falar, palestrava e de lá voltava imediatamente para São Paulo.

Mas valia imensamente a pena, não só pela oportunidade de ajudar a causa, mas porque, honestamente, era ali em campo onde eu mais aprendia qual era o verdadeiro pensamento e sentimento das pessoas sobre doação de órgãos. O público ria, chorava, exatamente como foi minha vida toda e então chegava meu momento favorito: as perguntas e as dúvidas ao final.

Uma mão se erguia na multidão. "Patricia, tem idade limite para poder ser doador?". Adorava nessa hora contar a história do meu Vô Waldemar, o embaixador da paz – lembra dele? Um dia, pouco depois do meu transplante, já com quase 90 anos, ele me ligou perguntando se ele poderia ser um doador. Fiquei tão orgulhosa! Expliquei para ele que não tinha idade limite, não.

Na verdade, quem decide é a equipe médica que vai avaliar se os órgãos estão em bom estado. Mas qualquer pessoa, independentemente de idade ou doença preexistente pode ser um doador, porque ser doador é acima de tudo o gesto em si de querer ajudar.

Aproveitava essa pergunta e já compartilhava com o público que cada doador pode salvar até 9 vidas. Isso porque podem ser doados: 1 coração, 2 pulmões, 2 rins, 1 fígado, 1 pâncreas e 1 intestino. No caso de pulmões, rins e fígado, duas pessoas diferentes são salvas, porque pulmão direito vai para uma pessoa e pulmão esquerdo para outra; o mesmo vale para os rins e para o fígado, que pode ser bipartido. Agora, se a pessoa além de doadora de órgãos for doadora de tecidos também, o número de pessoas ajudadas pode passar de 50 vidas. Caso do famoso apresentador de TV Gugu Liberato, que teve córneas, pele, ossos e tendões também doados.

Muita gente não autoriza a doação de pele porque não sabe que apenas é retirada uma tirinha pequena da pele das costas e da parte interna da coxa do doador. No entanto, foi essa pequena tirinha que salvou dezenas de jovens que sofreram queimaduras sérias na tragédia da Boate Kiss, em Santa Maria. Se não houvesse o Banco de Tecidos, muitas famílias não teriam tido seus filhos de volta.

Da mesma forma, muita gente não autoriza a doação de ossos porque não sabe que apenas são retirados os ossos da coxa do doador e substituídos por réplicas de plástico para que o corpo seja entregue perfeitamente íntegro para a família. E essa doação se transforma, por exemplo, em próteses para pessoas que tiveram câncer e perderam parte da estrutura óssea. Uma amiga próxima da minha prima Fernanda teve câncer no maxilar. Ela era super jovem, tinha a minha idade mais ou menos, e foi por conta do implante de uma prótese óssea que ela pôde ter seu rosto reconstruído.

É tão maravilhoso podermos ajudar pessoas que já sofreram tanto. Sempre gosto de dividir com o público minha preferência pessoal sobre doação:

– Eu sou doadora de órgãos, ossos e tecidos... O que sobrar, quero que seja doado para a pesquisa... E, se ainda sobrar algo, quero que minha família creme e jogue do alto de um morro num dia de vento! – revelo empolgada, dando ênfase para a parte final.

Mas vai dar tanto trabalho essa coisa de "jogar do alto de um morro num dia de vento", que minha família vai pensar: "Pelo amor de Deus, doa tudo!!!". Eu dificulto de propósito mesmo. Porque quero que tudo tudinho seja doado.

Depois de ouvir como a doação transformava a vida de tanta gente, era batata, vinha a pergunta: "Patricia, como eu faço para colocar no RG que sou doador?". Juro, em 100% das palestras alguém perguntava sobre o tal do RG e essa era para mim a prova cabal que boa parte da população brasileira não entendia como funcionava nosso próprio sistema:

– No Brasil, para ser um doador de órgãos, basta avisar sua família – respondia sorrindo. – Não adianta ter escrito no RG, nem registrar documento em cartório e nem tatuar na testa, só a família pode autorizar e, por isso, ela é a única que precisa saber.

Essa confusão do RG acontecia porque, em 1997, houve uma mudança de legislação que determinou que quem não quisesse ser um doador deveria registrar no RG. No entanto, durou apenas poucos meses esse modelo. E o que mais me assustava é que, mais de 20 ANOS depois disso, as pessoas ainda perguntavam sobre o RG. Prova que a informação sobre como faz para ser um doador não havia chegado até elas nas últimas duas décadas.

Vira e mexe, alguém perguntava também: "Patricia, você sabe algo sobre seu doador?". Explicava nesse momento que tanto a doação quanto a recepção são anônimas por lei no Brasil e que os dados pessoais dos envolvidos são protegidos pela ética dos profissionais que integram o Sistema Nacional de Transplantes. O que, em outras palavras, significa que quem doa não sabe para quem vai e quem recebe não sabe de quem veio.

Essa curiosidade estava de certo modo ligada ao fato de que circulam na nossa internet vídeos de outros países onde vigoram outras regras. Eu sei disso porque, se eu ganhasse um centavo cada vez que me são encaminhados vídeos de pessoas escutando o coração doado com estetoscópio ou coisas parecidas, eu estaria rica já.

De qualquer forma, essa era para mim mais uma prova de que a informação sobre como funciona nosso sistema nunca chegou até nossa população. O pouco de "informação" ou desinformação que tinha, ela tirava do passado ou das redes sociais.

– O que sei sobre minha doação é que veio de pessoas muito especiais com toda certeza! Pois quem doa, sempre doa com muito amor, querendo ajudar e salvar vidas. E quem recebe, recebe com toda gratidão do mundo! É por isso que doar é o maior ato de amor ao próximo que existe, é fazer o bem sem ver a quem – completava sorrindo e todo mundo concordava imediatamente.

Às vezes, não eram exatamente dúvidas que chegavam até mim. Em certa ocasião, uma pessoa num tom provocativo, talvez querendo me testar, perguntou: "Mas e se alguém não quiser doar?". Imediatamente eu respondi que essa pessoa tem que ter sua liberdade de escolha garantida e respeitada.

A pessoa ficou me olhando surpresa achando que eu defenderia veementemente a doação. Mas acima de tudo eu defendo a liberdade de escolha e a informação.

Primeiro, porque como filhotinha intelectual da minha mestra, a economista comportamental Dra. Roberta Muramatsu, não poderia me faltar apreço pelas liberdades individuais.[24] E segundo, porque honestamente nunca conheci alguém que, compreendendo o que é a doação, decidiu não ser um doador. E como não estava ali para catequizar ninguém, acho que as pessoas se sentiam à vontade para dividir seus pensamentos e conversar abertamente.

Uma prova disso aconteceu quando estava dando uma palestra dentro de um renomado hospital público. Em tese, eu estava ali apenas para contar minha história, até porque imaginava que dentro de um hospital todo mundo já soubesse sobre o tema. Ao final da minha apresentação, um enfermeiro levantou a mão e com toda honestidade revelou na frente de todos: "Eu queria te contar que eu era contra o transplante e hoje, ouvindo você falar, eu mudei de opinião e vou passar a defender a doação!". Em parte, eu fiquei muito feliz com o que tinha escutado. Mas também fiquei meio chocada, confesso.

Um profissional da saúde que era contra doação e transplante era tipo o saci-pererê para mim. Uma lenda que, se eu não tivesse visto e ouvido com meus próprios olhos e ouvidos, nunca teria acreditado ser verdade. Nessas horas, eu percebia que a falta de informação era muito maior do que eu poderia sequer imaginar. Faltava informação até para os profissionais da saúde. Ele só era contra porque não entendia do que se tratava.

Chegavam nesses momentos finais: dúvidas, questionamentos, comentários e muitos relatos pessoais também, os quais eu amava escutar, por sinal. Uma vez, uma mulher levantou a mão na plateia: "Patricia, quero te contar uma história... Quando minha mãe faleceu, vieram me perguntar se eu autorizava a doação de órgãos dela e eu respondi que "Não!", porque eu sou católica fervorosa!", disse cheia de orgulho e continuou a narrar o fato. "Aí, eu corri para igreja para avisar o padre que eu não tinha doado e o padre imediatamente me respondeu indignado: "Mas, minha filha, a Igreja apoia a doação de órgãos! É o maior gesto de amor ao próximo que existe!!!". "Aí eu disse para ele: Ih, padre, agora já não doei..."

No caso dela, ela apenas negou a doação porque não conhecia a posição da sua própria religião. Sempre achei que as religiões tinham um lindo e importante papel a desempenhar nesse esforço de conscientização sobre

---

[24] Muramatsu, R.; Fonseca, P. Freedom of Choice and Bounded Rationality: a brief appraisal of behavioral economists' plea for light paternalism. Brazilian Journal of Political Economy. Vol 32, n.3, (128), pp.445-458. July-September. 2012.

o tema junto à sociedade. Todas as religiões apoiam a doação de órgãos. Inclusive testemunhas de Jeová, que não aceitam transfusão de sangue, doam e recebem órgãos.

Agora imagine só quão poderoso seria se cada religião fizesse um único culto, missa ou encontro todo ano, em setembro, para compartilhar de forma clara com seus fiéis e seguidores sua posição sobre o tema e falar sobre a beleza desse gesto? Afinal, doar é sobre aquilo de mais especial que carregamos dentro de nós: nossa capacidade de ter empatia com o próximo e de colocarmos o amor que sentimos em verbo.

Estive em diferentes Estados com os mais distintos públicos. Empresas, hospitais, Centrais de Transplante, escolas e faculdades. Em alguns momentos junto de pessoas que já entendiam do tema e, em outros, de quem nunca tinha ouvido falar. Mas de todos os eventos e encontros que participei, um em específico me marcou profundamente.

Havia acabado de falar para um público de mais de 2000 pessoas num congresso em São Paulo. A palestra já estava finalizada e eu apenas terminava de reunir minhas coisas – meus papeizinhos, as medalhas, meu pen-drive da década passada – para ir embora do centro de exposições, até que alguém me abordou:

– Licença, Patricia... Queria te fazer um pedido... Você poderia conversar com aquela mãe? – solicitou a organizadora apontando a pessoa em questão. – Ela disse que gostaria muito de falar com você...

Quando meus olhos encontraram a mulher ao longe, pude notar que lágrimas dolorosas desciam pela sua face. Assenti que conversaria com o maior prazer, terminei de reunir minhas coisas e fui em direção à mãe que me aguardava, sem saber ao certo como e se eu poderia lhe ajudar.

Assim que me aproximei dela, completamente em prantos, ela desabafou:

– Eu podia ter doado, Patricia, mas eu não doei... Eu podia ter doado... – disse soluçando as palavras como se uma espada atravessasse seu coração.

Peguei imediatamente suas mãos nas minhas, perguntei carinhosamente seu nome e, tentando me conectar com seu sofrimento, lhe indaguei:

– O que aconteceu exatamente?

Ela então contou que havia perdido sua filha havia poucos anos e que houve a possibilidade da doação de órgãos. Mas que naquele momento ela tinha negado a doação. E então completou dolorosamente:

– ...E que alegria eu iria sentir de imaginar que o coração dela podia estar batendo nesse momento em alguém que está tão feliz de estar viva como você! Eu podia ter doado, entende? Eu podia! Mas eu não doei...

Ela seguiu chorando e eu tentei a acolher da melhor forma que podia. Abracei-a e expliquei que ela fez o melhor que podia no momento. Que não deveria se cobrar de forma alguma e segui conversando com ela por um tempo.

Seu sofrimento e sua dor me fizeram questionar até onde a negativa das famílias era a expressão de uma preferência real ou apenas mais uma dolorosa repercussão da falta de informação. Quão injusto era na verdade culpar as famílias pelos "nãos" se a informação nunca chegou realmente até elas? Ela apenas não doou porque não entendia a dimensão de uma doação na época.

Isso ia ao encontro de uma hipótese que sempre carreguei comigo de que o momento da partida não era a hora ideal para alguém aprender sobre doação de órgãos, por questões cerebrais mesmo. Quando alguém se aproxima e lhe informa que seu filho, seu pai ou seu irmão morreu, tudo se bloqueia e você não consegue pensar. Acontece nesses momentos no cérebro uma espécie de "sequestro emocional". Boa parte da irrigação cerebral vai para o sistema límbico, sede das emoções no cérebro. E o córtex não é adequadamente irrigado, prejudicando o processo decisório de avaliação e julgamento. Literalmente fica difícil pensar.

Uma evidência disso pode ser visualizada nos dados encontrados num estudo brasileiro com famílias de doadores e não doadores um ano após a decisão, onde a grande maioria dos não doadores reconheceram categoricamente que "não fizeram uma escolha consciente".[25] Boa parte das famílias que não doam no Brasil o fazem na verdade por não entender ou conhecer do assunto e por nunca terem falado do tema em vida.

Eu nunca me esqueci do olhar daquela mãe, de suas lágrimas e de suas palavras. O peso que ela sentia, eu senti também. A espada que sangrava seu peito, sangrou o meu também. E foi ali que eu entendi que doar era acima de tudo um DIREITO. Um direito que estava sendo negado a diversas famílias brasileiras na medida em que a informação não chegava até elas.

Eu mesma e minha família também quase fomos alienados desse direito quando minha mãe faleceu. Nenhum profissional de saúde, mesmo num hospital referência, veio nos oferecer a possibilidade da doação. Nem uma palavra sequer foi mencionada. Fui eu que busquei os médicos proativamente e disse:

– Doutor, eu gostaria que soubessem que minha família é uma família doadora.

Ele deu um singelo sorriso reconhecendo o nosso gesto e respondeu:

---

[25] MORAES, B. N.; BACAL, F.; TEIXEIRA, M.C.T.V.; FIORELLI, A.I.; LEITE, P.L.; FIORELLIi, L.R.; STOLF, N.A.G.; BOCCHI, E.A. . Behavior Profile of Family Members of Donors and Non donors of Organs. *Transplantation Proceedings*, v. 41, p. 799801, 2009.

– Entendo, mas no caso da sua mãe nada pode ser doado...

– Mas nem as córneas, doutor? – questionei desacreditada, pois eu já havia estudado bastante o tema na época.

Ele ficou ligeiramente incomodado com minha pergunta e disse que iria averiguar. Horas depois, ele me procurou e disse satisfeito:

– Patricia, a Santa Casa aceitou as córneas da sua mãe. A captação vai acontecer durante essa madrugada.

Duas pessoas em nosso País hoje enxergam graças à minha mãe. E esse orgulho, eu e minha família carregamos em nosso peito. Era um direito nosso e nós pudemos realizá-lo. Mas quantas outras famílias têm esse direito negado? Provocar a discussão do tema na sociedade e prover informação adequada é um dever do nosso Estado para garantir o DIREITO DE DOAR a todo indivíduo e família brasileira.

Mas, enquanto o Estado não assumia o leme de sua função, íamos nós mesmos seguindo com nosso trabalho de formiguinha. E, como você já deve saber, formiguinhas unidas são sempre muito poderosas.

o movimento
vai ganhando corpo

Lá no comecinho do Sou Doador, quando tudo ainda era mato, nossas publicações tinham 15 curtidas, 20 curtidas no máximo e boa parte delas, devo confessar, eram dos meus próprios amigos. Mas toda luta tem um começo e esses começos raramente são fáceis. O importante é que nada vence o trabalho e a consistência. E, com o passar dos meses, os primeiros frutos foram aparecendo e o mais legal de tudo, novas pessoas também foram chegando para engrossar nosso time.

Chegaram transplantados trazendo sua bagagem e experiência. E o nosso primeiro colaborador foi o Airton Andrade, transplantado de fígado. A história dele era o contrário da minha. Ele não nasceu com nenhuma patologia e gozava de uma saúde perfeita, até desenvolver uma hepatite fulminante por conta de um medicamento simples de farmácia, desses que a gente compra sem receita e se automedica. Em menos de 24 horas, já estava com a pele cinza e sem consciência. Por um milagre, o fígado novo chegou a tempo.

Outra colaboradora que tinha uma história impressionante era a transplantada renal Luma Eccel. Acreditem se quiserem, mas ela precisou transplantar depois de comer um x-burger, através do qual ela adquiriu uma bactéria que desencadeou uma síndrome hemolítica urêmica atípica. Seus rins pararam totalmente de funcionar e ela precisou fazer hemodiálise três vezes por semana até transplantar. É por isso que ser um doador é também um ato de reciprocidade. A verdade é que a vida é tão louca que, no fundo, não sabemos quando somos nós – ou quem amamos – quem vai precisar de uma doação e um transplante.

Chegaram profissionais de saúde no nosso time também, pessoas que trabalhavam diretamente com os candidatos ao transplante ou no processo da doação de órgãos, como as enfermeiras Natany Ferreira, Dayana Calado e Roberta Cardoso, trazendo seu conhecimento e vivência prática. E pessoas que eram totalmente de fora desse universo, mas que queriam contribuir, somando suas competências e habilidades.

O talentoso designer Rodrigo Faccini, por exemplo, nos presenteou com um logotipo exclusivo, que virou a cereja do nosso bolo. Seu formato tem por objetivo lembrar uma caixa de presente e, dentro dela, um coração simbolizando a vida. A linha contínua reproduzia os sinais vitais e a corrente de amor onde a vida não acaba, mas se transforma e se eterniza. Ele também serve como um carimbo de doador e é todinho na cor verde, símbolo da doação de órgãos. Simples, claro e genial.

Desde o início, muitas ideias surgiram. Algumas deram certo, outras não. Por exemplo, eu tinha idealizado um "Botão Sou Doador". Chegando no nosso site você poderia clicar nesse botão e imediatamente uma mensagem seria mandada para sua família avisando que você é doador com muito orgulho. A ideia era ser algo fácil, rápido e que facilitasse esse processo de informar a família. Bom... Foi um fracasso. Quase ninguém apertava meu botãozinho amado, que tinha dado tanto trabalho para fazer.

Já a primeira leva de camisetas Sou Doador foi produzida sem nem eu saber, como uma surpresa para minha primeira corrida de rua de 5 quilômetros. E, se o botão Sou Doador foi um fracasso, já a camiseta parecia fazer brilhantemente seu papel. Ela levava no peito o carimbo do doador e as pessoas adoravam usá-la e ostentar por aí seu capital de generosidade.

Esse simples gesto de usar a camiseta com o carimbo do doador era uma campanha ambulante em prol da doação. Como tomar decisões é cansativo, nosso cérebro busca referências sociais do comportamento desejado ou esperado para facilitar o processo decisório. Em outras palavras, é sempre mais fácil seguir o grupo. Por isso, se a maioria dos nossos amigos e familiares aprovam a doação, nossas chances de aprovar e nos declarar doadores aumentam significativamente.

Agora imagine o que acontece quando alguém de muita visibilidade faz esse gesto? Quando a atriz Paolla Oliveira publicou em suas redes sociais uma foto com nossa camiseta, se declarando doadora, eu estava no Nordeste com o Du. Eu pulava tanto de alegria, porque eu sabia exatamente o impacto positivo que aquilo traria na percepção da população sobre a beleza de doar. Uma onda do bem gigantesca seria iniciada com apenas uma foto. Mas o exemplo é assim: ele arrasta.

E tudo foi se desdobrando naturalmente como uma bolinha de neve. Mais pessoas foram chegando, mais projetos acontecendo. Fizemos em 2017 nossa primeira grande campanha de Setembro Verde com a ajuda do diretor cinematográfico e documentarista Raphael Montagner e fotografia de Rafael Marques. E assistíamos com alegria a nossa produção de conteúdo e às histórias de transplantados voarem pelo Brasil e, às vezes, até pela América Latina.

Nossa missão era dar visibilidade à beleza e à magnitude do gesto da doação de órgãos e tecidos para que outros voos pudessem acontecer.

Um helicóptero vindo do Rio de Janeiro pousou às pressas no heliponto do Instituto do Coração em São Paulo. Uma jovem com exatamente a mesma patologia que me levou ao transplante – miocardiopatia dilatada – foi levada diretamente para a UTI, onde aguardaria um novo coração como uma última chance de vida. Segunda ela, aquele foi seu "vôo da esperança".

Lilian Alencar me viu numa reportagem na TV, entrou em contato pelas redes sociais contando o que ela estava enfrentando e acabamos virando amigas de WhatsApp. Ficou comum pessoas em fila me procurarem para conversar e tirar dúvidas e eu ficava muito feliz em poder ajudá-las. Dividia com a Lili desde dicas para aguentar a internação até as traquinagens hospitalares.

Às vezes, eu pensava em algo legal para enviar ou falar para ela, só para animá-la, pois sabia como um simples "gif de bom dia" nos salva dos apitos da UTI. Algumas semanas depois que começamos a nos falar, eu participei de uma reportagem da Veja São Paulo chamada "Os Campeões dos Transplantes" e foi então que ela criou seu próprio mural de futuro. Ela retirou a foto em que eu estava montada numa bicicleta da reportagem, colocou na frente da sua cama na UTI e escreveu ao lado "Eu no Futuro", mentalizando que um dia ela iria também para as Olimpíadas dos Transplantados.

Ela estava muito debilitada e, se eu percebi isso, imagine ela que era enfermeira. Por duas vezes, ela me disse que não estava aguentando. Sua saturação estava quase em 70% e, mesmo com oxigênio, ela tinha dificuldade de respirar. Eu disse que ela iria aguentar e a ensinei a conversar com as células e os órgãos dela. Ela disse que ajudou. Eu disse que não seria fácil esse período, mas que iria valer a pena aguentar. Ela me prometeu que, quando o coração chegasse, iria me avisar.

Eu torcia muito por ela e rezava todas as noites com meu marido pelo coração dela. Um dia mandei mensagem e ela não me respondeu. Normal. No dia seguinte mandei de novo: "Oieee... manda notícias". Nada, ela também não visualizou. Nos dias seguintes, mandei mensagens e ficava acompanhando para ver se ela tinha entrado no WhatsApp. Eu estava praticamente virando *stalker* de pessoas em fila de espera.

Ela estava inativa havia cinco dias. Fui ficando cada vez mais preocupada. Quem está na UTI não tem nada para fazer, é muita angústia. Ela não estar mexendo no celular era muito estranho e não me parecia ser um bom sinal. Precisava muito de notícias de que ela estava bem, mas nem o sobrenome dela eu sabia.

Busquei por um amigo médico do InCor e implorei que ele buscasse por uma "Lilian" que estava aguardando um coração. Quando ele me retornou dizendo que "tinha notícias", enquanto eu esperava o "digitando" dele, eu só mentalizava: "Por favor Deus... por favor Deus...". Meu coração estava apertado. A Lilian queria muito viver. Eu queria muito que ela vivesse...

E então veio a resposta: "Ela está transplantada na UTI, Pati". Assim que li aquelas palavras todo meu corpo relaxou e entrou em êxtase ao mesmo tempo. Caraca! O coração chegou!!!! Um frenesi de emoção me tomou – exatamente como aquele que minha família e amigos sentiram um dia – e eu comecei chorar e rir de alegria! A LILI ESTAVA VIVA!

Minha vontade era pular, rir, dançar, cantar, sorrir, bater palmas, abraçar alguém, mas não tinha ninguém em casa. Tudo isso junto e misturado! Queria dar a voltinha do Michael Jackson e gritar "Auuuu"! Dançar em cima do piano que nem aquele filme de Sessão da Tarde! Dar peixinho mesmo sem estar em quadra!

E isso que a gente nem se conhecia pessoalmente! Mas eu torci tanto por aquele dia! A Lili teve uma ótima recuperação, assim como eu. Pouco tempo depois, ela já estava praticando atividade física e retomando sua vida diária. Papeizinhos amarelos, brancos e murais do futuro têm sempre muito poder. Nem tanto pelo que colocamos na parede, mas sim por onde colocamos nosso desejo e atenção.

Em 2019, ela voou para Newcastle, na Inglaterra. Um voo de vitória. Lilian Alencar foi a segunda transplantada de coração brasileira a participar das Olimpíadas dos Transplantados. Competiu na natação e além de nadadora, é crossfiteira, rockeira, cervejeira e enfermeira. E todas essas coisas lindas que rimam entre si e rimam com vida. E, graças a uma doação, Lili segue espalhando seu carisma e vivacidade de carioca por aí.

A vida estava simplesmente ótima. Dá até medo de falar isso, né!? Mas estava mesmo. Eu estava cheia de saúde, lutando pela vida dos outros e vivendo todas as alegrias que a causa poderia me proporcionar.

O auxílio que eu dava para as pessoas em fila de espera e para quem estava enfrentando problemas de saúde acabou se ampliando e, com o tempo, passei a ser convidada por hospitais para dividir essa experiência de paciente de forma que melhores procedimentos e condutas fossem implementados. Afinal, eu tinha 30 anos de carreira como paciente, isso tinha que servir para alguma coisa.

Cheguei a falar a convite do Ministério da Saúde em Brasília para mais de 50 diretores de hospitais públicos. E, quando vi todos aqueles executivos reunidos num mesmo local, a única coisa que pensei foi na quantidade de pacientes que cada um deles representava e na oportunidade ímpar que eu tinha de ajudar todas aquelas pessoas de uma vez só. Na prática, sempre gosto de pensar que os profissionais maravilhosos que cuidaram de mim seguem salvando vidas a cada palestra que dou.

Parte dos estudos que conduzi antes de fundar o Sou Doador se transformou em pesquisa científica publicada no Jornal Brasileiro de Transplantes – foi a primeira participação de um transplantado no periódico – e também tive o prazer de apresentá-la no Congresso Brasileiro de Transplantes.

Por essa luta em prol da doação de órgãos, eu recebi em 2018 o Prêmio Excelência Mulher da CIESP junto com outras 22 mulheres de todo Brasil escolhidas por suas contribuições no âmbito filantrópico, social ou científico. E foi inevitável nesse dia me lembrar da minha mãe.

Quando era adolescente, ela sempre comprava a revista *Capricho* para mim e *Claudia* para ela. Eu lia as duas e meu sonho secreto nunca foi namorar um astro da música ou ator famoso, como a maioria das minhas amigas. Meu sonho secreto era ser indicada para o Prêmio Claudia Mulheres do Ano. Fazendo o que exatamente, não me pergunte. Eu só queria ser indicada por algo bacana que tivesse feito. Não foi exatamente o Prêmio Claudia que ganhei, mas teve um gostinho dele de certo modo para mim.

A vida realmente estava ótima. E a essa altura, eu confesso que acreditava já ter vivido todos os papéis que existiam para serem vividos nesse universo da doação. Já tinha recebido um órgão. Já tinha autorizado a doação de um familiar. Já tinha sentido a alegria de esperar e torcer por alguém na fila de espera. Achava que já tinha experienciado de tudo.

Mas não. Ainda não tinha...

minha amiga tati

Não sei dizer exatamente por onde a Tati entrou em contato comigo pela primeira vez. Se foi pelo Instagram, pelo Facebook ou pelo e-mail do Sou Doador. Só me lembro que foi logo depois de eu ter participado do programa *Encontro com Fátima Bernardes*, da TV Globo. Assim que ela viu uma menina, que havia tido uma insuficiência cardíaca grave como ela, dançando e pulando, ela loucamente procurou o meu contato e a gente se identificou de imediato.

Tínhamos praticamente a mesma idade e ela morava apenas a alguns bairros de mim, lá no Tatuapé. A gente gostava das mesmas coisas e tínhamos sonhos parecidos. Nossa identificação foi tanta que a Tati mudou de equipe médica para se tratar com o mesmo médico que cuidou de mim e passou a frequentar o mesmo hospital onde eu tinha realizado o transplante.

Eu acompanhei todo o seu processo de dúvida se ela entraria na fila de espera ou se colocaria um marca-passo. Cheguei a conversar com sua família e com seu noivo sobre isso, afinal, eu mais do que ninguém entendia o que eles estavam passando. E por fim, ela acabou sendo listada para um transplante e a espera dela começou. Cada dia que passava, era um dia a menos até seu novo coração.

A gente se encontrava direto. Quando ela era internada devido aos altos e baixos da insuficiência cardíaca, eu ia lá visitá-la para dar uma animada.

Mas nem precisava. Tati nunca reclamava de nada e estava sempre rodeada de amigos. Assim que eu entrava no seu quarto, ela abria um sorriso, me apresentava para todos e logo me pedia para eu contar a minha história. Acho que era uma forma de ela dizer "Olha, esse é o meu futuro de transplantada, gente!" e eu gostava de fazer esse papel como quem dizia para eles "A Tati vai ficar ótima, gente!".

Ela adorava uma traquinagem hospitalar também. Uma vez cheguei ao seu quarto no hospital e lá estava uma pizza de calabresa enorme em cima do colo dela. Ela morreu de rir por ter sido pega no flagra do sódio. A risada dela era contagiante. Nesse dia, notei que seu tornozelo estava inchado e escurecido e não achei aquilo um bom sinal. Me lembrou do tornozelo do tio Gelson que tinha úlceras na perna. Mas não comentei nada com ela.

A equipe achou que seria bom ela fazer reabilitação cardiopulmonar para ajudar seu corpo a aguentar a longa espera por uma doação e ela marcava seu horário exatamente no mesmo dia e na mesma hora que eu fazia, quartas à tarde, só para gente se ver. Em geral, quando ela chegava, eu já estava correndo na esteira, com meu shortinho e o cabelo balançando de um lado para o outro, me preparando para alguma competição.

Assim que me via, ela me devorava com os olhos, com uma mistura de encantamento e desejo profundo. Eu sabia que não era exatamente a mim que ela estava visualizando, mas um reflexo do futuro cheio de saúde e felicidade que a aguardava. Tati tinha a mesma sede de viver que eu tinha. Assim que eu descia da esteira pingando de suor, ela me dizia:

– Um dia vou com você para todos esses lugares! Vou competir contigo onde for! Salta, Salt Lake, Málaga... vou em todos eles! – dizia feliz.

A gente fazia muitos planos para esse coração. Ela nunca teve dúvidas que tudo daria certo. Toda vez que tinha alguma campanha de conscientização no Sou Doador, eu a chamava para participar. E no nosso vídeo de encerramento de 2018, sorrindo numa cama de hospital, ela fez seu desejo para o ano que estava prestes a começar: "Que em 2019 chegue o meu novo coração!".

Mas esse coração parecia nunca chegar. Passaram os primeiros seis meses da espera. O primeiro ano. Deu um ano e meio de espera... e a Tati foi ficando cada vez mais debilitada. Eu estava na praia, num domingo, com a Débora e o Kaue, quando recebi uma mensagem da Ércia, mãe da Tati, no meu celular: "Pati, a Tati internou de novo, está na UTI. Vai precisar de hemodiálise, passa lá para ver ela depois, ela adora ver você." Ainda na hora que eu li, eu disse em voz alta angustiada para Débora:

– Isso não é um bom sinal, amiga... Dr. Bustamante sempre me disse que meu coração aguentaria o quanto meus rins aguentassem.... Se o rim dela já não está aguentando é porque o coração está muito sofrido. O coração dela precisa chegar logo!

Ficamos todos em silêncio. Voltei do litoral ainda naquele domingo, mas deixei para ir ver a Tati só na quarta à tarde, quando eu já estaria no hospital.

Era meio-dia de quarta-feira. Eu já pretendia fechar meu computador e juntar minhas coisas para ir almoçar e depois vê-la, quando decidi primeiro abrir o Instagram. Uma das primeiras postagens que visualizei foi justamente de uma amiga da Tati que conheci numa das visitas no hospital, dizendo: "Obrigada por tudo, sentirei saudades..." junto de uma foto das duas juntas.

Meu coração deu um nó. "Não é possível... não pode ser...", pensei comigo e mandei imediatamente mensagem para todas as pessoas que conhecia do hospital. "Carol, você sabe da Tati?"; "Lucas, tem notícias da Tati?"; "Bárbara, como a Tati está?". Acho que disparei umas 10 mensagens seguidas até que alguém, que nem me lembro quem, respondeu: "Pati, a Tati partiu nessa madrugada". Não, não, não, não. Comecei então a mandar mensagem para todas as amigas da Tati que havia conhecido, perguntando informações. Alguém me respondeu: "O velório está acontecendo no Cemitério da Quarta Parada...".

Totalmente em choque avisei no trabalho que não voltaria mais, juntei minhas coisas e parti para ver minha amiga. Quando sentei no carro e me vi em frente ao volante, eu já estava completamente em prantos. Levei alguns segundos para conseguir me lembrar como ligava o veículo. E não sei explicar como cheguei até o Tatuapé naquele dia. Numa hora, eu subi na calçada da Av. Salim Farah Maluf e chorando implorei para um homem: "Por favor, me ajuda, moço, eu preciso chegar na Quarta Parada, eu não tô conseguindo". Ele gentilmente me ajudou.

Eu estava tão desequilibrada que, quando entrei no estacionamento do cemitério, um homem disse para mim: "Moça, você não tem condições, deixa que eu estaciono o carro para você" e eu saí entregando meu carro e as chaves para ele sem nem saber se ele era do estacionamento ou não. Caminhei por entre as ruas de paralelepípedos tentando encontrar a sala certa, até que reconheci algumas amigas da Tati de longe e desacelerei meus passos.

Nem eu sabia o que eu pretendia fazer exatamente quando chegasse. Preferi naquele momento ficar de longe, mas logo a mãe da Tati me viu e veio em prantos me abraçar... Não era aquele o abraço que eu pretendia dar nela. Não era daquele jeito. Era para ser no dia em que o coração chegasse...

– Pati, eu queria tanto que ela tivesse chegado no transplante, Pati! Tanto!! – repetia em lágrimas exasperada.

Seu choro de mãe me rasgava a alma. E então eu vi minha amiga ali deitada, rodeada de pessoas... Ela estava tão diferente... Não havia seu sorriso radiante... Ela estava muda, branca, imóvel. Pensei em fazer uma prece baixinho e, quando me aproximei, instintivamente minha mão tocou seu braço. Ela estava gelada. Pedi luz para sua passagem, fiz minha prece e voltei a me afastar.

Tinha certeza que viveria com a Tati a mesma alegria que senti quando o coração da Lili chegou. Mas não foi isso que aconteceu. Saí do velório um pouco desnorteada e dirigi até minha casa escutando o silêncio da existência que parecia me rodear. Notava as árvores do caminho, cujas folhas um dia caem. Os raios de sol daquele começo de outono, que mais tarde iriam partir.

E enquanto dirigia me veio um pensamento pronto na cabeça. Exatamente como aquelas frases que um dia me vieram na fase da espera, me falando para esperar o tempo de fogo, o tempo de água e o tempo de terra. Cheguei em casa e honestamente eu só queria ficar jogada no sofá, respeitando o meu momento e a minha tristeza. Mas algo em mim me dizia que eu não podia fazer isso. Peguei meu laptop, sentei ele no meu colo e ali no sofá escrevi um desabafo:

> *Existe muita morte besta no mundo. Mas morrer por falta de empatia para mim de todas é a pior. Tem gente que atravessa a rua e morre, pega um resfriado e morre, engasga e morre. Tudo morte besta. Mas morrer porque alguém disse "não" é a mais besta de todas.*
>
> *A Tati morreu depois de esperar por dois anos um coração que não chegou. Meus olhos doem de tanto que já chorei. Ela era minha amiga e todas as vezes que ela internava (sei bem o que é isso) eu passava no quarto dela para visitar. Ela ia para as Olimpíadas comigo, já era coisa certa. Só estávamos esperando o coração chegar.*
>
> *No caminho de volta do velório dela hoje me veio algo na cabeça:*
>
> *Deus nos dá dois presentes ao nascer:*
>
> *Um deles é a vida. Esse ele nos dá para gente mostrar nossa CORAGEM. Porque viver pede muita coragem! Pede ousadia, pede que a gente se entregue de corpo e alma!*
>
> *O segundo é o dom de dar a vida. Esse ele nos dá para gente demonstrar a nossa GRATIDÃO. Porque, sabendo valorizar o primeiro presente, queremos que outros também possam viver e sentir essa alegria.*
>
> *A vida começa com coragem e termina com gratidão.*
>
> *A Tati esperou dois anos e nesses dois anos (eu tive o cuidado de ir buscar os números exatos oficiais) 5493 famílias disseram "não" para doação de órgãos. Nesses mesmos dois anos, 218 pessoas morreram esperando um coração. A distância entre os 5.493 e o 218 é tão grande que nem precisamos que todos doassem para ninguém morrer na espera. Ela morreu de morte besta.*

Olhando sua mãe, seu pai e seus familiares eu tinha apenas a certeza que eles não precisavam estar chorando, que suas amigas não precisavam estar vestindo preto. Ninguém precisava estar ali, nem eu. Ver o velório dela tão jovem, me fez imaginar como teria sido o meu velório se o coração não tivesse chegado. Tinha tantas, mas tantas flores lá que nem dava para ver a parede. Ela era muito querida. Imaginei que seria muito provavelmente algo bem parecido.

Mas não foi. Minha mãe chorou muito, mas de alegria quando o coração chegou. Meu pai filmou quando eu fiz discurso na UTI agradecendo todo mundo. Meu irmão foi o primeiro a me ver acordar da cirurgia. E meu amor não me perdeu e vivemos cada dia dessa vida linda e maravilhosa que pulsa dentro de mim. E devia estar pulsando dentro dela.

Tem gente que não aceitou morte besta e foi estudar e assim criaram vacinas, tratamentos, cirurgias. Ninguém tem que morrer de morte besta.

Eu também não aceito sua partida, minha amiga. E me despedir de você só me dá mais forças para lutar para que ninguém morra por falta de empatia, por um 'não', por falta de informação.

Eu sempre tive medo de virar uma estatística. Um dígito a mais na planilha de 'pessoas que morreram na espera.' Ano que vem quando saírem os dados de 2019 eu não verei um número 'x', mas um 'x - 1 + Tatiane PenhaLosa.' Cada número tem um nome, uma família, uma história. Você não vai ser um número, amiga. Você será lembrada. Te prometo! Luta comigo lá de cima para mudarmos tudo isso.

E para todos que leram esse texto levem para sempre em suas vidas:
A VIDA COMEÇA COM CORAGEM E TERMINA COM GRATIDÃO
APROVEITE A VIDA E DEPOIS DOE A VIDA.

Dei enter, publiquei no Facebook e fechei o computador. Algumas horas mais tarde, quando peguei o celular, vi que o texto tinha muito mais curtidas, comentários e compartilhamentos que qualquer outro texto já publicado no Sou Doador. Cada vez que atualizava a página, os números pulavam e assim começou a viralização. O desabafo alcançou mais de 25 milhões de pessoas e a foto da Tati sorrindo linda num fundo colorido voava por todo Brasil. Algumas matérias e mídias entraram em contato querendo entender o ocorrido. Algumas celebridades vieram a público dar voz à indignação perante aquela morte sem sentido.

Desde que eu transplantei, eu havia criado uma listinha onde eu anotava o nome de todas as pessoas que tinha conhecido em fila de espera e, ao lado, anotava se a pessoa tinha vivido ou morrido. Sei que parece meio forte, mas eu tive essa ideia depois de ver *Game of Thrones*. Era a minha lista de "Arya".

Ainda havia mais pessoas na minha lista que tinham morrido do que vivido, e ver aqueles nomes e me lembrar daquelas pessoas que tentei ajudar me dava força e propósito para continuar lutando em muitos momentos.

O nome da Tati foi de longe o mais duro de adicionar naquela lista. O mais duro de ver registrado ali. Sentia um misto de tristeza e impotência, como se tudo que eu e tantos fizessem pela causa da doação de órgãos no fundo não valesse de nada. Como se todo esse tempo estivéssemos apenas enxugando gelo. Quantas "Tatis" ainda partiriam até que algo concreto fosse feito? Quantos textos ainda seriam escritos? E acho que foi nesse momento que eu percebi que todas aquelas lágrimas simplesmente não poderiam ser em vão...

não vos conformeis com este mundo

Eu sei que muita gente acredita que tudo na vida tem um sentido. Uma hora certa. Um momento exato. Eu também gosto de acreditar nisso às vezes, confesso. Mas a verdade é que sempre tive dificuldade de acreditar totalmente nisso. Existe um enigma na minha mente que ainda não consegui decifrar. Onde fica exatamente nosso livre-arbítrio se tudo já estava escrito e previsto? Onde fica o erro e o aprendizado se tudo era para acontecer assim?

Acho que no fundo eu nunca quis abrir mão da minha parcela humana. Limitada, mas liberta. Por isso, sempre acreditei que, ao contrário, somos nós que damos o sentido para as coisas que acontecem ao nosso redor. Então cabia a mim dar um sentido para toda essa indignação e tristeza que vivia em meu peito.

Na semana seguinte à partida da Tati, peguei o telefone e disquei para o Frank Alarcon, assessor do deputado federal Ricardo Izar. O deputado era muito conhecido por lutar pelos vulneráveis, e seu gabinete parlamentar foi o que se mostrou mais verdadeiramente interessado em ajudar a causa da doação de órgãos entre os que eu havia conhecido até então. Contei para o Frank tudo que havia acontecido e estava acontecendo na nossa causa. Contei sobre o texto e a viralização que alcançou mais de 25 milhões de pessoas e finalizei:

– Frank, essa comoção é, para mim, a prova que nossa sociedade está pronta para dar um passo adiante. Algo concreto precisa ser feito para dar uma resposta efetiva às mortes na fila de espera. A morte da Tati e de tantos outros não podem ser em vão!

– Patricia, perfeitamente, entendi seu ponto e suas explicações e vou levar todas elas ao deputado. Mas, antes disso, preciso saber... O que exatamente você deseja?

O que eu desejo? Nossa... Tanta coisa me passou pela cabeça nesse momento... Acho que, percebendo isso, o Frank finalizou:

– Faça assim: coloque num papel seu sonho de consumo. Absolutamente tudo que você gostaria que fosse mudado e avaliaremos juntos o que pode ser feito, ok?

Assenti que faria isso e desligamos. Dediquei meu tempo a lapidar essa resposta e, honestamente, cheguei a cogitar ressuscitar meu antigo sonho "mega master plus" de consumo: o tal do consentimento presumido. No Brasil, nosso sistema se baseia no consentimento explícito – todos os brasileiros *a priori* não são doadores e quem quiser deve explicitar sua vontade em vida, avisando a família. Enquanto o consentimento presumido é o oposto: todos os cidadãos seriam automaticamente doadores e quem não quisesse é que deveria explicitar sua vontade.

Diversos países com altos índices de doação trabalham com esse sistema e, por isso, logo que eu cheguei à causa da doação, inexperiente e ansiosa, foi justamente nele que eu mirei minha luta. Contudo, com o tempo e o estudo em si, eu mesma fui percebendo que o consentimento presumido era no fundo uma resposta fácil e tentadora para um problema complexo. E mais: que o Brasil em si já havia tentado aplicar esse sistema em 1997 (lembram do drama do RG?) e que, por incrível que pareça, as taxas de doação caíram.

A principal lição que a tentativa de 1997 nos deixou foi que não se deve tentar promover uma mudança tão ampla de cima para baixo e sem estar atrelada a um forte investimento em campanhas de conscientização. Uma mudança de sistema deve muito antes vir como um pleito do povo, de uma população majoritariamente doadora que quer que a lei espelhe sua preferência. E, infelizmente, não havíamos chegado a esse ponto ainda no Brasil.

Então, o que eu desejava para a causa da doação de órgãos exatamente? O que poderia realmente fazer a diferença e trazer esse salto de conscientização ao nosso país? Como garantir que todo indivíduo recebesse informação adequada sobre doação de órgãos e tecidos para que pudesse um dia tomar uma decisão consciente e informada? Afinal, onde não existe informação, não existe liberdade de escolha.

Fiquei me fazendo essas perguntas até que me recordei de uma palestra que dei num colégio em São Paulo, alguns anos atrás. Depois de contar minha história, a trajetória até um transplante e falar da importância da doação de órgãos, um menino de cerca de 12 anos levantou sua mão e perguntou confuso e curioso:

– Mas, tia, por que alguém não doaria??

Um silêncio tomou o salão e me lembro que cheguei a ficar muda por alguns segundos em cima do palco até abrir um sorriso. Eu sempre tenho resposta para tudo, mas fiquei encantada com suas palavras e tamanha pureza. Ele simplesmente não conseguia entender. Implícito em sua pergunta ele dizia: "Mas, se salva vidas, por que alguém não doaria, tia?". Para ele doar chegava a ser meio óbvio, algo natural.

Me lembrei também de um fim de ano na praia em que uma amiga minha e do Du, a Dayse, e sua filha Laurinha de 4 anos passaram conosco. Sentada no sofá de couro branco da sala, eu brincava com a Laurinha no meu colo, quando ela viu minha cicatriz. Passou o dedo nela e logo me perguntou:

– O que é isso, tia?

E então, eu adaptei uma resposta para que ela pudesse entender que eu havia transplantado:

– É que o coração da tia não tava muito bom, sabe? E aí o médico tirou ele e colocou um novo no lugar. E agora eu fiquei boa.

Ela ficou me olhando espantada e continuamos a brincar. Cerca de um mês depois, a Dayse me liga:

– Pati, você não vai acreditar. Vi a Laurinha brincando na sala, passando a mão no peito da boneca dela. Perguntei o que ela estava fazendo e ela disse: "É que minha boneca não tava muito boa... Eu tô fazendo um transplante nela".

Fiquei encantada e rimos juntas da cena. Crianças e jovens pareciam ter uma facilidade natural para falar sobre o tema. Aquela pergunta "por que alguém não doaria?" me parecia uma verdadeira sinfonia celestial. Dizem por aí que, no começo da vida, ainda temos mais o "pé" lá no mundo de Deus que no nosso, que estamos mais ligados ao espírito que à matéria. Vai ver é algo por aí mesmo.

Só sei que, de todos os lugares em que tinha a oportunidade de falar sobre o tema, o que mais me tocava eram justamente as escolas. Naquele ambiente de formação, discussão e aprendizado via nos olhos de cada aluno a curiosidade e a vontade de compreender mais sobre o significado da doação de órgãos e tecidos. Ali não existiam tabus, não existia preconceito, existia ciência.

E os países que ostentam as maiores taxas de doação de órgãos no mundo, não só trabalham no tal do "consentimento presumido", mas também fazem um lindo trabalho de base, conscientizando a população desde pequenina, pois crianças e jovens são formadores de opinião e levam o tema para dentro de suas casas e para o seio da família. A resposta que eu procurava parecia estar na minha frente.

Em nossa conversa, o Frank havia me pedido para eu listar tudo que eu gostaria que fosse mudado no cenário da doação e do transplante. No entanto, eu não mencionei todos os gargalos existentes em estrutura logística, estrutura de manutenção de doadores, equipes de captação e de transplantes disponíveis. Ao contrário, eu fiz essa lista exatamente da forma como pulei aquelas ondinhas no ano novo de 2000. Concentrei toda minha energia num único desejo:

– Oi, Frank, tudo bom? Já tenho sua resposta. Gostaria de propor a Lei Tatiane, em homenagem à minha amiga. Seu objetivo é colocar o tema da doação de órgãos e tecidos dentro de todas as escolas públicas e privadas de nosso país. Será o primeiro passo rumo à construção de uma verdadeira cultura doadora no Brasil

O gabinete do deputado topou na mesma hora. Nascia assim o projeto de Lei Tatiane.

Começamos a efetivamente trabalhar no texto do projeto de lei dentro do nosso time do Sou Doador e a nossa ideia inicial era que o tema fosse abordado dentro das escolas, especificamente nas aulas de Ciências e Biologia, o que nos parecia intuitivo e adequado. Contudo, ainda no início desse processo de escrita, uma de nossas colaboradoras, a enfermeira Nathália Pereira, fez um apelo:

– Gente, precisamos estar não só nas escolas, mas dentro das universidades também e principalmente nos cursos da área da saúde. A maioria dos médicos e enfermeiros hoje saem da faculdade sem ter estudado em classe especificamente sobre doação e transplante. Garantir que eles também terão acesso à informação técnica é crucial para melhorar o cenário e preparar os profissionais para oferecer a possibilidade da doação.

Não demorou muito para a enfermeira Andrezza Lima engrossar o coro:

– Para vocês terem ideia, eu só fui aprender sobre doação, depois de formada, no meu trabalho com captação de órgãos... Na faculdade eu não tinha visto nada sobre o tema...

Logo em seguida, a advogada e transplantada renal Luma Eccel arrematou:

– Pessoal, se vamos estar não só nas escolas, mas dentro dos cursos superiores da saúde também, por que não estarmos então dentro de *todos* os cursos superiores?

Como sonhar pequeno e sonhar grande nessa vida custa a mesma coisa, alteramos o nosso texto de forma a levar educação e informação para todas as "escolas *e universidades* públicas e privadas do País". Nossa proposta incluía uma abordagem do tema adaptada e adequada ao corpo discente em questão. Nos cursos superiores da área da saúde, como ensino e sensibilização para identificação da morte encefálica. Nas escolas e demais faculdades, em formato de conscientização. E na infância, através de estratégias lúdicas e contação de histórias.

O biólogo e colaborador do Sou Doador Carlos Corsi, mestre em estratégias pedagógicas para doação de órgãos e tecidos, nos contava que no Japão, por exemplo, eles haviam criado uma iniciativa encantadora voltada ao público infantil, chamada "Hospital de Transplante", onde as crianças levavam seus brinquedos quebrados e depois de um "transplante" e da "doação" da pecinha de outro brinquedo, saíam com seus amiguinhos novinhos em folha. Era uma forma linda e delicada de introduzir esses conceitos.

Além disso, o conceito da doação é muito amplo e pode ser trabalhado de diversas formas. Podemos doar tempo, carinho, cabelo. Podemos doar livros, brinquedos que não usamos mais, roupas. E, no ápice desse movimento que busca olhar o próximo com compaixão e empatia, está a doação de órgãos e tecidos. Levar a discussão sobre doação para as escolas é levar também a sementeira dos melhores valores e sentimentos que queremos ver imbuídos em nossa sociedade.

Tudo aconteceu realmente muito rápido. Entre a partida da Tati, a indignação vivida, a ideia em si do projeto de Lei Tatiane, a escrita do texto e ele ser protocolado na Câmara dos Deputados (PL 2839/2019) foi cerca de um mês. Eu me sentia como quem tinha sido atropelada nessa fase, mal dormia e treinava, mas foi uma "doação" pessoal que valeu muito a pena.

Eu ainda estava na fila de espera por um coração quando conheci a técnica de enfermagem Maria Fernanda. Ela costumava cuidar de mim com todo carinho quando eu era internada na UTI e me fazia tranças no cabelo todos os dias "que nem as da Frozen" para me alegrar. Antes de ir embora, ela sempre me dizia: "Lembra do apóstolo Paulo, Pati"... "Pensa no apóstolo Paulo, Pati". Eu acenava concordando, mas honestamente eu não sabia o que o tal Paulo tinha feito. A frase dela, no entanto, nunca me saiu da cabeça, mesmo depois de transplantada.

Foi curiosamente logo após a partida da Tati que eu prestei atenção de todo meu coração à mensagem do apóstolo Paulo, que dizia: *"Não vos conformeis a este mundo, mas transformai-vos, renovando vossa maneira de pensar e julgar".* Era exatamente isso que estava tentando fazer.

Um dia, a Tati me contou, numa de nossas conversas no hospital, que, quando ela ficasse boa, ela pretendia fazer um trabalho voluntário com crianças lá no InCor. Ela realmente vai fazer um trabalho, mas não só com crianças e, sim, com jovens também. E num lugar que eu diria que é um pouco maior que o InCor. Maior que a cidade de São Paulo. Maior que o Estado de São Paulo. Maior que a região Sudeste. Um lugar assim... do tamanho do Brasil.

Minha amiga vai ficar muito feliz quando ficar sabendo de tudo isso.

o experimento em altruísmo

Três meses depois de protocolado o projeto de Lei Tatiane, eu participei da minha segunda edição das Olimpíadas dos Transplantados, em Newcastle. E, cinco meses depois, viajei de férias com o Du.

    Caminhava animada por entre as calçadas perfeitamente concretadas de Nova York, enquanto pequenos flocos de neve caíam como um presente do céu. Saboreava a completa ausência de cansaço para andar, mesmo com uma temperatura abaixo de -5ºC e os 50 quilos de roupa que estava vestindo, e estava achando o máximo passear sozinha que nem um carneirinho saltitante, rumo à Broadway, onde assistiria ao musical *Anastasia*.

    Era bastante comum, nesses momentos solitários, eu ficar pensando em tudo que havia acontecido na minha vida nos últimos anos. Eu reconheço e tenho certeza que teria sido mais simples, mais fácil e mais leve ter seguido o conselho do meu sogro de apenas "ser feliz" depois de receber um transplante e não me engajar na causa. Não tenho dúvidas disso.

    Mas, por incrível que pareça, eu encontrava mais paz na luta do que fora dela. Minha amiga Fabi, uma pessoa cheia de energia e muito espiritualizada, adorava me dizer que eu tinha uma "missão" com a causa da doação de órgãos e sempre me incentivava a seguir em frente. Contudo devo confessar que também nunca me identifiquei muito com essa palavra, pois ela faz parecer que somos especiais. E eu nunca acreditei que tivesse uma missão propriamente, mas sim que eu havia *escolhido* lutar pela causa da doação. E acho essa escolha tão mais poderosa. Porque a escolha é de todos.

A questão é que, enquanto não sabemos ou não vemos, podemos viver pacificados com nossa inação. Mas, no meu caso, meus "óculos" de economista escancaravam o potencial tão incrível e precioso, aguardando ser liberado, que existia nas vidas da fila de espera. Às vezes, ficava simplesmente pensando comigo: "E se o próximo Machado de Assis estivesse na fila de espera? No jovem escritor que falhamos em salvar e cujos livros nunca leremos?", "E se a cura do câncer estivesse na fila de espera? Na vida daquela jovem pesquisadora que falhamos em salvar?".

No fundo, perdemos como sociedade a cada vida na fila perdida. Perdemos todos e, por isso, se alguém tem essa missão, somos todos nós, como sociedade. Meu querido economista indiano Amartya Sen vislumbrava essa missão coletiva quando afirmava de forma certeira que "*ampliar as vidas limitadas das quais, queiram ou não, a maioria dos seres humanos são prisioneiros por força das circunstâncias era o maior desafio do desenvolvimento humano no mundo contemporâneo*".[26]

Era precisamente por isso que eu *escolhia* lutar: para ampliar as vidas das pessoas em extensão e potencial. Por uma mistura de gratidão com indignação. Um misto de reciprocidade e inconformidade. E porque tinha algo a mais que eu conseguia enxergar...

Entrei no prédio da FEA, no campus da Universidade de São Paulo, carregando 90 folhas de cartolina gigantes, 480 cópias de xerox, tesoura e fitas adesivas, confiante que a gambiarra que eu havia inventado no melhor estilo "jeitinho brasileiro de ser" funcionaria e atenderia os padrões exigidos internacionalmente.

O ano era 2009. Na época, eu estava dando aula de pós-graduação em Economia Comportamental na FIPECAFI–USP e fui convidada para integrar a equipe de pesquisadores que conduziria a etapa Brasil de um experimento multicultural. Economistas e psicólogos de diferentes partes do mundo – Brasil, Alemanha, Israel, China e Estados Unidos – se uniram para tentar responder a seguinte pergunta de pesquisa: pode o altruísmo se mover através de uma população como se fosse contagioso? Teriam as pessoas uma

---

26 SEN, Amartya. O desenvolvimento como expansão de capacidades. Lua Nova: Revista de Cultura e Política, n. 28-29, p. 313-334, 1993.

tendência a dar a um estranho em proporção aos favores que receberam de outros estranhos? Em outras palavras, estávamos investigando se as pessoas costumam passar para frente o bem recebido.

Participando da equipe brasileira estavam: a economista Ana Maria Bianchi, a psicanalista e psicóloga econômica Vera Rita de Mello Ferreira, meus amigos economistas comportamentais Flávia Possas e Bruno Vio, e eu. O experimento precisava ser conduzido exatamente da mesma forma em todos os países para que os dados pudessem ser comparados e uma das solicitações que recebemos foi que os "sujeitos" do experimento não tivessem visão sobre o comportamento dos demais.

Nos outros países, eles tinham laboratórios de estudos sociais exclusivos, com cabines separadas, para conduzir essas pesquisas. Aqui no Brasil, como você pode imaginar, isso não era a realidade. Então, para separar as pessoas, eu pensei em criar "cabaninhas de papelão" em volta dos alunos sentados. Juro. Cheguei cedinho para ficar construindo as tais geringonças junto com a Flávia e, acredite, elas funcionaram.

Para criar uma situação de modo a testar essa hipótese de pesquisa e poder quantificar esse "contágio", utilizamos um exercício de decisão econômica. Na primeira etapa informamos aos participantes: *"Embaixo de sua mesa tem um envelope selado que contém um montante de dinheiro deixado para você pelo último participante no estudo. Ao participante foi solicitado que ele alocasse um montante de 10 reais entre ele e o próximo participante no estudo da forma como desejasse. Você é o próximo participante. O dinheiro no envelope é o valor que ele/ela decidiu deixar para você. Por favor, abra o envelope agora. Isso é seu."*

No entanto, o valor recebido era na verdade determinado antecipadamente por nós pesquisadores, o que nos permitia criar a exata situação que estávamos interessados em estudar, da forma mais precisa possível. Os participantes foram distribuídos aleatoriamente da seguinte forma: metade recebeu um envelope com 5 reais (altruísmo); metade recebeu um envelope com 0 real (sem altruísmo). Nada disso era explicado aos participantes até o estudo estar finalizado.

Na segunda etapa, logo na sequência, informamos aos participantes: *"Você recebeu agora um envelope aberto com 10 reais em dinheiro trocado. Essa é a quantia que você vai dividir entre você e o próximo participante que vem depois de você nesse estudo. Da mesma forma como o último participante, a sua identidade não será conhecida pelo próximo participante."* Dissemos a eles que não existia resposta certa ou errada. E por fim, elucidamos como eles haviam acabado de contribuir para que importantes perguntas fossem respondidas na área da pesquisa social.

Reunimos os dados coletados das etapas Brasil, Alemanha, Israel, China e Estados Unidos e os resultados encontrados não poderiam ser mais inspiradores... O altruísmo recebido teve um grande efeito sobre o comportamento individual. E nossa hipótese de pesquisa se mostrou robusta mesmo frente a significantes diferenças culturais: *as pessoas tendem a ser mais altruístas com um estranho se elas mesmas receberam altruísmo de estranhos.*[27] O sentimento de gratidão parecia impulsionar a reciprocidade generalizada. O altruísmo parecia ser mesmo contagioso!

E é esse poder em específico que eu consigo enxergar também na causa da doação de órgãos. Doar vai muito além de salvar uma vida. Vai muito além de salvar algumas famílias. Doar transforma o mundo num lugar melhor, à medida que a pessoa que recebe esse gesto repercute esse bem à sua volta, que segue sendo repercutido, como ondinhas na superfície de um lago, como uma "bola de neve" do Bem.

Doar é mais do que deixar uma vida melhor para alguém, é deixar um mundo melhor para todos. É aquele último gesto de ouro. Uma luz que deixamos acesa no mundo.

---

[27] WILLER, Robb. 1st China International Conference on Positive Psychology, Tsinghua University. Beijing, China. August 2010

luzes, estrelas
e flores do jardim

Gosto muito de um ditado aborígene que diz assim:

"Somos todos visitantes desse tempo e lugar. Estamos só de passagem. O nosso objetivo é observar, crescer, amar... Depois vamos para casa."

Este foi inclusive um dos trechos do discurso que fiz em homenagem à minha mãe na manhã de seu velório. Em seguida, me aproximei dela e repeti: "Te amo para sempre, estrelinha". Tudo que sou e tudo que faço é uma extensão do amor que recebi da minha mãe, que sempre esteve presente em cada detalhe. E que continua presente mesmo na ausência. Uma ausência que está mais nos meus sentidos limitados que não mais a veem e a sentem que na proximidade dela.

Da mesma forma, o amor dela era uma extensão do amor que recebeu de sua mãe, minha vó Celina, que sempre a rodeou de afeto e cuidado. Vó Celina era uma italianona orgulhosa de suas origens, de quase 1,85m e extremamente vaidosa. Adorava regar suas plantinhas e samambaias, na casa de esquina da pacata Machado, e adorava mostrar os braços hipertrofiados e os dedos entortados "da vovó" de tanto abrir massa. Quando fui operada com

14 anos, minha avó dormiu por um mês na cadeira do hospital para ajudar minha mãe a cuidar de mim.

Ela estava sempre alegre e cheia de vida... até que o Alzheimer a encontrou e foi aos poucos fazendo-a se apagar e se esquecer. Ela então já não se lembrava mais que era fã de Roberto Carlos. Não se lembrava que havia sido eleita Miss Café na juventude. Não se lembrava do meu avô, dos filhos nem de mim. Certa vez, achando que eu havia invadido sua casa, ela arrancou o sapato de couro do pé e com a força de seus braços hipertrofiados arremessou o calçado numa trajetória precisa rumo a cabeça de uma jovem magrela com insuficiência cardíaca. Se eu não estivesse perto de uma quina e tivesse desviado, talvez nem estaria aqui escrevendo essas palavras.

Mas existia uma brecha. Uma vielinha estreita, que só eu conhecia, para visitar sua mente já confusa. Quando eu começava a cantarolar docemente a música *La Vie en Rose,* da Edith Piaff – sua preferida, que tantas vezes havia cantado para ela –, seus ombros abriam a guarda e ela deixava eu me aproximar. *"Quand tu prend dans ses bras et me parle tu bas, je veux la vie en rose..."*[28]

Eu a abraçava e começávamos a dançar. Ela, então, começava a cantarolar comigo a canção, enquanto eu atingia o ápice... *"C'est lui pour moi, moi pour lui dans la vie, il me la die la jure pour la vie"*[29]... Nesse momento, seus olhos azuis ganhavam um novo brilho e seu rosto altivo se voltava para mim: "Patricinha, é você?", dizia num lampejo de lucidez, como se a música a fizesse reencontrar o caminho de volta para a realidade de sua existência.

Pelo tempo que eu cantasse a melodia nos seus ouvidos, ela ficava abraçada comigo de rostos colados e dentro daquele abraço ela parecia se lembrar de quem era. O Alzheimer da minha avó me contava de alguma forma que, no fundo, nós não existimos dentro de corpos, mas sim em nossa consciência e conexões afetivas. Existimos, sobretudo, dentro dos abraços alheios.

Um dia, ou uma noite, chegará a nossa hora de partir. Chegará para todos nós, sem sombra ou luz de dúvida. E a melhor descrição que conheço desse instante, eu encontrei nas páginas do livro do Pequeno Príncipe:

> *"Naquela noite, não o vi partir. Saiu sem fazer barulho. Quando consegui alcançá-lo, ele caminhava decidido, num passo rápido. Disse-me apenas:*
> *– Ah, aí estás...*
> *E segurou minha mão. Mas preocupou-se de novo:*
> *– Fizeste mal. Tu sofrerás. Eu parecerei estar morto, e isso não será verdade...*

---

[28] "Quando ele me prende nos seus braços, e fala baixo aos meus ouvidos, eu vejo a vida cor-de-rosa..."
[29] "É ele para mim, eu para ele, a vida toda, ele me disse, me jurou pela vida..."

Eu me calara.
– Tu compreendes. É muito longe. Eu não posso carregar este corpo. É muito pesado.
Eu continuava calado.
– Mas será como uma velha concha abandonada. Não tem nada de triste numa velha concha...
Fiquei mudo.
Ele perdeu um pouco a coragem. Mas fez ainda um esforço:
– Serás lindo, sabes? Eu também olharei as estrelas. Todas as estrelas serão como poços com uma roldana enferrujada. Todas as estrelas me darão de beber..."

Não há nada de triste numa velha concha abandonada. Somos apenas uma luz de passagem por esse mundo. Todos nós estamos aqui aprendendo, crescendo e amando. Plantando, a cada gesto e a cada palavra, sementes que florescerão para sempre nos corações alheios.

Somos flores do Jardineiro refazendo o jardim.

PARTE VII

passarinhos
não
carregam
malas

"*É pau. É pedra. É o fim do caminho...*" Sentada de pernas de índio em frente ao aparelho de som da sala de TV de casa, eu ficava escutando repetidamente a música de Tom Jobim e Elis Regina quando era criança. Assim que ela acabava, eu colocava para tocar de novo. E quando acabava eu colocava para tocar de novo. E ficava ali quietinha *como um resto de toco, um pouco sozinho,* num *repeat* manual infinito.

"*...É um caco de vidro, é a vida, é o sol...*" Aquela letra meio bagunçada e confusa carregava consigo tanta beleza. Eu gostava daquela coisa meio sem sentido, que parecia ter algum sentido. Eu me conectava com ela. Às vezes, a vida é isso mesmo "*...é a noite, é a morte, é o laço, é o anzol...*"

Um anzol que parece querer nos fisgar e levar para bem longe. Uma dança em que desviamos da noite e da morte e damos um laço no destino. Desde pequena, acho que, intuitivamente, sempre acreditei que existia o doente e a pessoa em tratamento. E a distância entre um e outro repousava precisamente na resistência. Eu não era doente, nunca fui. Gostava muito mais de pensar, quando me sentia um *caquinho de vidro*, que estava apenas temporariamente poupando meu coração de esforços desnecessários e que isso fazia parte do meu plano de sobreviver à tormenta.

E, tudo bem, tem coisas que a gente não entende mesmo. Nunca soube também quem foi *"Matita Pereira"* ou onde ficava o tal *"tombo da ribanceira"*... Nunca tive a certeza de nada, apenas a certeza de que eu queria viver.

E será que existe alguma outra certeza para viver? Aprendi no meio do caminho que para tudo aquilo que a gente não entende e não encontra alguma explicação, a gente cria. Cria, inventa, engendra.

E acho foi essa capacidade de imaginação, de reescrever minha realidade, de mudar a perspectiva sobre um mesmo problema que me salvou. Talvez esse tenha sido o principal presente, arma, ferramenta e espada que eu usei a vida toda. Todos nós carregamos uma força enorme para resolver todos os problemas que existem. Não há nada que não possamos resolver ou conseguir. Porque simplesmente se você for criativo ou tiver imaginação o problema nem existe. Dependendo da forma como você o encarar, ele some, *puft*, assim do nada. Vira pó, vento, poeira, assenta, some.

A imaginação foi também a única coisa que eu tive em muitos momentos quando estava hospitalizada. Quantas e quantas vezes eu dancei na minha cabeça! E cantei na minha cabeça! E pisei na grama na minha cabeça e senti os pés na areia na minha cabeça e chorei de emoção por todas essas coisas lindas que eu fiz. Mas que fiz apenas na minha cabeça. Foram formas de sentir e de viver mesmo estando ali limitada e enclausurada. Mergulhei em mim mesma por não poder sair de mim e agora me vejo aqui fora, livre, leve e solta... e isso é mágico!

Alguns podem chamar isso de loucura. Mas não seria a loucura uma das coisas mais bonitas no ser humano? A loucura salva. Ela rompe os grilhões do esperado, do julgamento, do que é real e te permite seguir com toda pujança em busca da sua cura, seja ela qual for. A loucura nos devolve as rédeas da nossa própria vida como se anestesiasse nosso superego, libertando assim o nosso eu mais verdadeiro. Ela caminha até nossa intuição e coloca um megafone em sua mão. E então aquela voz fraquinha tão abafada pelo mundo exterior grita e ilumina nos mostrando o caminho a seguir.

A verdade é que existem momentos na vida que nos levam ao limite e nos levam a conhecer a nossa força. Uma força que existe dentro de todos nós. Eu apenas dei nomes, rostos e armas para as forças que habitam em mim. Minhas guerreiras são muito reais. São parte de mim. Vivem dentro de mim. Quem nós somos? Quem somos nós? Vamos passar uma vida inteira descobrindo quem somos. Quem sabe esse é o verdadeiro *"mistério profundo"*. Eu descubro e aprendo todos os dias coisas novas sobre quem sou. Quais são os nomes, rostos e armas das forças que habitam em você?

Talvez a história da minha vida seja a história de como encarei diversos problemas e fiz deles epopeias maravilhosas e encantadoras. Aventuras nas quais reuni amigos e colecionei histórias e não derrotas e fracassos onde um caminho escolhido se fechou. Do limão, fiz limonada. Da desgraça, fiz piada. Da laranja, laranjada. Do problema, oportunidade. Nos momentos difíceis, fiz amigos e estreitei laços. Se me derem esterco, faço adubo e garanto: ainda devolvo para a vida as melhores fragrâncias. Porque toda bolinha que ela me manda eu rebato; a cada pancada, eu levanto, e a Dona Morte... ah, essa daí já tirou meu nome da lista. Eu costumo dar muito trabalho. Agora, quando a lista chega em mim, ela simplesmente me pula.

As tempestades na vida passam como as ondas que vem e vão. Por que não valeria para mim também essa regra? "*...É o vento ventando, é o fim da ladeira... é a chuva chovendo... é o FIM DA CANSEIRA...*" Às vezes, o vento não vem exatamente para bagunçar, mas para colocar tudo em seu lugar. Os limites do meu mundo foram redefinidos por uma doação e um transplante. O longe ficou perto. O difícil ficou fácil. E o mundo, que era tão grande, ficou pequeno e me aguarda em cada canto. A resposta que não existia, apareceu.

"*É o pé, é o chão, é a marcha estradeira...*" Às vezes, eu mesma me pergunto secretamente se esse encantamento em ver meu corpo em movimento uma hora irá passar. Se tudo que eu acho mágico uma hora se transformará em "lugar comum" para mim. Não sei dizer. No entanto, passam-se os anos após o transplante e esse sentimento não passa. É como se a vida fosse um gigantesco parque de diversões e minha saúde o passe livre para aproveitar todos os brinquedos.

Meu coração segue me provando todos os dias que podemos ir ainda mais longe. É uma história sem fim sendo escrita a cada dia e dessa vez eu sou a personagem e não a leitora. E pensar que eu poderia não estar vivendo tudo isso... Quantas alegrias vividas porque escolhi aguentar nos momentos difíceis?

Sempre achei as músicas da Alanis Morissette e a canção *Iris*, do Goo Goo Dolls, ótimas músicas para chorar. A música *Tristeza*, de Caetano Veloso, então era uma das minhas favoritas. Sabe no que reparei esses dias? Eu não tenho mais músicas para chorar... Deixei todo o peso do passado e das décadas de sofrimento pela estrada. E sigo em frente, leve, apenas trazendo comigo os aprendizados no peito e a memória das alegrias vividas. Passarinhos não carregam malas.

Dizem por aí que um dia a gente "liga os pontos". Na verdade, foi o Steve Jobs que disse isso numa palestra memorável para a Universidade de Stanford. Segundo ele, uma hora, olhando de "frente para trás", as coisas simplesmente passariam a fazer mais sentido, a se conectar de uma forma impossível de prever olhando "de trás para frente".

Não sei dizer se já liguei algum ponto. Mas posso ver claramente que, se eu tivesse conseguido fazer meu tão sonhado mestrado e tivesse me tornado uma pesquisadora bem-sucedida, eu nunca teria me envolvido na causa da doação de órgãos, em que eu tanto amo atuar. E sim, olhando de frente para trás, posso ver que não seria tão feliz trabalhando com educação financeira quanto sou com doação de órgãos e transplante. Se antes eu salvava contas bancárias – o que é também muito importante –, hoje eu salvo vidas inteiras.

É muito doido pensar no quanto não sabemos, não acha? Poderia citar Sócrates, mas gosto mais da frase de Einstein em que ele diz: "*Tudo aquilo que o homem ignora não existe para ele. Por isso, o universo de cada um se resume ao tamanho do seu saber*". Nossa ignorância é tão mais ampla que nosso conhecimento que a escolha mais sábia na vida parece ainda ser "confiar" que de alguma forma esses pontos um dia se ligarão. Como eu poderia saber que existia algo que eu amava mais, se não sabia que esse "algo" existia no mundo?

Tanta coisa eu havia tentado fazer nessa vida e senti que me foi "arrancada". O estágio no Núcleo de Pesquisas em Qualidade de Vida, a política do Centro Acadêmico Celso Furtado, a paixão pela pesquisa científica, o sonho do mestrado, as palestras de saúde financeira, os vídeos de Educação Financeira do Amigo Rico...

De longe e de uma forma meio torta, agora eu consigo enxergar que tudo aquilo que parecia castigo, também poderia ser visto como treinamento. Muitos dizem que a vida é uma escola. Bom, às vezes, ela parece mais um quartel mesmo. Treinamento com tiro, porrada e bomba. De todo modo, todos os meus fracassos se transformaram em ferramentas que hoje aplico na causa da doação. Descobri que eu nunca deixei de ser nada. Eu ainda sou a dançarina, a política, a pesquisadora, a compositora... e tantas outras coisas que achei que tinham ficado pelo caminho. Porque somos do tamanho do nosso saber. Somos tudo aquilo que aprendemos e fizemos um dia, para sempre.

Até o momento, enquanto escrevo esse livro, eu já vivi 75 "seis meses". E em todos os meus aniversários, agora é tradição eu encomendar um bolo de dois andares, afinal, eu comemoro por dois corações. No andar de baixo, eu sempre coloco 30 velinhas pelos anos que vivi com o primeiro coração. E, no de cima, o número de velinhas correspondente aos anos que já vivi com meu segundo coração.

Meu objetivo é ter mais velinhas em cima do bolo do que na parte de baixo e a conta que faço é muito simples: se eu vivi 30 anos com meu primeiro coração guerreiro, com esse coração maravilhoso, eu tenho que viver pelo menos três vezes mais. Meu plano é viver 120 anos. E eu preciso de muitos anos de vida mesmo, pois tenho muitos sonhos ainda para realizar.

Ainda não assisti a Marisa Monte cantar "Flores". Não subi num palco para dançar. Não participei como jurada num daqueles programas de culinária da GNT a que assistia enquanto estava esperando o coração em casa (cara, preciso muito realizar isso, juro!). Não desfilei. Não publiquei todos os livros que quero escrever. Não mostrei para o mundo minhas músicas da Era de Aquário.

Não pratiquei arco e flecha. Não velejei no mar. Não escalei uma montanha. Não viajei o mundo. Não conheci a Irlanda e escutei a gaita de fole. Não fiz meu mestrado. Não aprendi a dar estrela na praia. Não corri uma maratona.

E eu aprendi que sonhos não morrem, eles nos esperam.

Um dia, e esse glorioso dia há de chegar, eu vou me olhar no espelho pendurado na parede e me deparar encantada com tantas rugas, mas tantas e tantas rugas, quantos os veios do nosso velho e amado Rio Amazonas.

Serão infinitas linhas esculpidas na minha pele, como um belíssimo crochê bordado em meu rosto pelo tempo. Marcas que serão mais do que bem-vindas, serão desejadas...

Nesse dia, e apenas nesse dia, eu vou olhar bem fundo nos meus olhos e abrir um sorriso largo triunfante para imagem refletida, como quem diz a si mesma: Eu venci!

Chega um dia em que a gente se torna o rio.

Sábado, 27 de junho de 2015
Acho que, no final, a vida é isso. Se entregar à corrente, deixar acontecer, deixar fluir. Permitir. Se entregar. Acreditar, mas sem saber o que e nem quando, e sem preencher as lacunas em branco. A vida vai preenchê-las. Não adianta mentalizar, ficar num pé só, fazer a macumba, rezar quinhentos Pai Nossos, fazer mil tsurus, entrar em greve de fome ou rodopiar santos. As coisas simplesmente vão acontecer no tempo delas. Como um rio que vai descobrindo seu rumo, seu caminho, pouco a pouco, revelando seu desenho no seu tempo. A nós, cabe apenas isso: a entrega. Aceitar o que vier, sorrir para o que receber e fazer o melhor daquilo. O tempo de cada coisa não é nosso, o que fica depois que terminou nos é inalienável. Não podemos mudar as cenas, mas podemos mudar os textos. Enquanto isso, curta a paisagem, curta a viagem, conheça as pessoas, aprenda o que puder, ensine o que tiver e se divirta. Enquanto houver vida, pulso, sopro, pode procurar, dá para se divertir. No mínimo, você sempre pode rir da própria tragédia. O que fazemos com o que recebemos é uma escolha. Ser feliz é uma escolha.

AGRADECIMENTOS

uma garota sentada sobre o ombro de gigantes...

Eu sou apenas uma ínfima partícula dentro de uma cadeia enorme de acontecimentos. Sou o somatório de todas as pessoas que convivi, todos os livros que já li e todas as aulas que assisti. Milhares de existências reverberam a cada ação minha e cada palavra. E por isso, esta é sem dúvida para mim uma das partes mais importantes deste livro. Mas como existem muitas pessoas a agradecer, tentarei ser breve para não escrever um segundo livro nos agradecimentos.

Em primeiro lugar, obrigada Deus por ter colocado cada uma dessas pessoas em meu caminho e por nunca ter soltado minha mão, principalmente nas noites em que te chamei para dormir comigo.

Obrigada mãe por tudo que fez por mim. Por todo amor e todo carinho. Eu amo você amando a vida que você me deu de infinitas formas. Espero que você receba uma cópia do livro para ler aí no céu. Obrigada pai, por ter me feito forte e por nunca ter permitido que eu me acomodasse. Obrigada ao meu irmão Eduardo – melhor presente que meus pais poderiam ter me dado – por toda parceria e companheirismo. Eu amo ser sua irmã e daria minha vida por você.

Obrigada aos meus avós Antônio Júlio da Fonseca, Dalcy Lacorte da Fonseca, Waldemar Swerts de Carvalho e Celina Moreira de Carvalho pelos aprendizados e vivências compartilhadas. Eu tenho orgulho de carregar o sangue de cada um de vocês e da nossa família. Obrigada a todos – tios e primos – das duas famílias por estarem ao meu lado em tantos momentos e lutarem junto comigo!

Obrigada ao Tio Gelson Batocchio, à Tia Maria Amália Batocchio e à Ligia Lamana Batochio por terem me permitido fazer parte da família de vocês também. Eu amava ser a filha mais velha que chegou depois.

Obrigada a todas minhas amigas (são muitas!) por alegrarem e colorirem minha vida! Boa parte delas apareceu como personagem no livro. Se você é minha amiga e não apareceu, então a culpa é do editor do livro.

Obrigada à Sonia Naranjo por tanto! Pelos ensinamentos valiosos, pelos estudos, pelos passes energéticos, pela cromoterapia e pela amizade. Obrigada à Silvana Romano pelas energizações. Obrigada ao Silvio Takashi Mizumoto, pela acupuntura e por ter me incentivado a ir para o Carnaval de Salvador. Obrigada à nutricionista Vilani Figueiredo Dias por ter me ajudado a ganhar peso quando isso parecia impossível. Obrigada à minha querida amiga Anna Paula Nogueira por todo amor, cumplicidade e pelos recados da amiguinha Berenice! Obrigada a Jeovane Freire Pereira pelas leituras do evangelho de segunda e pela amizade. Obrigada à minha terapeuta Vaneska Pedreschi por sua escuta carinhosa uma vida toda.

Obrigada ao Sidney Eduardo Serra Zanetti (Du), por seu amor, dedicação, presença e parceria. E por ter vivido e vencido essa aventura ao meu lado. Nunca deu errado mesmo!

Obrigada ao Dr. Luis Nárcio Bustamante, meu anjinho, por ter cuidado tão bem de mim e me levado até o transplante. Obrigada ao Dr. Victor Sarli Issa, meu segundo anjo, por ter apostado alto que eu aguentaria o transplante e por ter sido médico, amigo e psicólogo quando eu estava na UTI. E obrigada ao Dr. Fernando Bacal, meu anjo atual, por cuidar do meu novo e precioso coração.

Obrigada a todos os profissionais do InCor – Instituto do Coração de São Paulo –, por terem salvo a minha vida quando nasci e tratado de mim por tantos anos!

Obrigada ao Hcor – Hospital do Coração de São Paulo –, e todos seus profissionais, do Pronto-Socorro à UTI, por terem lutado ao meu lado o transplante. Obrigada pelo carinho, pela paciência, pelas conversas e pelos "eu te amo Patroka" antes de dormir. Vocês fizeram uma diferença que vocês não imaginam na minha vida! E se hoje sou uma atleta, eu devo à Reabilitação Cardiopulmonar do hospital.

Obrigada ao Dr. Paulo M. Pêgo Fernandes, Dr Ramez Anbar, Dr. André Michelleto Laurino, Dr. Diogo Osternarck Cury Lage e à instrumentadora Margarete Taranto, que me operaram no transplante, e à toda equipe do Dr. Fábio Jatene pelo "trabalho fino". Obrigada às enfermeiras Barbara Tamburim e Nathalia Pereira por subirem num avião mesmo com medo para ir buscar meu coração.

Obrigada ao Dr. Manoel Cano e a toda equipe da Hemodinâmica do Hcor, que fazia minhas biópsias e aguentava meus chiliques. Vocês sabem que eu não curto cateterismo. Obrigada ao Dr. Henry Abensur e Dr. Jairo Alves Pinheiro Jr. pela atenção nos ecocardiogramas.

Obrigada Luis Augusto Hiroshi Yamada e Rafaella Kfouri por me chacoalharam em conversas quando ainda estava indecisa pelo transplante. Nossas conversas não entraram no livro, mas vocês têm um papel especial nessa decisão. Obrigada Ana Zanetti pelas indicações de livros durante a fase da espera.

Obrigada ao Dr. Marcelo Cruz e à enfermeira Renata Brito por terem cuidado da minha mãe e ajudado ela a aguentar mais tempo. Ao salvar ela, vocês me salvavam também.

Obrigada a toda indústria farmacêutica, aos cientistas e pesquisadores que desenvolveram remédios que permitiram meu coração aguentar 30 anos até o transplante. Nunca achei que tomar remédio era algo ruim. Sempre agradeci por eles existirem.

Obrigada ao Colégio Notre Dame Rainha dos Apóstolos e a todas as minhas professoras pelos aprendizados e principalmente pelos valores passados. Eu ainda sou a aluna curiosa que "procura pelo em ovo".

Obrigada à Ordem Internacional das Meninas do Arco-Íris, à Assembleia Amor Perfeito n1 pela oportunidade de servir e por terem me ensinado a respeitar e carregar nossa bandeira dentre tantas outras coisas.

Obrigada à Universidade Presbiteriana Mackenzie por sempre ter provido opções e acessibilidade, abrindo portas não oficiais e abrindo exceções para que eu pudesse chegar com o mínimo de passos na sala de aula. Obrigada ao NPQV – Núcleo de Pesquisas em Qualidade de Vida – pela contratação e pela honra de pertencer a essa tradição de pesquisadores.

À minha professora de francês Graça Lopes que me ofereceu aulas de graça para que eu não abandonasse meu sonho de fazer o mestrado em Sorbonne. Eu nunca me esquecerei disso. Aos professores de inglês Celia Miranda Mattos e Emerson Meneses por serem inspiração em minha vida. Ao meu orientador Dr. Yossi Zana do mestrado em Neurociência na UFABC – que nunca terminei – por ter me aceitado (aqueles meses de aula fizeram toda diferença quando estava internada!).

A todos os professores que tive: muito obrigada! Nos piores momentos da minha vida, o conhecimento me salvou. E hoje eu levo tudo que vocês me ensinaram, de alguma forma, para a causa da doação de órgãos.

Obrigada a todo Time do Instituto Sou Doador! Obrigada Airton Andrade, Andrezza Lima, Anne Bernardi Cintra de Carvalho, Ariadna Ferreira, Barbara Helena, Barbara Tamburim, Bruna Oitava Maravilha Fender, Carlos Corsi, Dayana Calado, Débora Reichert, Denilson Castro, Ana Beatriz Rodrigues, Adriele Silva, Fabio Lee, Gislaine Cruz, Inês Costa, Kaue Klein, Lala Saturi, Lilian Alencar, Lucas Sampaio, Luma Eccel, Mariana Pires, Natanne Oliveira, Nathália Pereira, Paula Trotman, Priscilla Pignolatti, Rafael Cantoni, Rafaela Priscila, Ray Gatura, Ricardo Correa, Roberta Cardoso, Rosane Alice, Rosane Machado, Suellen Freire, Suélly Mayara, Thayane Angelo. Obrigada pela amizade, pela luta, pela paixão e por compartilharmos o propósito de salvar mais vidas através da doação! Somos um time lindo do qual eu tenho orgulho de fazer parte!

Obrigada ao meu amigo Fabio Lee pela parceria na luta pela Lei Tatiane.

Obrigada aos meus amigos Dr. Joel de Andrade, da Central de Transplantes de Santa Catarina, e Rafael Paim, engenheiro e presidente da Adote – Aliança Brasileira pela Doação de Órgãos e Tecidos – pelos aprendizados. Sinto um orgulho danado de ser amiga de vocês!

Obrigada ao Dr. Medina pela confiança e pelos ensinamentos. À ABTX – Associação Brasileira de Transplantados – pela oportunidade de participar de seu início.

Obrigada à enfermeira Seméia Coral por me ensinar que não sou uma paciente "chata", mas sim "ativada" e agora "engajada". E à Fundação Segurança do Paciente pela oportunidade de contribuir para a melhoria dos processos em hospitais.

Obrigada à minha treinadora de triatlo Kika Medeiros e à minha assessoria TriPossível pelo cuidado com meu coração de atleta, pelo incentivo em cada treino e por acreditar que eu posso ir ainda mais longe! (Não darei spoilers!)

Obrigada ao meu nutrólogo Dr. Rogério Padovan pela parceria e por ter abraçado meu caso, sendo pioneiro na suplementação para transplantados no Brasil.

Obrigada a todos os atletas transplantados por tantos momentos e competições compartilhadas.

Obrigada ao Sistema Brasileiro de Transplantes – SNT – e a todos os profissionais de Centrais de Transplantes, OPOs e CIHDOTTs que trabalham ininterruptamente para que o milagre da vida renasça a cada dia.

Obrigada em especial ao meu doador/a e à família que autorizou a doação de órgãos. O sim de vocês salvou minha vida e espero poder durante minha jornada retribuir ao mundo o bem que vocês me fizeram!

Obrigada ao Thiago Macedo, editor dessa obra, por ter acreditado nesse projeto, por ter me aguentado mexendo no texto um milhão de vezes depois de revisado e por ter emprestado seu talento e brilhantismo para engrandecer essa obra. Tem muito de você aqui, Thi! E digo com orgulho que saio desse projeto uma escritora melhor graças a tudo que você me ensinou!

Obrigada ao Antonio Hermida, Cleber Silva, Igor Morales, Isadora Cal, Simei Junior, Tatiana Moraes e a toda equipe da Bookwire e Bok2 pela dedicação e pelo carinho com que trabalharam e cuidaram para que essa obra encontrasse seu melhor caminho até o leitor.

Obrigada a tantas pessoas que de alguma forma contribuíram desde a época da concepção até a publicação. Em especial ao Tio Wagner Tadeu Corda, ao professor Dr. Fernando Almeida, ao professor Daniel Lameira, às amigas Ana Carolina Aguiar, Michelle Lourenço Corda, Sandra Zanetti, Tatiane Miranda, à enfermeira Dayana Calado e à aeromoça Alessandra Ferreira. Muita gente ajudou de diferentes formas!

Obrigada à Garoa Livros (que eu gosto de chamar "A Casa dos Best Sellers") e seu editor Celso de Campos Jr. por apostarem no valor dessa obra e por abraçarem a causa da doação de órgãos. Me honra muito ser publicada por uma editora que tem valores tão nobres, que prestigia o autor e que ama verdadeiramente o que faz!

Obrigada Pedro Bial pela generosidade ao escrever para esse livro.

Eu poderia passar o resto da vida agradecendo. Mas quero terminar agradecendo a você leitor que chegou até aqui. Você é a grande motivação por trás dessa obra. Foi por você e para você que escrevi esse livro. Se uma linha te tocou, se algo você aprendeu. Então todo meu esforço valeu a pena. Obrigada por confiar em mim durante essas páginas. E por dividir comigo um pouco daquilo que temos de mais precioso na vida: o nosso tempo.

Que nossos corações batam forte!!

Patricia Fonseca
Junho de 2023

Eu e minha mãe Consuelo, aquela que me ensinou o que é Amor

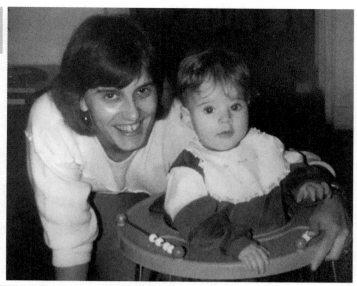

Eu, meu irmão e meu pai Julinho. Aquele que me ensinou a ser forte

Eu e meu irmão Dudu, desde crianças sempre parceiros

Meus avós! Da esquerda para direita: Vô Júlio, Vó Dalcy, Vó Celina e Vô Waldemar. Embaixo minha prima Natália e eu

Minha família! Viagem para o Ceará e eu já com a primeira cicatriz no peito

Eu e minhas amigas – da esquerda para direita – Natália, Celina e Carla no Colégio Notre Dame Rainha dos Apóstolos

O trote na faculdade de Economia Mackenzie 2003

Eu e meu irmão Dudu, na fase em que tive que parar 1 ano a faculdade para ficar em casa descansando

Eu e minhas amigas Michelle, Carol e Tati (da esquerda para direita) no Carnaval de Salvador 2010. Sim! Contra todas as expectativas eu estava lá!

Vê uma menina de braços bem abertos usando robofoot, sou eu no Carnaval de Salvador 2010

Tocando violão na minha cama na Era de Aquário

Eu e o Du em Búzios quando ganhei a promoção do bíquini

Vestida de guerreira. Mas não era fantasia de Carnaval, a luta era real

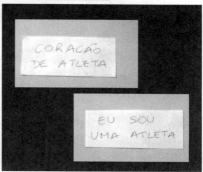

Os papéis amarelos da UTI

Eu, o Du e o plastiquinho do suquinho de maçã que fez as vezes de anel de noivado no Dia dos Namorados na UTI 2015

Na cadeira de rodas tomando um solzinho. Dia do passeio no jardim enquanto esperava o coração no hospital

O mural do futuro

Encontre na foto!
- 1 monitor de UTI
- 1 acesso venoso
- Tsurus coloridos
- 1 mural do futuro
- 1 almofadinha de carneirinho – Eu e mamis no último aniversário dela que passamos juntas

Na UTI ao lado da fisioterapeuta Kessy, na espera pelo coração

Um dos bolos de doce de leite com coco do meu aniversário na UTI, no dia que chegou o coração

Na UTI

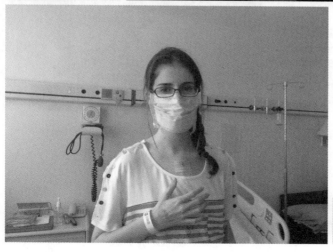

Primeira semana pós transplante no quarto do hospital

O casamento da Ligia, em que eu entrei ANDANDO! Eu sou a madrinha de verde

Ostentando minha marca da vitória! A cicatriz do transplante

Vó Dalcy, eu e Tia Maria Luiza na minha festa de 1 ano de transplante. Atrás de nós um mural com fotos de tudo que vivi nesse ano

Eu e Olívia brincando na praia de pintar o corpo com batom. Nossas tatuagens de amor

Eu era a menina que segurava a bandeira e aquele momento era quase um poema... Na abertura das Olímpiadas dos Transplantados em Málaga Espanha 2017

Minha primeira corrida de rua com a camiseta do Sou Doador! Estão na foto da esquerda para direita Du, Michelle, Tati, Nicole e Carol

Ciclismo passeando no jardim nas Olimpíadas de Málaga 2017

Da esquerda para direita Rodrigo Machado (o Phelps brasileiro), Haroldo Costa (nosso team manager), eu e Dinael Wolf (meu padrinho olímpico)

O exato momento em que me tornei triatleta após terminar a natação nas Olimpíadas de Málaga Espanha 2017

Chegada da travessia aquática em Ilha Bela

Cantando no palco com os Titãs após a corrida

Eu e Thiago Pereira (à direita) aprendendo a surfar com Gabriel Medina (ao centro)

O exato momento em que peguei minha primeira onda!

Prestes a saltar da tirolesa sem medo de sentir a emoção!

A MINHA BOLA! Toda verde e amarelo que comprei na Monument Sports para treinar para o vôlei de praia

Pódio da prova de ciclismo do Transplant Games of America em Salt Lake City 2018

As 4 medalhas conquistadas no triatlo, na corrida, na natação e no ciclismo no Transplant Games of America Salt Lake City 2018

A primeira medalha da vida!

Pódio bronze olímpico no ciclismo de equipe 20k com minha amiga Priscilla Pignolatti nas Olimpíadas de Newcastle Inglaterra 2019

Capa Veja São Paulo: Os campeões dos Transplantes

Paolla Oliveira com a camiseta do Sou Doador

Débora Reichert, Priscilla Pignolatti e eu numa ação em prol da doação. Fomos as primeiras transplantadas brasileiras a participar de uma prova de IRONMAN 70.3 em revezamento

Tati sendo pega no flagra do sódio!

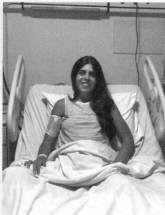

Tati com quase 2 anos de espera pelo coração no hospital. Ela nunca duvidou que o coração chegaria

Palestra no Teatro Unip lotado em Araçatuba 2018

Com o Prêmio Excelência Mulher em mãos pela luta em prol da doação de órgãos

Palestra no Ministério da Saúde Projeto Paciente Seguro Brasília 2019

Abraços especiais ao final de cada palestra. Amo esse momento!

Este livro foi composto nas fontes Pangram, Cera e Utopia, em julho de 2023, para a Garoa Livros.